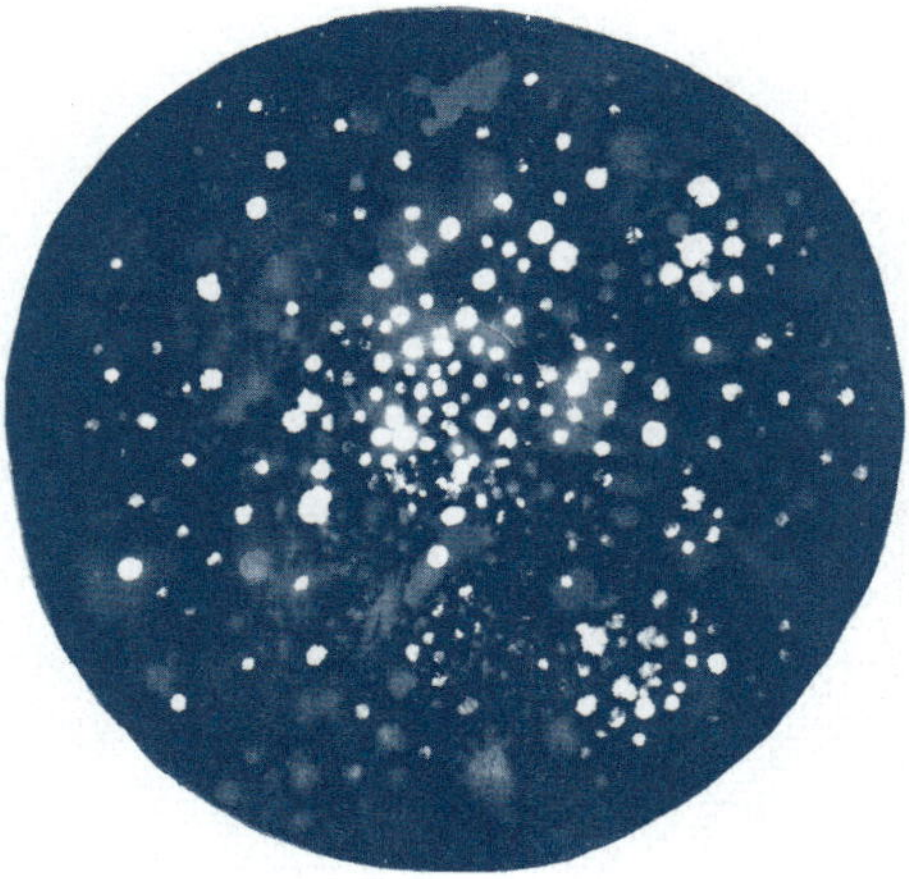

コミュニティ・デザイン新論

新川 達郎 監修
川中 大輔
山口 洋典
弘本 由香里 編

編集協力
大阪ガスネットワーク株式会社
エネルギー・文化研究所

まえがき

分野を超えた問題意識

「コミュニティ・デザイン」という言葉は、時代とともに対象やニュアンスを微妙に変えながら繰り返し使われてきた。あいまいさを積極的に許容する、ある種使い勝手のよい言葉かもしれない。二〇〇〇年代に入ると、まちづくりのソフトな仕掛け、人と人のつながりづくりといった意味で、盛んに用いられるようになった。手法としての有効性に注目が集まり、ビジネスとしてもさまざまな試みが生まれ、地域の福祉や活性化に貢献してきた一方、ともすると手段が目的化し、関心の外側にあるものへの気づきや、本来目指すべきことは何なのかといった議論が、置き去りにされやすい面もある。

本書の執筆者たちは、二〇一〇年度から二〇二三年度まで、同志社大学大学院総合政策科学研究科と大阪ガスネットワーク株式会社 エネルギー・文化研究所（略称CEL、前 大阪ガス株式会社 エネルギー・文化研究所）が教育研究協力の覚書を交わして取り組んだ「コミュニティ・デザイン論研究」講座で、右記のような問題意識を心に抱えながら議論を交わしてきた。

授業の場は、人口減少、ポスト標準家族、貧困・格差、災害復興、多文化化など、社会の構造的な変化に関わる問題に対して、ローカルなコミュニティ・デザインの新たなあり方を模索する実践者たちと、政策科学、人間科学、社会学、建築学、事業構想学など、多分野の研究者が、受講生とともに学び合う場となっていった。期間は一四年に及び、さらに前史となった学部向けの三年間の授業「コミュニティ・デザイン論」を含めれば一七年に渡り、理論と実践の両面から、対話した講師は四〇名を数える。バックグラウンドの異なる者たちが出会い、実践哲学とでもいうべき生き方や考え方に刺激を受け、それぞれの問題意識を共有してきた実感がある。節目節目で、講義録を再編した書籍やドキュメントを作成し、授業の枠を超え社会への発信にも取り組んできた。

流動化する社会のなかで

その間の社会の変動は激しく、各地で大規模災害が頻発し、スマートフォンやSNSの普及をはじめコミュニケーションや消費のあり方が様変わりし、新型コロナウイルスのパンデミックや国際情勢の不安定化など、先の見通せない状況に覆われている。改めて人間の共同性とは何か、コミュニティ・デザインとは何か、自ずから批判的に捉え直す必要性に迫られてきた日々でもあった。そこで、長い時間軸を携《たずさ》えて、それぞれが向き合ってきた難問を俯瞰し、より多くの人とともに考える機会としたいとの思いから本書の構想が動き出した。レギュラー講師を務めた八名（渥美公秀、大和田順子、川中大輔、髙田光雄、新川達郎、弘本由香里、前田昌弘、山口洋典）でワーキングを設け、長く同授業を統括した新川を座長（監修者）に、川中・弘本・山口が幹事（編者）となって、勉強会を重ねた。その後、版元を引き受けてくださったさいはて社の大隅直人代表を交えた編集会議を経て、執筆陣とテーマを確定。上記の八名に加え、ゲスト講師から筒井淳也の参加を得、計九名で、第1部「共生社会に向けての包摂／平等はいかにして可能か?」、第2部「むら・まちの持続／縮退はいかにして可能か?」、第3部「現代的な共同性／公共性の創造はいかにして可能か?」の各章を執筆した。併せて、各部のテーマと関わりの深い実践現場の最前線からゲスト講師の六名（アサダワタル、北川美里、宋悟、花戸貴司、原めぐみ、松原永季）にコラムの執筆をお願いした。

「コミュニティ・デザイン新論」というタイトルの伏線には、大阪ガスネットワーク株式会社 エネルギー・文化研究所発行の情報誌「CEL」（vol.123）に掲載した、新川と川中のインタビュー記事がある。弘本の企画で、流動化する社会にあって、新たな価値を生み出すコミュニティはどのように考えられるのかを、世代の異なる二人に問うている。その記事のタイトルが「コミュニティ・デザイン新論——「包摂か排除か」を越えて」で、本書のタイトルに一部を活用した。同記事の編集に尽力いただいた平凡社の関係者にこの場を借りて感謝申し上げる。

以上が、本書の出版に至るおおよその経緯や動機で、前史を含め一連の動きに関わってきた弘本からかいつまんでお伝えした。以降は監修者の新川にリレーし、横断的な視野で本書の構成と要点をざっとご紹介する。

弘本由香里

コミュニティ・デザインという難問

さて、コミュニティやコミュニティ・デザインについては、多くの議論があり、学問的にも実践的にも様々に議論されてきている。そのなかであえて本書を世に問うというには、私たちなりの覚悟はある。前述のように長年この問題をめぐって大学・大学院での講義や論文執筆、書籍の出版なども行い、私たちなりに都度都度の整理をしてきたつもりではある。とはいえ、「コミュニティ・デザインという難問」に正対して、改めてこれまでの経緯を振り返り、現代の文脈の中から生まれるはずの知見を明らかにする作業には、新たに問いかけるべき重要な意義があると考えている。前述した本書の構成に沿って、それぞれの問いと論点を略述しておきたい。

一つには、コミュニティの基礎となる共同性をどのように構成していくことができるのかという問いである。本書ではそれを解いていくための概念として「共生」（これ自体扱いにくい厄介な論点ではあるが）の観点から接近しようと試みた。そのために本書第1部では、コミュニティにおける共同性を支える組織とそのコミュニティ・デザインにおける共生の実現可能性が、社会的排除と包摂、ケアの配分ないし再配分、また異なる価値を持つ文化間の対立と共生という葛藤を踏まえ、現代社会の諸問題に触れつつ解き明かされようとしている。

二つには、現実にコミュニティが停滞ないし縮退していく状況にあって、そこにかかわる私たちの当為と可能性を問うことである。人が住まなくなる地域が生まれる一方で、そこにかかわった人々の間に、何らかの共同性を共有できるとき、私たちは内在的であれ外在的であれ、コミュニティとその未来にかかわる余地ができる。本書第2部の課題は、その時、私たちは何をなすことができるのかを問いつつ、未来を共に展望できる視座を求めることである。

三つには、以上のように解体していく社会と孤立する個人の中に、共同性と公共性を再び見出すことができるかという問いである。統制や管理、あるいは排除や抑圧ではない共生の道を見出すことができるかという問いでもある。つまり私たちの中に積み重なってきている文化的基層が手掛かりとなり、公共圏が形成され、異なる価値が共存できる現在と未来のコミュニティのデザインを探求することである。本書第3部はこうした問いへの挑戦でもある。

日常の中にある深い論点へ

以上の編集方針とともに、本書のもう一つの特徴は、実践報告をするコラムにある。各部での問いかけへの答えは、実は、各部に配置されているこのコラムにある。それぞれの実践が報告されているが、第1部の二つのコラムでは、共同性をいかに紡ぎ直していくのか、共生を実現できるデザインをいかに試みているのかがよく示される。第2部の二つのコラムでは、都市であれ農村であれ、実はそこに育まれているコミュニティが、一人一人を支え、マチやムラを支えていることが示される。第3部の二つのコラムでは、かかわりを深め広げていくことでコミュニティが形成され、同時にその手立てがコミュニティ・デザインであることがよくわかる。

もちろん本書の問いかけと答えの一部は、序章と終章の対話の中にも深く織り込まれている。一見したところ、拡散した対話に見えるかもしれないが、その中に、そもそもコミュニティとそのデザインを語る必要があるのか、なぜ私たちはそれを問題にするのか、問題にするとしてもどのように考えようとしているのかを読み取っていただけるのではないかと思っている。本書全体もそうであるが、コミュニティやコミュニティ・デザインへの平易な記述や、日常的な現象への平凡とも思える理解の中に、考え抜くべきたくさんの論点と、その議論をしていくためのヒントが山盛りになっていると確信している。これらが読者諸賢と共有できればこれ以上のことはないとも考えている。

「まえがき」を締めくくるにあたって、名ばかりの監修者として、これほどの書物に仕立て上げてくださった執筆者や編集者そのほか多くの関係者に深く感謝を申し上げたい。これらは本来「あとがき」において具体的に謝辞を重ねるべきところであるが、本書の冒頭に当たって、とりわけ本書の編集を実質的に担ってくださった川中大輔、山口洋典、弘本由香里の三氏には深い敬意とともに重ねて感謝を申し上げたい。三氏が協議を深め緊密に連絡し合いながら、本書の構成や論点を明確にし、執筆を督励してくださらなければ、出版にこぎつけることはできなかった。いささか個人的なことになり恐縮であるが、この二十数年来、共に議論し磨き合ってきた仲間であり親しい友人でもあるみんなとともに、本書を上梓できるというかけがえのない機会をいただき、本当にありがたく、これ以上の幸せはないと思っている。

新川達郎

コミュニティ・デザイン新論

—

目次

序章

対談——難問に向き合っていくために

新川達郎×川中大輔＋弘本由香里

なぜ今、コミュニティ・デザイン新論なのか？

弘本　この本は、具体的にまちやむらに関わっている人や、ささやかでも一歩を踏み出して活動してみたいと思っている人、あるいは不透明な社会に不安や疑問を覚えている人が、その背景やその先を見渡して考える手がかりになるよう、手に取って読んでいただけることを目指して編集しているものです。世界の行方への恐れや関心と、個々の内面に向かう眼差《まなざ》し、その間にあって見えにくい他者の存在や生活世界に目を向ける、コミュニティ・デザインの扉を開くことができればと願っています。

そこで序章では、これから各章へ足を踏み入れてくださる方々のコンパスや地図になるよう、監修者の新川先生と世代の異なる川中先生のお二方の語りを通して、第1部から第3部まで、各章とコラムについて、注目点などをお伝えしていければと思います。

まずは、時代や社会のコンテクストの変化の中にあるコミュニティの現状、そしてなぜ私たちは今、こんな議論をするのか、そのあたりからお聞かせください。

新川　コミュニティというものを、今私たちは改めて考えていく、そういう時代に入っているのではないかと思っています。

伝統的なコミュニティは、いわば社会の基層として包括的に様々な生活や文化や人の意識や行動を引き受け、ある種のコントロールをする、そういう役割を果たしてきたわけですが、現代的にはそうしたコミュニティそのものが、様々に解体をしつつ、しかしもう一方では、解体されたものの中にいろんなコミュニティができている、そういうイメージを持っています。そこで、あえてコミュニティ・デザインと言ったとき、コミュニティそのものも、そしてコミュニティ・デザインのあり方ということも、改めて捉え直すことができるのではないかと思っています。

弘本　コミュニティ・デザインという言葉は、そもそもまちづくりとともに長い歴史がありますが、二〇〇〇年代以降地域づくりのキーワードとして盛んに用いられてきました。

新川　それらの言説は言説としてありますが、私たちがコミュニティにどう関わり、コミュニティがどのように生まれ変化し、成長しあるいは衰退し、それがどういう機能を果たしていくのか、そこに私たち一人ひとりがどう関わっていくのかを、コミュニティ・デザインという言い方の中に読み込んでいければいいなと思っています。自分自身の生き方をどう実現していくかというときに、コミュニティ・デザインというものに必ず行き当たる、そういう存在としてのコミュニティ・

デザインを考えたいと思っています。

弘本　そのプロセスに社会との関係性も映し出されるのですね。

新川　当然、様々な社会的必要性、あるいは経済や政治・制度の中で、このコミュニティ・デザインが働いていくことになります。同時に、一人ひとりの思いがあるからこそ社会や経済や政治が動いていくわけです。

この本では、表題であえて「新論」という言い方をしています。ただ単に、これまでのコミュニティ論の再論、あるいは流行の地域づくり的な議論の枠内で考えるのではなく、コミュニティ・デザインというものが歴史的に担ってきた役割に想いを致しながら、この議論が持っている可能性、広がりを読み取ってもらえるとありがたいです。それが、新しい学びや発見につながるかもしれませんし、この社会の中でより良く生きていこうとしている人にとっての、次の一手への手がかりになるかもしれません。また、今それぞれが抱えている困難な問題に向き合うための、フレームワークになっていくかもしれません。そんな期待を持って、たくさんの人に新たなコミュニティ・デザインに出会ってほしいというのが、この表題への私の思いです。

弘本　川中先生は新川先生とは世代も異なりますが、いかがですか。

川中　コミュニティが解体されつつ、解体されたものの中にいろんなコミュニティが出来てきている状況の話が気になるところです。

新川　具体的に言えば、僕自身が関わってきた環境運動もそうですし、身近な川を何とかしたいといったコミュニティなどもそうです。実は、ちゃんと新しいコミュニティがデザインされている。そういうところにもっともっと目を向けてもいいと思っています。一般論的なコミュニティがあるとかないとかという議論はあんまり意味がない。むしろ一つひとつのコミュニティがどう生まれ、どう育ち、そしてどう役割を果たし終えていくのか、そういうところを考えていくことの意義が大きいと思っています。

川中　テーマや関心を核にコミュナルな関係が生成されていく、その面白さがこれまでの市民活動や市民社会組織を動かしてきたということですね。そして、その活力でもって行政や企業の協働パートナーとしても位置づけられるようになったということでしょう。ただ、新たな世代の動き方を見ていると、もっと流動的なコミュニティが生まれています。メンバーの出入りも多く、メンバーシップも曖昧、キーパーソンも一人ではなく複数が柔軟に入れ替わる。そういう動きをコミュニティ・デザインの議論の中でどのようにすくい取っていくのかを考えさせられています。従来のコミュニティ・デザインの話と似ているようで少し違う。デザイナーが終始リードするのではなく、集った人々が一緒に場をつくり、動かしている、新しいネットワーキングの運動です。

しかし、こうした流動的な動きは協働のパートナーには位置づけられにくい。いわゆる組織としての体をなしていると言い切れない場合があり、直接的な契約対象になりにくいからです。また、楽しさや瞬発性を原動力としていることが多く、困難な問題に対する継続的な運動や事業は起こりにくく、弱さもあると思われます。

弘本　川中先生のご専門のシティズンシップの観点から見たらどうですか。

川中　シティズンシップの形成や発揮の面からは、意味のあることだと考えています。私自身もそうですが、おそらく多くの人がコミュニティはあったらいいなと思うものの、いざ関わるとなると、「それはちょっと……」と足がすくむことになりやすい。そこで一度距離ができると、まちと自分を結びつける回路が閉ざされていきます。結果、コミュニティの側も硬直化していきます。

先ほど紹介した、新たな世代のネットワーキングの気軽さは、まちと自分をつなぐもう一つの回路となるものでしょう。それは市民性が芽生えるチャンスにもなり得ます。既存のコミュニティやボランティア団体、ＮＰＯやソーシャルビジネスも、そうした新しい動きを受け入れて変わっていく必要があるのではないでしょうか。

弘本　若い世代の新しい動きを、新川先生はどんなふうに見ていらっしゃいますか。

新川　社会との関わり方が大きく変わっているというのは、その通りだろうと思います。この間、印象的だったのは、パレスチナ問題や難民問題とは無縁だった人たちが、立ちんぼの抗議デモに参加していたことです。運動体として組織されているわけでもなんでもないけれど、共通の意識や共感は持たれている。

今のコミュニティや社会関係のつくり方は、そんなふうに一人ひとりが選ぶことができるようになっていますし、それを引き受ける場もあります。ある意味では、新しいコミュニティをつくりやすい。もっと言うと、自分一人でも動いていけば何かできる、言わばワンパーソンＮＰＯみたいなものが、可能性として生まれてきている。自分自身の思いを表明できれば、共感してくれる人が出てくる可能性がある。そんな社会になってきているのかなと思います。それらも新たなコミュニティと考え、コミュニティのデザインという観点で捉え直していくと、むしろもっと豊かな社会を誰でも構想できることになるのかなと考えていました。

弘本　なるほど。一方で、課題はありませんか。

新川　共生ができる範囲というのは、人それぞれにグラデーションがあって、質も違います。その中で共感できるところが共有されていれば、そこはコミュニティとして成り立っている。その意味で、ゆるふわコミュニティとか、新しいネットワーキングとか、そういう集まりの値打ちというものを、コミュニティ・デザインの観点でちゃんと考えておかないといけないのではないかと思います。

一方で、弱さとか継続性あるいは事業性のなさとか、社会的なインパクトの小ささとか、そういう問題をどう乗り越えていくのかも、課題としてはあると思います。その際、コミュニティ・デザインという観点で考えていったときに、色々な乗り越え方を考える、新しい社会の構想ができる。そういうところで、コミュニティ・デザインの意味は大きいと思いながら、川中先生のお話を聞いていました。

川中　一時的なエネルギーを引き受けてリレーする流れをつくることが必要なのでしょう。それは既存の団体がどう変わっていくかという話につながります。既存の団体が古くて終焉を迎えているのではなく、並列する形でつないで、引き受け合っていくことができるのか、この柔軟性が問われているのでしょう。

第1部の注目点
——共生のジレンマをめぐって

弘本　徐々に第1部「共生社会に向けての包摂／平等化はいかにして可能か？」の話に入ってきましたね。

川中　共に生きる／つながる／支え合うことが大事だと言われますが、実のところはとても難しい。他者性の高い人とつながったり関わったりすることにはある種の大変さがあり、支え合うとなればなおさら容易ではありません。だからといって、同質的なつながりで単純に線を引いて、あとは行政でよろしくと言って済む問題ではありません。

弘本　第1部では、新川先生（第1章）、川中先生（第2章）、筒井先生（第3章）が、困難さに根差した取り組みの方向性を示され、具体的なチャレンジを原さん（Minamiこども教室）・北川さん（京都わかくさねっと）が実践コラムで語ってくださっています。

川中　深刻なニーズへの取り組みを地域の支え合いの中に求めることの困難／限界に触れられている筒井先生の指摘に鑑《かんが》みると、全てが共助に流れ込んでこない敷居のようなものも確かに必要です。一方で、深刻だからこそ使命感がかき立てられて関わる人もいます。葛藤や困難があること自体が、問題解決に取り組むプロセスを活発化させ、コミュニティを強くしていくこともあります。

大変なことは公助に任せてと簡単に割り切ってしまうと、コミュニティの中にある潜在的な力が損なわれてしまいかねません。そこは気をつけないといけないのではないでしょうか。同時に、市民セクターが安上がりな公共の担い手にされてもいけない。政治的な感性やリテラシーは必要です。

言うべきことは言わないといけないですね。

新川　様々な困難に直面した社会の中で、コミュニティ的なものがどんなふうに機能するのか、共生社会のような理念はどういうふうに生きてくるのか。個人の力によって困難が解消されないとき、政策によっても解消されないとき、残りの非常に多くの部分が、コミュニティ的な社会集団・中間集団に期待されてきました。それらは、従来はマーケットにも乗らなかった。行政サービスにも乗らなかった。個人の自助努力でも無理だったわけです。

そういうものを担っていく、困難に対して共感や共有に基づくある種の共助みたいなものが多少なりとも働くのではないかと思っています。そういうコミュニティの基盤や、共生の可能性が生まれていることを、原さんや北川さんのコラム、関連して第2部の花戸さん（東近江市永源寺診療所）や第3部の宋さん（NPO法人IKUNO・多文化ふらっと）のコラムでも示していただきました。そこに大きな価値があると思っています。

もう一つ次の話として、それらをどう制度や政策に落とし込めるかというところは、僕自身の研究課題でもあるんですが、本当に難しい。どうしても公権力の行使が前提になる行政にとって、それぞれの主体性というのを前提にしながら、一緒に活動していくというのは、基本的には難しいし、これまでやったこともないということになると思います。ですが、今これからそれを前提にして進めていかざるを得ない、そういう時代が来ているのではないかと思っています。

マーケットとの関係では、官民パートナーシップみたいな形で現実に進んでるところもありますが、コミュニティ的なところについては、相変わらずマーケットのアナロジーか、あるいは従来の行政サービスの枠組みでしか考えられていない。

これから先、本当にこうしたコミュニティ的なものが、成長していったり自律的に動いていったり、そういう環境をつくる、そこへの関わり方というのが今のところはまだ全く見えていない、そういう状況かなと思っています。

僕自身も第1章で書いているように、戦後のコミュニティ政策が失敗してきたのは、コミュニティの本質のようなものが見えないままに制度化を進めたせいで、結局全て役立たずになっていく、極端に言えばそういうプロセスだったと思っていただいてもいいでしょう。特定目的の集団を含め、もっと具体的にコミュニティ的なものとの付き合い方というのを考えないといけないいんじゃないでしょうか。例えば、超学際研究は学問研究の専門家だけではなく、現場の実践者、調査研究を職業にする人々、地域社会のメンバー、政治リーダー、企業家など多様な構成の人々が参加して実現されるものです。その狙いは、重要な今日的課題に関心を持ち調査研究を行い実践活動に積極的に参画するものであり、単なる学際研究やアクション・リサーチによる研究とは異なる、実践しながら研究し、研究しながら実践する諸主体による協働の取り組みが鍵になり、問題解決の可能性を生み出そうというものです。

弘本　第1部でも第2部でも第3部でも、コラムで紹介されている実践は、まさにそのような局面を切り開いていかれているところですね。現場はダイナミックに変化しているのですが、行政の仕組みが追い付いていない、ジレンマも感じます。

新川　原さんのMinamiこども教室も、時間をかけてようやくここまで来たと言われています。コミュニティを作るプロセスでの、時間や活動の中での共感のつくり方、その大切さが感じられます。地域の盆踊りに出て行かれたりといった記述もありましたね。

弘本　コラムには詳しい経緯は書かれていないんですが、実は盆踊りを通した地域との関係づくりも、一度衝突を経験した上で、時間をかけて歩み寄り相互に変化し信頼関係を築いていかれているのです。両者が変わっていくという経験が、プロセスとしての共感のコミュニティづくりや地域と連携した事業の広がりにつながっているのではとも思います。

川中　地域の人たちは必ずしも確固たるロジックに基づく一貫した動きをとるわけではなく、よい意味で変容しやすいところがあります。しかし、行政には確固たるロジックが一定あり、変容しにくい上、担当者が入れ替わるため、ジレンマが生まれやすいでしょうね。時間をかけて生じた地域の変化に追いつけないこともあるかもしれません。

スティーブン・P・オズボーンの『パブリック・サービス・ロジック――公共サービスの提供とサービス・マネジメント』（石原俊彦・松尾亮爾 監訳、関西学院大学出版会、二〇二三年）という本に興味深い指摘があります。ニュー・パブリック・マネジメントが展開されて以降、公共サービスのロジックに市場サービスのロジックが浸透していきました。例えば、投資対効果評価の安易な導入は分かりやすいものですね。しかし、政策／施策が展開される一連のプロセスで何が生成されているのかは、現行の事務事業評価で測られているでしょうか。分かりやすい例ではソーシャルキャピタルの醸成が挙げられます。公共サービスとしては、逆にそうした社会的なものこそ見ていくべきでしょう。

市民社会の論理も、パブリック・サービス・ロジックと近いところがあり、単に問題解決すればいいという話ではありません。その過程で連帯性や市民性が涵養《かんよう》されているかが重要でしょう。地域の組織や人々の関係が変容することは、次なるコミュニティの危機に対して柔軟性が高まっている可能性もあります。

弘本　Minamiこども教室の初動期には、長年同和教育に携わってこられた校長先生や、当事者による多文化共生に取り組んできたＮＧＯの存在が、理念とノウハウの両面で大きな力になっています。

新川　同和教育も多文化共生も、基本は人権です。人権そのものは、言ってみれば近代民主主義が依って立つ基本原理です。人権思想というのが、具体的な形を地域の中で持ってきたとき、地域の課題に直面したときに、同和教育や多文化共生という形で結実してくるということだと思います。

本来、公共サービスや政府のあり方全てを統《す》べる原理として、民主主義や人権が基本にあったはずです。その観点から、公共サービスそのものが民主的かどうかというのは常に問われるし、そこで人権というのが本当に守られているかというのは基本的な条件です。ただし、具体的な組織や制度、さらに施策・事業というレベルになったときに、それがいつの間にか消えてしまっている。

行政がやらないといけないのは、一人ひとりの人権をどういうふうに保障していくのか、そして民主主義社会が求めている全ての人が公正平等に暮らしていける社会の構図をつくることが規範としてあるはずです。しかし、残念ながら公共サービスの中身にもなかなか反映されなくなってきたり、あるいはそれを評価したりチェックしたりする仕組みの中でも、そこのところが忘れられてしまったり、ということはあると思います。

そこの問題の大きさが、行政や政策だけではなく社会全体にも反映されていて、今私たちが直面しているところではないかと、そんなふうに思っています。それが実は、第1部に限らず第2部でも第3部でも、実践現場の方々が日々向き合っている問題の根源にあるかもしれません。

第2部の注目点
――持続可能性の質をめぐって

弘本　第2部「むら・まちの持続／縮退はいかにして可能か？」へ話を進めていきたいと思います。新川先生は、長きに渡って都市部のみならず農山村の実情もご覧になっています。

新川　第2部では、農山漁村の衰退現象というのがメインの基調としてあって、それをどう捉え直していくのかが一つのポイントです。それからもう一つ、「縮退」と言われる現象やそこから派生する問題を、どう乗り越えていくのかという観点があります。縮退といっても、適切な過疎の「適疎」とか、縮小して充実する「縮充」とか、色々な言い方がされるようになってきています。そこで、第2部でまず大切な論点として、縮小縮退をどう見ていくかですが、ある種の価値転換、視点の転換が大事だと、論者のみなさんはおっしゃってるように思います。

縮小縮退あるいは廃村という事態も当然あるんですが、物理的な社会関係や経済関係、行政関係というのはなくなるとしても、そこに関わった人たちの、それぞれの気持ちや思いの中の村や地域というのはありそうだ、ということが一つありま す。また、縮小をしていく中で、実は持続されているもの、あるいは縮退していく中で、むしろだからこそより大きく育っていっているものが、この第2部の渥美先生（第4章）・山口先生（第5章）・大和田先生（第6章）の議論や、花戸さん（東近江市永源寺診療所）・松原さん（地域再生アドバイザー）

の実践のコラムから出てきてるように思いました。

川中　農山漁村、中山間地域の持続性をめぐる問題は長年指摘され続けてきたものですが、これからの一〇年間で全く様相が変わるのでしょうか。どのように見ていらっしゃるかをお聞きかせください。

新川　過疎とか衰退とか廃村についての見方や考え方は、この一〇年でずいぶん変わってきてるなと思っています。論評・論説の仕方も変わってきていますし、地域の中での捉え方というのも変わってきています。ただし、みんなが変わっているわけではなくて、こういう問題に取り組んできた人たちの中での変化、という印象です。

当初あったのは、過疎地域をもう一度元に戻していくにはどうすればよいかという、ある種の復旧の思想でした。そのための産業経済的なテコ入れの考え方が、一九六〇年代から七〇年代にかけては強かったと思います。

川中　なるほど。

新川　一九九〇年代以降は財政危機・行政改革の流れの中で、過疎地域への批判が厳しくなりました。それが二〇〇〇年代の合併や、民間活力の導入などに繋がっています。しかし、地域の衰退や人口減少は止まりません。確かに大変小規模な集落は消滅しているのですが、一方で多くの農山漁村が生き残っているのも事実です。その現象をどう考えたらいいのか。この一〇年、一五年ぐらいの間に、消滅しない農山漁村であるとか、集落が消滅しても地域は維持されるといった言説がかなり出てくるようになってきました。地域とそこに暮らす人たちの持っている、生活そのものに対するリスペクトのようなものが、改めてこの一〇年ぐらいで明らかになってきたなと思っています。

その中で従来型の地域の活性化とか地方創生とは一線を画した形で、それぞれの地域が自分たちの生き方というのを探し始めています。そういうこともちゃんと考えて、それを重ねてこられたところが、生き残って力を示せている。実は、過疎とか縮小縮退というものがもたらした大きな恩恵のようなものも、結果的にはあるのではないかと見ています。

もう一方の極で、仮に挙家《きょか》離村などを選択する場合も、地域が持っていた価値は人々の中で共有され、その記憶が再生産されていく仕掛けや仕組みまで残そうとされている。地域の持続可能性を評価していくときに、産業経済的な持続可能性だけでなく、心の持続可能性みたいなものも見えてきた。第2部では、持続可能性の質というものを、縮小あるいは縮退という現象の中で、綺麗にあぶり出してくれたなという印象を持っています。

川中　よい意味で地域の「しぶとさ」が見られますね。環境社会学者の宮内泰介さんの言葉を借りれば、順応的にコミュニティをガバナンスしていることが「しぶとさ」につながっていると言えるのでしょう。「昔はよかった……」という話だけをしていては、「しぶとさ」は発揮されません。厳しい状況の中で順応的にガバナンスしていくためには、地域の特性を捉えていく必要性が特に高まります。では、そうした発見／探究のプロセスを支えているものは何なのかを考えていかねばならないでしょう。
従来のコミュニティ・デザイン論に潜む危うさの一つは、アイデア追いかけ型になりがちだった点です。参照したものをどう土着化させるかが一番重要なのに、地域特性の探究と土着化の過程を飛ばして、アイデアを実装させようとしてしまっている動きも散見されました。しかし、第2部に登場する方々は、地域に入り込んで対話を重ねられています。その営みに「しぶとさ」の源泉があり、そのことから学ぶ必要性が大きいのではないでしょうか。

弘本　第2部では、主体の話にも力点が置かれていますね。当事者の思いを引き出すための対話の重要性が語られています。

新川　ただ、その主体そのもののあり方や、そこでの思いの方向は実に様々です。単純にそこに住んでる人が、と言ってしまうのは危ないかなと思っています。地域に思いを寄せる人たちというのは、全て主体になりうる可能性があると思います。

川中　私自身は、よそ者としていくつかの地域に関わってきていますが、思いの方向が様々であることを痛感することは多いですね。地域の中でも直面している状況の捉え方はかなりバラバラで、何を問題と位置づけるのか、どのような状態を解決とみなすのか、立ち位置によって大きく異なってきます。その人がどういう時空間のスケールで考えているのかによっても大きく異なります。尊厳ある縮退や適疎と言った時、そこにどのような意味を見出すのか／見出さないのかは広がりがあり、どう調整していけばよいのだろうかと考えさせられることがあります。

こうした時にやってはいけないことは、専門家が一方的にこうした方がよいと議論を先導してしまうことでしょう。また、地域でワークショップをするにしても、参加のデザインに問題があって、多様な見方が現れにくくなっていることもあります。思いの方向が様々であることが明らかとなるよう、コミュニケーションに厚みをもたらしていく方策を考えていかないといけません。

新川　渥美先生が書かれていた、集落コーディネーターのような人が必要ですね。ただし、すぐに何かできるわけでもない、とにかく何年間かお話を聞くことだと言われていますが。もっと時間のスパンを長くしないと難しいかなとも思います。時間とその中で培われるコミュニティ的なものがベースに出来上がらないと、持続可能性だとか未来に向けて地域を維持していくといった取り組みは難しいのかなと、改めて思っていたところでした。

「今地域でせっかく一緒にいられていいよね」というところから出発できるかどうか、その中で「一世代先に誰も住んでないのも困るよね」「なんで困るんでしょうね」と、地域の人たちが対話をしたり、すぐには難しくても外の人からはどんなふうに見えるのか話を聞いてもらったり、そういうのを繰り返していくのが、大事かなと思います。

川中　確かにそうですね。

新川　バラバラにいろんなことを言っていても、外からの知恵が入ってきたときにも、実はバラバラの中に共通項というのが生まれてくる可能性はあると思います。仮に一〇年後人口が半分に、さらにその一〇年後には五分の一にといった話になったとき、どんな暮らし方をするんですかね、みたいなところ。そこを一緒に考えていくことができれば、むしろバラバラであるだけに、とってもいい、いろんな値打ち、いろんな価値を、一人ひとりが明らかに持ってるということですよね。それが一緒に生かされる可能性はとても大きいなと、逆に思いました。みんながもうこれしかない、みんなで畳むしかない、というふうに言ってるところは寂しいなと、個人的には思っているところがあります。

川中　よそ者である外部の研究者や実践者もその人自身を変容させていくことが大切ですね。そうでなければ関わっている意味がないとも言えるのではないでしょうか。

コミュニケーションに厚みを持たせていく際、よそ者の存在は確かに一定意味があります。暗黙の内にあった認識を言語化する必然性が生まれるからです。そのことによって、「実はここは一緒じゃないか／ここがずれていたのか」ということが明らかとなり、「じゃあ話し合おうか」といった新たな接点を作り出す可能性があります。この本の執筆者は、実践のフィールドと長く付き合っている方が多く、そういう役割を果たしてきている可能性があります。そうした前提で書かれたものを読むと、読み方も変わってきますね。

第3部の注目点
――異なる価値と共同性をめぐって

弘本　では、第3部「現代的な共同性／公共性の創造はいかにして可能か？」に話を進めていきましょう。

川中　この本の準備段階で、執筆者の前田さん、弘本さんと私の三人で「コミュニティ・デザインと文化」をテーマに鼎談をしました。その際、いわゆる地域文化を後世に継承していくことに価値があると考えている人たちばかりではないことを話題の一つとしました。地域の文化／歴史の継承にはあまり意味がないのではないか。それよりも利便性や経済性を重視して、新しいビジネスを起こす方が大切じゃないか。その方が人が集まるのではないのか。古いものの多くは取っ払って、新しい文化をつくったらいいじゃないか。そうした主張にどう反論しますかと問いかけてみたのです。この問いへの前田さんの答えが印象に残っています。一部私の表現になりますが、まとめると次のような答えでした。

短絡的に利便性や経済性を追求すると結局は同じような開発の仕方になりやすく、地域の姿が均質なものになってしまう。それでは、人々の多様な志向性には応えられない。地域の顔が色々あれば、「こういう生活文化や地域文化がいいよね」と思う人たちが集まって来やすくなります。地域文化は共同性の求心力にもなり得るものだということです。さきほどの話の言葉を使えば、「しぶとさ」にもつながるとも言えます。共同性の議論をするときに、ベースのところで生活文化／地域文化が大きな意味を成しているのではないかという示唆をいただきました。今回、前田さん（第9章）も弘本さん（第8章）も、その時の鼎談を発展させる形で書かれているのではないかと思います。

ただし、文化には共同性の求心力を高める一方、排他性を強めてしまう側面もあります。ここで髙田先生の論文（第7章）につながってきます。異なる文化や価値観の人が、互いを切って捨てるのではなく、共に居られる状況をどのように生み出すのかという話です。このように考えれば、9・8・7の順で読んでみてもいいのかもしれませんね。

コラムのアサダさん（文化活動家）は地域文化から求心力を高めるよりも、流動的な文化の生成に目を向けられていて、少し質が違うかもしれませんが、どうなのでしょうか。

弘本　アサダさんのコラムは、ある方がコロナ禍で「あえのこと」という見えない来訪神をもてなす伝統行事に倣って行った、住み開きの話題から始まっています。私は、コロナ禍を経て、アサダさんの思考はさらに一歩深まったのではないかと感じました。
　共同性を語るとき、その共同性を成り立たせる基盤として、見えない者を含む、他者の出現に開いていく重要性といいますか。地域文化の肝でもあるわけです。それは、同じくコラムの宋さん（NPO法人IKUNO・多文化ふらっと）たちの活動を考えるときにも、とても重要な他者性の話に結びついていくことではないかとも思うのです。

川中　先ほども少し触れましたが、髙田先生は京都の人々の住まい方の中から、異なる価値観との共存を可能にさせている生活文化を見出されています。緩やかな「他者への開かれ」とも言えそうですが、アサダさんはご自身の暮らしの中で、現代的な開き方を提示していると読むことができるのかもしれませんね。

弘本　冒頭で新川先生がおっしゃった、新しいコミュニティのあり方とも一脈通じるものがあって、個を起点にした共同性・公共性の再デザインを追求されているような印象を持ちました。

新川　第3部では共同性について、共通の理解ができたという感想を持ちました。共同性をコミュニティと読みかえても問題ないと思いますが、単に何か一緒にことを成し遂げるといった共同性ではなく、むしろそれを支えていく考え方であるとか他者との関係であるとか、他者への理解であるとか、それに基づいた共同性というのをみなさん言っていただいていると思いました。
　同じ考え方の人が集まっても、共同性を生み出すことにはならないということです。いろんな価値観がありながら、やむにやまれずか、あるいは外圧か、あるいは自分たち自身の欲求かはわかりませんが、その中で何がしかの共通の要素や共通の目標を見つけ出す中で、共同性というのが生まれてきている。今私たちがつくっていかないといけない共同性というのは、異質なものの相互の中で、異なる価値の中で、共同性を発揮していくことが求められ始めているということだろうと思います。

そのような共同性を発揮させる、外在的な制約とか強制もあり得ますし、内発的な動機付けもあると思いますが、どういう契機でそれを発揮させていくかです。弘本さんは文化的実践という言い方をしておられました。髙田先生の場合には、京都の生活文化と住まい方がキーワードでした。前田先生の場合には牛窓の取り組みのように、相互に記述し語り合うプロセス自体が、共同性を生み出す元になっているのかなと思いました。

そこに関わる人たちは決して同じにはならない。それぞれの価値や、それぞれの文化は持ちつつ、それぞれの実践の意義をお互いに知り合う、それを基盤に一緒にできることというのが出てきている。そんなイメージを、この第3部では持ちました。ここで言っている共同性というのは、最初の問題提起で少しだけ触れましたが、新しいコミュニティ・デザインをつくっていく、その現れ方としてこういう共同性みたいなものがあるのだと思いました。

ただし、もう一方では、こうした共同性を具体的にある種のコミュニティ・デザインとして、さまざまな領域で働かせていったとき、それはもっと広く社会的にどういうふうに承認されていったり、より多くの共感性を手に入れていったりできるか、そこが次の課題かなと思いながら読ませていただきました。

どうしても、ここでの共同性というのは、比較的相互に関わりが緊密にできる集団内での共同性づくり、言ってみればその中での異なる価値やあるいは異なる利益や利害関係をベースにした、その中で出来上がる共同性みたいなものは見えてくるんですが、それがもう少し広い一般的な普遍的な価値として、どういうふうに広がっていくか。一つのコミュニティとしてデザインできるか、あるいはデザインされていくか、どういうふうに関係性を広げていけるのか。公共性を考えていくためには、そのあたりが課題でもあり、問題提起されているかなとも思いました。

川中　共同性は常に閉じていこうとする力が働くので、そのせめぎ合いをどうするか。そこでコミュニティ・デザインの実践が問われるとも言えますね。

コミュニティ・デザイン新論に分け入るために

弘本　最後に、これから各章へと分け入ってくださる方々へ、これまでのお話を踏まえて、新川先生から大きな見取り図をお示しいただければと思います。

新川　難問は難問のまま残しておいてもいいのかもしれませんが、こうやってみんなで議論していることについて、改めて考えてみましょう。

　コミュニティ・デザインの基本的なあり方として、それは出来上がったデザインでもないし、特定の方法論があるわけでもない、さらに言えば一般的に目標が設定できるようなものでもない。むしろコミュニティ・デザインというのは、一人ひとりの人、それぞれが暮らす場、それぞれの人の関わり、その中で考えていくことができるわけです。

　今、私たちの社会は様々な変化の渦中にあり、困った問題もたくさんありますが、希望もたくさん見出せる、そんな中で、このコミュニティ・デザインという観点で、未来への展望をみんなに持って欲しいと思っています。これが出発点です。

この本を構成する第1部・第2部・第3部は、そうした観点でコミュニティ・デザインを考えていく上での、時間的な局面、空間的な局面、加えて多少質的な側面について、全てではないですが、ある程度私たちが切実に向き合っていかないといけない場面を掘り下げて考えています。

第1部では、何よりも今私たちの社会が直面している様々な格差や差別など、この社会が持っている不条理非合理に焦点を当てたとき、コミュニティのデザインという観点がどういう意義を持ちうるのか、ということを議論してきていると考えています。格差や差別を生み出す社会、翻って言えば人間を大切にしないような社会をどう乗り越えていくのかというとき、コミュニティ・デザインというものが本来の役割を果たすというふうに考えてよいのではないかとも思っています。本当にコミュニティ自体が豊かに人々の暮らしを支えられる、そういうものを一人ひとりが望んでいくとすれば、おそらくまずはこうした格差や差別の問題に取り組む、それがコミュニティ・デザインであるはずだと、この第1部の論者たちは考えていると思っています。

しかし、現実には、そのようなコミュニティが、時間的な経過の中でいつの間にか硬直化し、そして衰退をしていくという現象があります。それは物理的な人や暮らしのあり方の変化があり、経済的な問題としても、人口減少を始めとして、目に見えて現れてきているというところがあります。ですが第2部では、むしろそうした時間的な変化の中でコミュニティが直面してきた課題そのものが、実はコミュニティ・デザインの本来のあり方を試す、そういう局面や時間だったのではないかというふうに理解しています。

時間的な流れで言えば、コミュニティ・デザインというのは、そうした長い長い人の暮らしの一生の中で培われていく、共通の思いや理解、それを大切にしたコミュニティを実現していく、そういう手がかり、よすがとしてコミュニティ・デザインを改めて位置づけ直していくことができます。その際の、衰退ということや持続可能性の捉え直しが、まさにコミュニティ・デザインの大きな役割と言えるだろうと思っています。

その問題を未来に向けてどう投射していくのかが、第3部の役割かなと思っています。コミュニティ・デザインというのが、ただ単に今一人ひとりがいかにより良く生きるかということだけではなく、一人ひとりがそれぞれ実現したいことが、未来に向けて異なっていてもなおその中で、ともに生きていくということでそれが実現できる、そういう共通性や共同性、それをつくり上げていくことの中に、コミュニティ・デザインのいわば未来性というか、将来展望性のようなものがあると思っています。

第3部では、そのための手がかりを、対立する価値や一人ひとりの個別の思い、そして様々な伝統や文化の実践、それらの多様性の中に見出していくことができるわけです。異質性や多様性を、いわば未来のコミュニティに向けてデザインしていく、あるいはデザインを一緒につくっていく、そういうコミュニティ・デザインというのを、第3部では主張していると考えていいと思います。

そして私たちは、この未来に向けてのコミュニティ・デザインのあり方が、本当は全ての人々にとって開かれた公共性のある考え方だと信じていますし、たくさんの人たちが未来に向けてのコミュニティ・デザインに積極的に関わり、新たなコミュニティ・デザインを一緒につくっていくことに参加できると期待しています。

一人ひとりの暮らしをより良く生きることができる社会にしていく、そのためのコミュニティ・デザインを考えたいということが、出発点ではあるのですが、同時にそれは今、現在の空間や社会の構造の中で発生している問題に対して、第1部のように取り組んでいくときのコミュニティ・デザインも重要ですし、第2部のように時間の流れの中で壊れてきているコミュニティを、新たなコミュニティとしてどう再生していくのかという、それも大事です。さらに、第3部では未来の新たなコミュニティづくりのために、現在から未来に向けてどんなコミュニティ・デザインの方向を考えられるのかを探っています。終章の座談会では、デザインできないものへの議論も展開されていきます。そんな構成でこの本は出来ていますので、ぜひこれからのコミュニティ的なものにかかわる手がかりにしていただければと思います。

弘本　ありがとうございました。

＊二〇二四年五月一七日　於 都市魅力研究室

第1部

共生社会に向けての包摂／平等化はいかにして可能か？

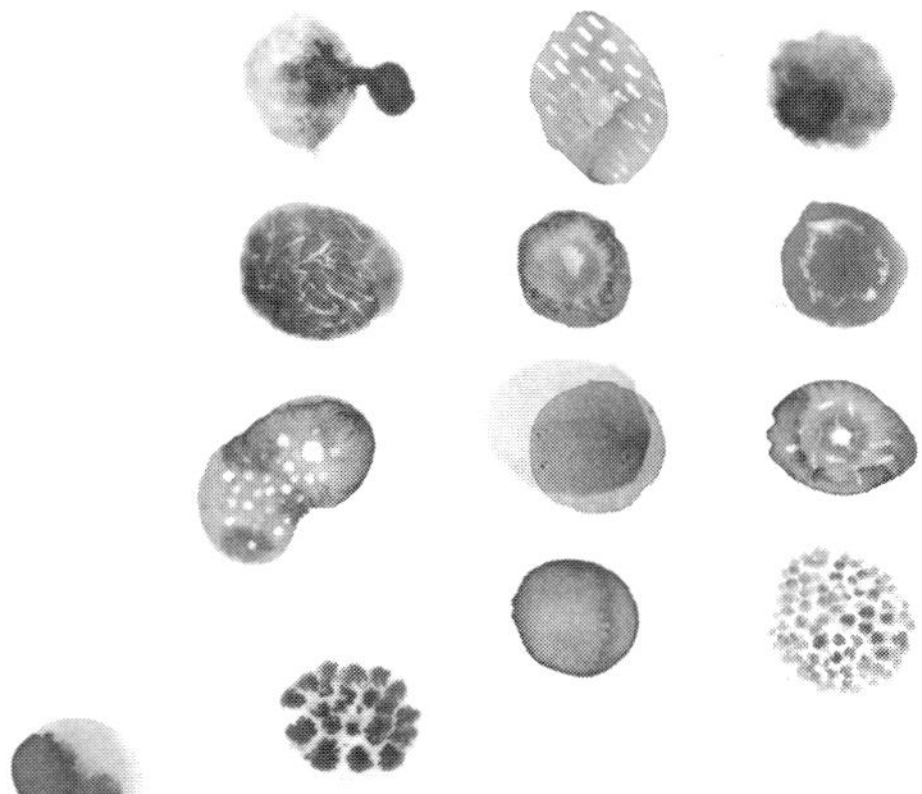

第1章

共生社会の基盤をなすコミュニティ政策とは？

新川 達郎

1　共生社会とコミュニティの考え方

人間社会における共生を人々の間の何らかの相互関係がある共同生活と考え、それが生み出される場をコミュニティとするならば、一般的に言えば、コミュニティが形成されている場合には、そこには何がしかの共生関係が生まれているはずである。相互に異なる様々な価値を内包しつつそれらの共存を実現できるコミュニティは、共生のコミュニティと呼ぶこともできる（吉原　2019）。

しかしながら現代社会はその変化の規模と速度が大きくなってきていることもあって、コミュニティの成立が必要とする何がしかの関係性や共通性あるいは共同性が作動せず、共生社会を生み出すことができなくなっている。もちろん多様なコミュニティがありうるし常に生成流転している現実はあるが、共生を実現するコミュニティを生み出すことにしばしば失敗しているともいえる。「共生」あるいは「共生社会」ということを社会経済的にも政策的にも改めて考えなければならない局面にある今日、その基盤としてのコミュニティのデザインは決定的に重要な要素だということができる。

本章では、近代以降の日本社会において「共生」や「共生社会」がどのような現実にあったのか、それらが今日において目指すところが何であるのかを明らかにしたい。そのうえで、共生の基盤としてのコミュニティがどのように捉えられてきたのか、それをどのように方向づけようとしてきたのか、コミュニティ政策の役割や位置づけとその変化を解明してみたい。その結果を踏まえて、コミュニティの新たなデザインを考える手がかりを得たい。

2　共生社会はどのように捉えられるのか

「共生」や「共生社会」の定義に関していえば、生物学的には複数種の生物が相互関係を持ちながら同じ場所で生活することを共生というのであり、人間社会の場合についてもそれが応用されるなら、人々が何らかの関係性を持ちつつ共同生活を送っている状態を指し示している。つまり人間社会における「共生」も、自然界におけるそれと同様に、一定の場において人間間の相互関係がある状態が基本的な条件となるが、この共生は、時と場所の違い、人々の関係様式や関係性の性質によって、多様な性質を持つことになる。

今日的な「共生社会」という言説に内包されている意味には、時としてその共生に基づく社会が人間社会の本質であり理想であると考えられているところがある。共生社会が理念あるいは理想像として用いられることになるが、それは同時に共生を阻《はば》む社会の諸問題を映し出すことになる。現代日本では、この意味での「共生」や「共生社会」という言葉が、社会的理念あるいは批判的参照基準として日常的に使われるようになっている。その結果、共生社会は、社会事象や社会問題にかかわる抽象的な概念とされる場合だけではなく、社会的現実を映す実体概念として描かれる。さらに共生社会は、現実の社会を説明する概念としてだけではなく、社会的な価値選択として、そして公共政策の目標や理念となる場合、つまりは何らかの社会的価値を帯びた概念としても見られるようになっている（橘木編 2015）。もちろん、その意味内容は使われる機会や文脈によって多様に違いがあるのであり、様々な修飾語を付して、また意味や目的となる価値観を限定して用いられていることが多い。例えば、地域共生社会、多文化共生社会、自然共生あるいは環境共生社会等々といった具合である。

3　共生のコミュニティは可能か、デザインできるのか

どのような形態をとるのであれ「共生」や「共生社会」には、その共生を担う関係性や共通性、あるいは時空の共有性が見て取れる。これを人々の諸関係という観点から捉え直すとコミュニ

ティという概念に行きつく。共生社会は、その社会を構成する人々の間の何らかの共同性、すなわちコミュニティによって支えられているのである。もちろん、このコミュニティについては多様な言及がこれまでにもあるが、場の概念あるいは利害や関心の共有性、歴史文化的あるいは思想的な一体性などによる人間集団の共同性を指すことが多い。そこに見て取れるように、共生社会が成立するための基盤として共生のコミュニティが必須となるし、コミュニティが成立していないならば、共生社会も成り立たない関係にある。

別の見方をするなら、コミュニティが形成されている以上そこには何がしかの共生関係が生まれているはずである。様々な価値を内包しつつそれらの共存を実現できるコミュニティは、共生のコミュニティと呼ぶこともできる。しかしながら現実の社会はこうしたコミュニティと共生社会の理想形からは大きく外れている。現代社会はその変化の規模と速度が大きく、共生のコミュニティを生み出すことにしばしば失敗している。その結果として共生社会とそれを実現するコミュニティということを社会経済的にも政策的にも改めて考えなければならない局面にある（広井 2009）。

ところが、現実の地域社会やそこに形成されているコミュニティは、その成り立ちも、組織構造や機能様式も大きく異なっており、それが直面している課題もさまざまである。共生のコミュニティ形成を課題としたとしても、その課題への答え方は、そもそものコミュニティの持続可能性の有無を考え、成長あるいは縮退を視野に入れた刷新あるいは撤退を考える必要がある。その解答の条件を規定するのは、一人ひとりがそして地域社会が持つ文化の基層であり、個々の利害や価値観であり、生活様式における差異性である。これらの差異性がコミュニティ内部における相克と、外部からの刺激のもとに生成変化していく諸相を考えなければならない。

例えば、現実に異なる文化的背景を持つ人々が相隣《そうりん》し近隣社会を構成するとき、そこには価値観や行動様式の違いから派生する葛藤や衝突が発生しうるし、それらは深刻な利害対立や社会的亀裂に結び付くこともある。同一の文化圏に属していると思われる中でも、すでにこれまでのコミュニティの特性で触れてきたように様々に異なる価値観、利益対立、意識や行動様式の違いを内包している。これらは従来のコミュニティにおいては、多数派と少数派に二分され、多数派による少数派の抑圧によって問題の処理がされる傾向にあった。時にその矛盾が社会の表層に噴出することもあったが、それらは意図的にまた無意識のうちに制圧されることになってきたのである（ヴェイユ　2005）。

様々な対立や葛藤が顕在化しまた潜在している現代社会において、共生社会を実現することができるかが改めて問われている。一人ひとりが持つ異なる価値観、異なる文化的背景、そして社会生活の差異にもかかわらず、何がしかの共通性を発見し、あるいは創出し、そこから生まれる共同性に基づくコミュニティが共生への道だと考えられる。翻ってその実現のためには、共生を担うことができるコミュニティが必須となるが、実践的にはどのようにすればそれを構築できるのか、まさに検討や取り組みが様々に行われているということができよう。

4　日本における伝統的共生社会の変化とコミュニティの課題

共生社会が問題になるのは、それが機能しなくなり、人間生活を阻害し、何らかの社会問題を生み出している状況が生まれるところにある。その背景には、共生を支えていたはずのコミュニティが機能しなくなっていることが想定できる。もちろんこれら機能不全については多様な要因が考えられるが、太平洋戦争後の日本社会の場合には、共生のコミュニティを巡る変化が社会問題を噴出させあるいは問題を変容させてきたという理解も可能である。

むらやまちに象徴される伝統的な地域共同体の紐帯すなわち歴史的に形成されてきたコミュニティは、地域社会の維持と封建主義や絶対主義の体制存続にとって前提条件でもあった。地域共同体の安定は支配体制の安定条件であり、封建体制以来の日本の場合にはそれを支えたのが「家」制度と隣保《りんぽ》組織といえる。もちろんこれらは社会経済の変化や人々の暮らしの変化とともに変容せざるを得ないのであるが、同時にそれを維持するための制度的な対策が取られてきている。明治時代以降でいえば戸籍制度もそうであるし、緊急事態への対応としては農山漁村経済更生運動（一九三二年）などがよく知られている。農山漁村における隣保共助の精神を活用し経済の計画的組織的な刷新を図ろうとするのである（森 1998）。

こうした前近代的な隣保共助のシステムは、都市圏における社会問題への対応、そして第二次世界大戦のような総力戦における国民の動員においても、積極的に利用されるようになる。大正期における方面委員制度の設置、関東大震災後の町内会の整備方針などは、地域の相互扶助機能を基盤とした制度ということができる。こうした隣保組織を国家行政機構の末端に位置づけ、戦争遂行体制に組み込んでいったのが国民総動員体制の下で進められた内務省の「部落会町内会等整備要領」（一九四〇年）である。これにより福祉や衛生などの機能を含めた総合的な行政機能を持つ末端組織が地域の相互扶助の仕組みと重なる形で現れることになった（日高 2018）。

敗戦後、一九四七年に占領軍総司令部による部落会町内会等の解散命令と公職追放の政令が出された。旧権力と旧体制を温存する装置と考えられた町内会等は解散させられ、公式的には町内会等を利用することはできなくなった。その一方では組織や名称を変えて、地縁団体としての実態を残すところもあった。一九五二年には占領の終結とポツダム政令の失効により部落会町内会等の解散命令は取り消され、それぞれの地域の自主的な対応にゆだねられることになった。部落会町内会等は地域の隣保共助の機能を果たすことになるが、その一方では、非民主主義的な性格を持つものであり、かつての大政翼賛会の残滓《ざんし》だとして批判の対象となった側面もある（中川 1980）。

いずれにしても太平洋戦争後において、地域の相互扶助の仕組みは残存し、維持されることになった。そのことは、戦後復興と経済成長を支える工業社会の形成においても、労働力の再生産や家族福祉を基盤とする福祉国家体制、そして都市への集中を支える社会システムとして、伝統的な「共生」が作用し続けたということでもある。

5　伝統的隣保共同の崩壊とコミュニティ政策

高度経済成長の終焉とその後のバブル経済の崩壊は、高齢化や少子化が進み成熟社会化しつつあった日本社会にとっても、大きな転換点となった。前述のように伝統的な共生社会の活動や機能は、多少なりとも維持され大きく衰退することはなかったが、その一方では、職場の変化、家庭の変化、地域の機能変化はすでに進んでいたのである。それにとって代わる相互扶助機能は公的福祉の拡充と市町村独自のコミュニティ政策による微温的で一時しのぎ的な地域活動対応にとどまっていたといえる。市町村では一九五〇年代以降、町内会自治会等を行政末端組織として位置づけるとともに、それらを単位とするコミュニティ自治の維持発展のための集会施設の提供や運営費補助の支給などを進めてきた（日高　2018）。しかしながらそれらは都市における新たな隣保共同の創造や新たな相互扶助システムの構築という課題に抜本的に応えるものではなかったのである。

こうした問題意識のもとに登場したのが一九六九年九月に国民生活審議会調査部会が明らかにした「コミュニティ――生活の場における人間性の回復」という報告書である。経済の高度成長や都市化の進展に伴い、従来の伝統的なコミュニティの崩壊とその後の無関心層の増加がすう勢となるのに対して、それを乗り越えるコミュニティの形成を求めた。それは「生活の場において、市民としての自主性と責任を自覚した個人および家庭を構成主体として、地域性と各種の共通目標をもった、開放的でしかも構成員相互に信頼感のある集団」とされた。その実現のためにはコミュニティ政策として行政による支援、コミュニティ施設整備、情報提供、リーダーの養成などが掲げられた。

コミュニティ政策の担い手を自負した自治省は、一九七一年には「コミュニティ（近隣社会）に関する対策要綱」を定め、モデル・コミュニティ政策を実施した。全国にモデル・コミュニティ地区として、地方自治体が協議して選定し、概ね小学校の通学区域程度の規模を基準に、市町村は住民参加のもとにコミュニティ整備計画を策定し、住民はコミュニティ活動に関する計画を策定し、国はコミュニティ整備計画に基づくコミュニティ施設の整備について所要の財源措置などをすることとしていた（本節は、横道 2009 を参照している）。

一九七〇年代から八〇年代にかけて、大都市圏への集中など都市化の進展が進むが、それを踏まえて、一九八三年に自治省は「コミュニティ推進地区設定要綱」を定めた。コミュニティ政策を推進する必要性が極めて強いと認められる都市及びその周辺地区に、「コミュニティ推進地区」を設定し、施設整備のみならずコミュニティ事業活動の活発化を促進しようとした。

さらに一九九〇年には、「コミュニティ活動の活性化について」という通知を出し、コミュニティ活動活性化地区設定政策を行うこととした。都市や農村にこだわらず、コミュニティ活動に更に一層の活発化を求める地区を設定し、まちづくりや文化活動が活発に行われるよう必要な指導・援助等を行うことにした。

なお、一九九三年以降、自治省によるコミュニティ政策は、それまでのようなモデル地区設定によるのではなく、地方自治体の一般政策として、地方交付税交付金制度（普通交付税）の算定基礎に組み入れられ、すべての地方自治体で実施できるものとなった（横道 2009）。

高度経済成長期とその後のバブル経済を経験する中で、従来型の共生社会像は変容を余儀なくされたし、それを担うコミュニティ政策も組み換えが求められていった。都市化やグローバル化、市場経済化が大きく進展し、社会構造的には少子高齢化と人口減少が予想されてはいたが、その一方では、一九七〇年代、八〇年代のコミュニティ政策は、伝統的な相互扶助の再生を目指し、町内会自治会等の地域組織の活性化に向けた「改善」政策であった。

6　バブル崩壊と相次ぐ災害経験の中での社会的排除

伝統的な共生社会における相互扶助の衰退と限界をあからさまにし、そのコミュニティの基盤の再構築を迫る契機となったのは、バブル崩壊以後の低成長経済と相次ぐ自然災害であった。一九九〇年代以後これらの課題は、社会全体の方向、地域のあり方、その政策方針の抜本的な変更を問題にしてきた。そしてその問題への的確な対応からすればもっと早い時期からの対応ができたはずであり、それがいまだに不十分であることが現実である。共生社会の構築もその基盤となるコミュニティ形成のための政策対応についても、いまだに検討中あるいは模索の最中にある。

まずバブル崩壊以後の共生社会の考え方を大きく変えたのは、一九九五年の阪神・淡路大震災である。この経験は、その後の二〇〇四年の中越地震、二〇〇七年の中越沖地震、二〇一一年の東日本大震災、さらに二〇一六年の熊本地震、二〇二四年の能登半島地震などでも繰り返されることになった。また、この間に頻発した台風被害、豪雨水害においても、同様の問題に直面することになった。

これらの災害は、共生社会とそれを支えるコミュニティに深刻な課題を突き付けた（渥美・石塚編 2021）。一つには、これら災害が日本社会の最も脆弱な地域を直撃し、そのコミュニティと共生社会の崩壊を加速することになった。地震災害では、例えば中越地震や能登半島地震に見られるように、過疎化高齢化が進む地域で多くの集落が孤立し、集落の維持が困難な状況に直面することになった。従来の地域コミュニティそれ自体が、転居などによって失われるところもあった。こうして地域コミュニティによって維持されてきたはずの隣保共同型の共生社会それ自体が存続不能となったことが明らかになった（櫻井 2024）。

二つには、コミュニティの組織原理である共同性や関係性を大きく組み替え、弱体化させることになった点である。コミュニティの構成メンバーの減少や離脱、従来の相互扶助機能の弱体化、歴史や文化風土に培われてきた一体感の減退がみられることになった。

三つには、相互扶助とコミュニティの衰退とも深く関連するが、個人の孤立化であり、社会関係の喪失である。避難先であれ、帰還後であれ、コミュニティから切り離され、相互扶助のネットワークを失った人々であり、孤独死や災害関連死に至る場合もあった（内閣府 2024）。

四つには、災害復旧や復興が、これらの問題を増幅させている側面があることである。新しいコミュニティの構築が意図され、そこにおける相互扶助の仕組みが工夫されてきたが、それが成功したかどうか定かではない。多くの復旧復興が、旧来のコミュニティの再生とそこにおける相互扶助の再起動を目指しているが、それは故郷の喪失を経験し、それに代わるものを見つけなければならない人々にとっては、実感を持ちにくいことも指摘される（山下ほか編 2024）。

これらの問題は、災害に固有の問題というだけではない。むしろ災害の背景にある社会経済の構造変化や価値観の変化に伴って発生している社会的排除と同じ構図なのである。その点からすれば、共生社会とそのコミュニティの基礎に社会的排除という問題を突き付けたもう一つの大きなインパクトないし転機は、バブル崩壊後のいわゆる「失われた三〇年」にある。

職場を巡っては、ポスト工業化や経済のグローバリゼーションとも相まって就労が不安定化し、一九八〇年ころから増加傾向にあった非正規労働者は、バブル崩壊後の一九九〇年代後半には飛躍的に増えた。そして二〇一〇年代には非正規雇用の比率は三〇パーセントを超えたのである（厚生労働省　2023：2部2章）。これらは、日本の賃金体系の不均衡や社会保障制度の不十分さとも連動して貧困層の拡大を加速した。経済分野から発した社会的な格差拡大は、労働や福祉、教育など様々な分野での社会構成員資格を喪失させ、社会的排除という現代的課題を惹起した（阿部　2007；岩田　2008）。

社会的排除の当事者やそのリスク層にとって、劣悪な雇用環境のみならず、貧困に起因する福祉や保健衛生、教育や文化サービスの制約を受けるとともに、公的社会制度を補ってきたはずの家族や地域からの相互扶助も不足することが現実になる。いわば近隣社会などの隣保共同機能につながることができず、地域の中で孤立していくのである。こうした地域の資源や環境へのアクセスにおける障壁は、排除をする側とされる側の双方によって生み出され、従来は人々をつなぎとめていた「世話焼き」や「おせっかい」が機能しなくなり、結果的に相互扶助システムからも遠ざけられる（寺谷編　2022）。

工業化と都市化の下で進んできていた労働力再生産方式としての夫婦子供世帯を単位とする家族の構成は、家族内の相互扶助をぜい弱化してきた。加えて家族における勤労所得の減少と共働き世帯の標準化が進むこと、高齢（単身）世帯が増加すること、親類縁者や地域の担い手などの依存先が減少することなどによって、社会的なケアの担い手の不足や欠落を招くことになった（厚生労働省　2023：1部1章）。ケアニーズは増大し、複雑化しているにもかかわらず、ケアの配分については、たとえば民生委員の量的不足が言われているように、そもそもの資源の確保すらままならないという現代的課題がある。

旧来からの地域コミュニティあるいはボランティアやＮＰＯなどの市民組織も、構成員の固定化と高齢化で活動が硬直し停滞する傾向にある。人々と政府公共部門との間隙を補ってきたのがこれら中間集団であるが、それ自体が空洞化や機能不全に直面している。実際、伝統的な地域コミュニティである町内会自治会については、絶対数こそ大きく減少してはいないものの役員のなり手問題を抱えており、住民の加入率は年々減少し、近年では七〇パーセント程度とされている（総務省 2022）。こうした中間集団（地域コミュニティやＮＰＯ等）の停滞は、地域の相互扶助を大きく損なうことになっている。

7 「新しい公共」「共助社会」におけるコミュニティの再構築

阪神・淡路大震災の一九九五年は、同時にボランティア元年ともいわれるように、震災被害に対する救援、復旧・復興に多くのボランティアが参加し、その活動を担ったことが特徴であった。企業や行政の行動様式も変化を余儀なくされたが、ボランティア活動の活発化は、従来の共生社会における相互扶助を超えて広がり、地域に限定されない市民社会の活躍を示すことになった。その結果、一九九八年には特定非営利活動促進法（いわゆるＮＰＯ法）が制定され今では五万団体を超えるNPO法人が活躍している。しかしながらその活動は社会全体の中では微々たるところで、議論はあるが名目国内総生産の六パーセントにとどまっているとされる（労働政策研究・研修機構　2016）。

市民活動の活発化は、「新しい公共」や「新しい公共空間」論として注目されることになる。総務省の研究会は二〇〇五年に「分権型社会における自治体経営の刷新戦略――新しい公共空間の形成を目指して」を報告し、縮小社会が進む中での住民と行政の協働による公共空間の充足を掲げた。民主党政権は二〇一〇年に「新しい公共」を提唱し、官だけではなく市民団体や企業が人々と地域を支える協働の推進を図った（新しい公共円卓会議　2010）。二〇一二年に政権交代したその後の自民党政権では、ほぼ同じ意味で「共助社会」が使われるようになっている。

総務省では、二〇〇〇年代以降、研究会を設置して、コミュニティのあり方を検討してきた。二〇〇七年のコミュニティ研究会ではコミュニティの再生や発展に関する中間報告を、二〇〇八年の「新しいコミュニティのあり方に関する研究会」報告では、地域の多様な力を結集した地域力の創造を目指して、新しい地域協働の主体形成を提案している。二〇一二年には「今後の都市部におけるコミュニティのあり方に関する研究会」を設置し、二〇一三年の報告では若者や女性などの地域人材の活用、防災対策、マンションとの連携などを課題としている。さらに二〇二一年に設置した「地域コミュニティに関する研究会」は二〇二二年に報告書を発表し、活動のデジタル化、自治会等の加入促進など持続可能性向上、地域の多様な主体の連携を論点としている。

この間に、地域コミュニティの維持と活性化への政策的対応は、市町村レベルで進むことになった。制度的には平成の大合併を機に、合併によって自治を失う旧町村区域について、地域自治の仕組みを残す制度が導入され、新潟県上越市などを皮切りに全国に広がった。合併によるまでもなく市町村の区域についても人口減少など縮小社会への対応と、町内会自治会等の地縁団体の活動停滞や組織の衰退に対処するために、市町村内の小規模な区域（小学校区程度）ごとの地域自治が、市町村規模の大小とは別に進められていった。従来の地域維持機能を統合して地域を基盤にした新たな自治の枠組みを自主的につくり、福祉や保健、地域の維持そのほかの地域機能を遂行することとした。これらは小規模多機能自治と呼ばれたり、地域自治協議会や地区まちづくり協議会などと呼ばれたりしているが、地縁団体を基盤としつつ地域にかかわる各種団体の参加を得る形で組織化されており、総務層の調査によれば地域運営組織が置かれている市町村は二〇二二年には全国でも八百以上となっている（総務省 2022）。

以上のように、一九九〇年代以降、市民社会組織と市民セクターの発展はみられ、それらがコミュニティの担い手として公共的な機能を果たすという構図は理念的にも実践的にも一定程度は定着した。しかしながらその実態においては、伝統的な地縁団体を基盤とする相互扶助に依拠し続けており、コミュニティ活動においても町内会自治会活動の活性化といった視点からの政策展開がしばしばみられる。現時点においても、コミュニティ政策はせいぜい既存の地縁団体間の連携による共助社会の範囲にとどまる。一九九〇年代以降顕在化してきた共生社会を目指すという課題意識のもとに、共生のコミュニティ形成を政策化するという指向性は、ＮＰＯなどの市民社会組織を通じて実現されるところが大きいはずである。しかしながら、ＮＰＯの参加を得た地域コミュニティ論はあるものの、分断や孤立化を生む社会構造を問題とし、その修復を図る相互扶助の新たな仕組みを実現できる、市民社会的な視座を持ったコミュニティを構想しようとする方向性は、いまだ根本的に弱いと言わざるを得ないのである。

8　共生社会のためのコミュニティ・デザインに向けて

現実には、社会経済的、また政治的政策的理由によって、制約のある共生が強要あるいは誘導され、またゆがめられて、共生社会的な価値を支えてきた社会の仕組みである共生のコミュニティが持つ相互扶助が働かない。共生が働かない共生社会は、その再構築を目指して個別の共生課題に取り組むことになる。その取り組みは、共生において欠けているところを修復することを目指して、共生のコミュニティを構築しようとする。そこでは共生社会の個別課題への取り組みを通じて、全人格的な共生社会の理想を実現しようというのである。

その事例として直ちに思い浮かぶのは、現代日本社会における共生の課題として、多文化共生社会、地域共生社会、地域循環共生圏（環境共生社会）、そして多発する自然災害に対するレジリエントな共生社会などである。これらの課題は本書ではこの後に順次取り上げられることになるが、本章のまとめに代えて、これら「共生社会」とその共生のコミュニティ形成の課題をコミュニティ・デザインの観点から取り上げて簡単に触れておきたい。

現代的あるいは社会的な意義を巡って比較的に以前から共生を用いてきた例の一つは、「多文化共生」であろう。異なる言語、宗教、文化、歴史、生活習慣など相違する特性を持つ人間集団相互間の共存を目指す考え方であり、とりわけある社会における少数派が直面する問題を取り上げることが多い。多文化共生社会の概念は、人種差別問題とともに議論され、また移民問題とも関連して語られる世界的な課題として、早くから注目されてきた。そのことは、少数民族の文化的な抑圧を経験してきた日本においても問題であり続けているが、今日さらに外国人労働者の大量受け入れが注目される日本社会にあっては、言語・文化・国籍の多様化に対応して地域社会生活を共に営んでいく上での困難があり、現代的にも重要な政策課題となっている（総務省 2020）。多文化共生社会は、その実現に向けて、地域コミュニティにおける多文化共生を実現することが必要であり、人々は多文化相互間の相互理解を深化させ、必要とされる相互支援活動が触発されることで、極めて困難ではあるがコミュニティの共同性や紐帯が達成できる可能性がある。

共生社会を必要とするもう一つの領域は福祉に関する分野である。伝統的に福祉分野では共生が当然の理念とされてきたところがあり、かつての救貧委員会（方面委員）やセツルメント運動などにさかのぼることもできるし、障害者福祉におけるノーマライゼーションの理念についても共生の考え方だということができる。今日の高齢問題と子育て支援が課題となる日本の福祉政策分野では、これらの課題を地域社会において解決する仕組みとして「地域共生社会」を構築しようとしている（厚生労働省 2021）。そこでは支援する側とされる側といった違いを乗り越えて、地域の人々が参加し、相互につながり伴走支援を実現することが目指される。地域共生社会が実現されるには、もちろん福祉行政やそのサービスなど制度的な環境とともに、それが成立する地域コミュニティにおいて、人々の相互のつながりがあり、それぞれの資源の持ち寄りによる相互支援や寄り添いがあることが前提となる。地域の活動に参加し、相互の暮らしを理解し、支援や寄り添いをコミュニティの共同性の中で機能させることが求められる。

共生は環境分野ではエコロジー（生態系）の観点からは当然であり、環境共生や人と自然との共生は、むしろ基本的な理念ということができる。自然環境の均衡が人間の活動によって大きく損なわれ、生物多様性危機や気候危機が現実問題となっている。人と自然との共生を実現するためには、人間活動のメカニズムと自然環境（生態系）の作動を適合させなければならない。環境共生の暮らし方に共感しその実現に共同性を発揮するコミュニティの形成が、環境共生社会成立の前提となろう。環境省の地域循環共生圏構想は、ローカルＳＤＧｓとして地域の持続可能な環境共生社会づくりを目指すものであり、循環経済や低炭素社会、生物多様性の実現のために地域の人と資源を最適に組み合わせ利活用しようとする（環境省 2023：3章）。環境共生を実現できる「環境共生社会」は、人びとの関係性だけではなく、自然との関係性を組みいれた共通認識を持つコミュニティを必要としているのであり、環境共生の価値を実現可能な生活様式（社会経済活動）に共通性を見出すコミュニティによって支えられる。

災害との関係も共生社会の重要な課題となっている。自然災害が多発してきた日本では、自然災害を抑制することが大きな社会目標となっていたが、近年の災害は想定外が当然とされるように、予防や回避が困難な場合も多い。被災時とその後の復旧復興において、減災と被災期間の短縮とが課題となる。レジリエントな共生社会には、被災時や救援時において機能する地域コミュニティの相互支援の重要性が指摘されてきた（公立大学連携地区防災教室ワークブック編集委員会・大阪市立大学都市防災教育研究センター編 2018）。自主防災活動に代表される地域コミュニティ・レベルの防災組織化やその活動は、防災のコミュニティの主要な活動である（総務省消防庁 2023）。レジリエントな共生社会のためには、災害時の相互支援を実現できる共同性をもった共生のためのコミュニティが必須ということになろう。そして、復旧・復興期においては、従来のコミュニティの棄損を前提として、その新たなコミュニティの再生ないしは新生を目指すべく、人々の共同性を紡ぎなおさなければならない。

共生社会の課題として以上に取り上げた問題の前提として、一人一人の人権を基盤として成立することを基本的な前提とする現代市民社会においては、少数派の権利や主張を受容し共生していくことが求められている。単なる相互理解や融和によるインクルージョンでは、この対立の相克を乗り越え、問題解決が可能な相互扶助のコミュニティをつくることはできない。インクルージョンが成り立たないところにおいてなお共生が求められ、それを実現できるコミュニティが探求されることになる。そのコミュニティ・デザインは、おそらく部分的な価値や利害の結合と主張によるコミュニティの形成を繰り返しつつ、それを他のコミュニティと接合するデザインが必要とされる。

共生社会を目指すコミュニティの新たなデザインのために、以上のような条件を満たすコミュニティとは、重層性、多元性、そして「軽さ」を持ったコミュニティあるいはコミュニティ群をデザインすることである。コミュニティの重層性とは、いくつものコミュニティがそれぞれの特性を持ちながら重なり合っているイメージであり、人々はそれぞれ複数のコミュニティに所属し最適の活動を選択しつつ行動している。コミュニティの多元性は、それぞれのコミュニティの関係性や関心が多様で分散していること、そうした多元的なコミュニティが併存しており、人々はそれぞれの関心に応じてコミュニティを選択するのである。コミュニティの重層性と多元性は、「個人」が内包する多面性ないし多様性を反映することになるのであり、いわば「分人」(本書第9章参照)の働きが鍵となるし、そこで発揮される共同性や公共性が期待されることになる。コミュニティの「軽さ」とは、これからのコミュニティがかつての包括的な機能を持った地縁的血縁的な地域共同体による権威的抑圧的な規範による共同体ではなく、参加と離脱が自由であり、軽やかに一人一人の意思を実現できるコミュニティの選択が基本であり、ライト・コミュニティ（Light Community）ということができる。

多様な少数派が多元的に共存する現代社会において、共生のコミュニティをデザインすることは極めて困難な課題であり、そうしたコミュニティ像を想定することすら不可能かもしれない。その一方では、そうしたコミュニティを目指す営みをデザインすることは、例えば多文化共生社会を目指して、すでに様々に試みられているところでもある。成功する保証もなければ、そこで生み出されるべきコミュニティ像も定かでない中で、一人ひとりの人の中に、そして人間社会の中に、重層的で、多元的かつ「軽い」コミュニティ群をむしろ共生のモデルとして目指すデザインの力が注目されるかもしれない。

第2章

共生社会を先導する市民性とは？

川中大輔

1 「共生」とコミュニティ・デザイン

私たちはなぜコミュニティ・デザインに取り組まなければならないのだろうか。それはよりよく生きていくために必要となるコミュニティへのアクセスに偏りがあったり、地域社会での交わりや支え合いから特定の人々が漏れ落ちたりして、生きづらさを抱えさせられているからである。「不幸は公共政策にとって問題だが、幸福はそうではない」とカール・ポパーは述べ、「快の最大化の原理」ではなく「苦の最小化の原理」によって公共政策の検討課題と非検討課題の境界を設定することを提起している（ポパー 2014: 131-144）。コミュニティ政策は社会的に不利な立場に置かれた人々への支援に焦点を合わせなければならないとマリリン・テイラーも述べている（Taylor 2011: 5-6）。このような前提に立てば、コミュニティ・デザインの実践は社会的不平等の是正／解消に向けて、地域に関わる人々と協働して高次元の社会正義[*1]を達成しようとするものであると言えよう（Gilchrist and Taylor 2016: 9）。

既存の秩序を成り立たせている力関係に揺らぎをもたらし、変容を迫っていくコミュニティ・デザインの実践は、個人の生活の質を向上させるだけではなく、「社会的質（social quality）」を高めていくことになる。社会的質はウルリッヒ・ベックらが提唱した概念であり、市民が政治的／経済的／文化的の各位相における社会参加能力が獲得されているのかどうか、それによって個々人の豊かさや潜在能力が増進されているのかどうかで判断される[*2]（福士 2011: 45-46）。社会的質を高めていくコミュニティ・デザインの実践には、社会参加能力を獲得する機会から遠ざけられている人々に関心を持ち、脆弱化を促している環境を変えていこうとするマジョリティの存在が不可欠となる。異質な他者が連帯して共に社会を形成していく共生社会の実現はコミュニティ・デザインにおいて重要な課題の一つであろう。それでは、当事者性の低いマジョリティの参与はいかにして促されていくのだろうか。本章では、多文化共生のための市民性教育の実践を具体的な手がかりとして、この問いと向き合っていきたい。

＊1　社会正義とは、制度化された支配と抑圧の除去を意味するものである（ヤング　2020: 19）。

＊2　社会的質は、主観的要因からなる「構成的条件（諸過程）」と客観的要因からなる「条件的機会（諸機会）」、そして、それらに対応する「規範的要素（諸結果）」の三つの階層によって定まるとされている（福士　2011: 48-49）。

2 「共生」からの揺らぎ

非－共生の現実との対峙

都市が形成されていくと人々の多様性が増大する。その過程で水平的分化（中心－周縁）だけではなく垂直的分化（上位階層－下位階層）も広がる。水平的分化における周縁、垂直的分化における下位階層が交差する場所に定住外国人はじめとする移民背景の人々（以下、定住外国人等）は偏って存在しやすい。その結果、非－共生の現実のただ中に置かれることとなる。この非－共生の現実に対峙し、社会的／歴史的構造を批判するために「共生」という概念は存在感を高めてきた[★3]（岸田 2011: 111）。多文化共生の概念もまた同様である。日本社会にあってマイノリティとして生きることを強いられ差別されてきた在日コリアンの痛苦／悲哀／憤怒から発せられた声への応答として生み出されたとされている[★4]。

「どうして、うちらの子どもは消防士になれないのか」「日本社会で暮らし、税金も納めているのに、参政権がまったく認められないのはなぜなのか」「大きな地震の後、ＳＮＳで外国人に対するデマが飛び交っていないかと不安になる気持ちが分かるか」「電車の中吊り広告でヘイトスピーチのような見出しの雑誌広告を朝から見て胸が苦しくなることをどう思うか」。これらはあくまで一部に過ぎないが、非－共生の現実に直面させられた在日コリアンの知人友人から筆者が問いかけられたものである。これらの問いかけは今なお、日本社会が定住外国人等にとって生きづらいものであることを気づかせてくれる。同時に、その生きづらさを共に解消していく責務がホスト社会の市民にあることにも気づかされる。

ところが、多文化共生という概念が用いられる多くの場面では、非‐共生の現実は後景化し、表層的な多様性の尊重で止まっていることが少なくない。こうした理解では、差異を巡る認識の平面化／一元化をもたらしかねない。その結果、「外国人／日本人」の間にある差異がなぜ／どこで／どのように生じているのか、政治性が巧妙に隠蔽されることとなる。実際、二〇二〇年の移民統合政策指数（MIPEX）による国際比較を参照すれば、先進諸国に比べて日本は教育、政治参加、差別禁止といった項目で特に低い評価を受けている（近藤　2022: 13）。日本の定住外国人等はいまだに非‐共生の問題に直面させられているのである。この現実への批判的創造として多文化共生社会を構想していくことが求められている。

＊3　共生という言葉はもちろん古くからある。日本社会学会の学会誌『社会学評論』でも一九六〇年頃から使われ続けている。『社会学評論』掲載論文における「共生」概念の用いられ方の変遷については、大黒屋貴稔（2016）に詳しい。同論文によれば、一九七〇年代までは、事実概念であった「共生」が、一九八〇年代以降は主に規範概念として用いられるようになったとされている。

＊4　「多文化共生」という言葉の初出は、一九九三年の開発教育国際フォーラムにおける神奈川県川崎市のフィールドワークを紹介した新聞記事とされている（「開発教育」64号編集委員会　2017: 2）。

多文化共生社会とは、文化的差異を承認するだけではなく、ホスト社会が揺さぶられ、新たな文化を共に生み出す「とも生み」（上田 2015: 15）が展開される社会である（田村 2004: 25）（図1）。

異質な人々が出会う／交わる中で、互いに「そのような考え方があるのか」「そのような暮らし方があるのか」という気づきを得て、相互に影響する関係に至ることとなる。この相互影響関係が「違いを越えた協働の実現」を支えるようになる。マイノリティのエンパワメントに資する「なくてはならない違いの保障」のために差異の承認は極めて重要である。しかし、差異を認めていくだけでは「棲み分け」を導いてしまいかねない。「顔の見えない定住化」（梶田・丹野・樋口 2005）をもたらしてしまう棲み分け社会では、ステレオタイ

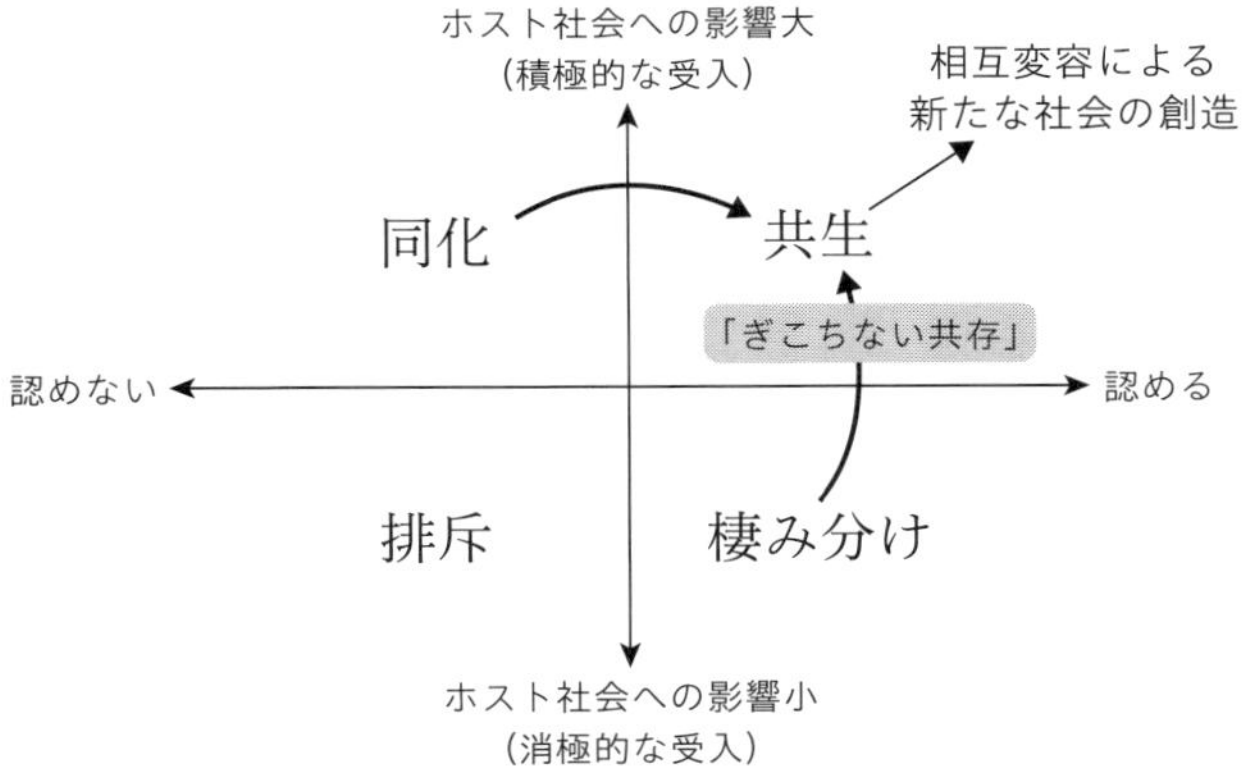

図1　ちがいへの対応と共生の位置
出典：田村（2004:25）を一部改変

プが助長されたり、基本的人権の保障や社会参加機会の均等化といった「あってはならない違い」が解消されなかったりする。[*5] また、「外国人」との対比で「日本人」というカテゴリーが本質化されうる問題も孕《はら》んでいる。[*6]

＊5　同様の問題意識からヨーロッパでは二〇一〇年代に多文化主義から「間文化主義（interculturalism）」への移行が起こっている。間文化主義は、ホスト社会の人々と新規移民が混ざり合い、双方の意志と努力によって社会を変容していくことを目指すものである（ブシャール　2017: 91）。現在、欧州評議会と欧州委員会は「インターカルチュラル・シティ・プログラム（ＩＣＣ）」の推進に取り組んでいる。ＩＣＣおけるインターカルチュラル・シティの定義は以下の通りである。「インターカルチュラル・シティには、異なる国籍、出身、言語、信仰や信条の人々が暮らす。大半の市民は多様性を肯定的に資源と捉え、すべての文化は公共空間で互いに接触することによって変容する。インターカルチュラル・シティは多様性や都市住民としての複合的アイデンティティを尊重するように働きかける。また、積極的に偏見や差別と闘い、都市のガバナンス、制度、サービスを様々な住民のニーズに適合させることで、全ての人に平等な機会を確保する。企業や市民社会、学校教職員、医療従事者、ソーシャルワーカーといった専門職につく人々と連携し、そして積極的な市民の参加を得て、多様なグループの混交と相互作用を奨励する政策と取り組みを展開する。高い信頼と社会の一体性によって、紛争や暴力を防ぎ、政策の効果を増し、住む上でも投資する上でも、安全で魅力的な都市をつくる。」（山脇・上野　2021: 7-8）

＊6　岡本智周（2016: 12）は「人を隔てる社会的カテゴリ（現象を整序する枠組み）それ自体を、いまあるものとは別なるものへと組み直す現象」が共生であるとしている。人を分け隔てるカテゴリーを固定化する棲み分け社会は、共生の理念から離れたものに他ならない。

棲み分け社会から共生社会に移行するにあたっては、「ぎこちない共存」とも言える段階を踏むことになる。この移行段階では摩擦／葛藤／困惑が生じるため、「ぎこちない共存」を支える生活技法が一人ひとりに修得されなかったり、混沌への耐性を高める社会環境を整えられなかったりすれば、同化や排斥を求める声が強まりかねない。多文化共生のための市民性教育の進展は急務であると言えよう。

社会統合と市民権の再定義

多文化共生社会では、定住外国人等がホスト社会の中で統合されていくこととなる。社会統合には、市民的／経済的／社会的／対人関係的の四つの側面がある（Bergman 1995: 19）。市民的統合は、法的システムの中で対等な市民として扱われることを指す。経済的統合は、労働市場システムにおいて経済的な機能価値が認められ、適正な対価で仕事が得られることを指す。社会的統合は、福祉国家システムによって提供される社会サービスの便益／効用を享受できることを指す。対人関係的統合は、地域社会システムにおいて広範な社会的ネットワークが構築でき、助けが必要な時に支援を受けられることを指す。

日本はいずれの側面の統合でも不十分な状況である。市民的統合では、例えば参政権を巡る課題が残っている。経済的統合では、技能実習生の処遇に象徴的に現されているように労働差別がある。社会的統合では、無年金障害者の救済立法の不在や公務員任用における国籍条項の存在などの問題が解決されていない。[*7] 対人関係的統合の進展では、地域差が大きく、全国的な広がりには欠けると言える。

定住外国人等の増加が著しい中にあっても社会統合の歩みが遅々としたものになるのは、福祉国家が国民国家を前提として形成されているからである。そのため、基底部分にある市民権の再定義がなされなければ、「市民権による格差（citizenship gap）」（Brysk and Shafir 2004: 6-7）は解消されない。[*8] 市民権は可変的なものであり、近代化の中でこれまでも変容してきた（武川 2007: 228-230）（図2）。近代国家が成立し、斉一的な市民権の空間的な広がりが国民国家まで拡大したものの、公民権の水準に止まっていたものが前期国民国家的市民権（Ⅰ）であるが、その後、権利と義務の内容が社会権の水準にまで深化した福祉国家的市民権（Ⅱ）が現れることとなった。この二つの市民権を主要なものとしつつ、極めて限定された人々にのみ市民権を付

＊7　日本の社会保障における外国人処遇は国際人権規約批准（一九七九年）や難民条約批准（一九八二年）による国際人権基準の受容といったいくつかの契機を経て、漸進的に改善されていっているが（田中　2014: 17-20）、移民政策を体系的に整えていないため、不完全な状況が続き、いくつかの問題が残置されている。

＊8　市民権による格差は、「市民としてのエンパワメント格差（civic empowerment gap）」にもつながっていく恐れがある。実際、アメリカの貧困層やエスニックマイノリティの子どもは、そうではない子どもに比べて、政治参加／社会参加の知識や技能の獲得、参加に対する意欲や態度の形成、社会的効力感や社会的信頼の醸成で不十分な状況にあり、エンパワメント格差が生じている（Levinson 2012: 32-41）。

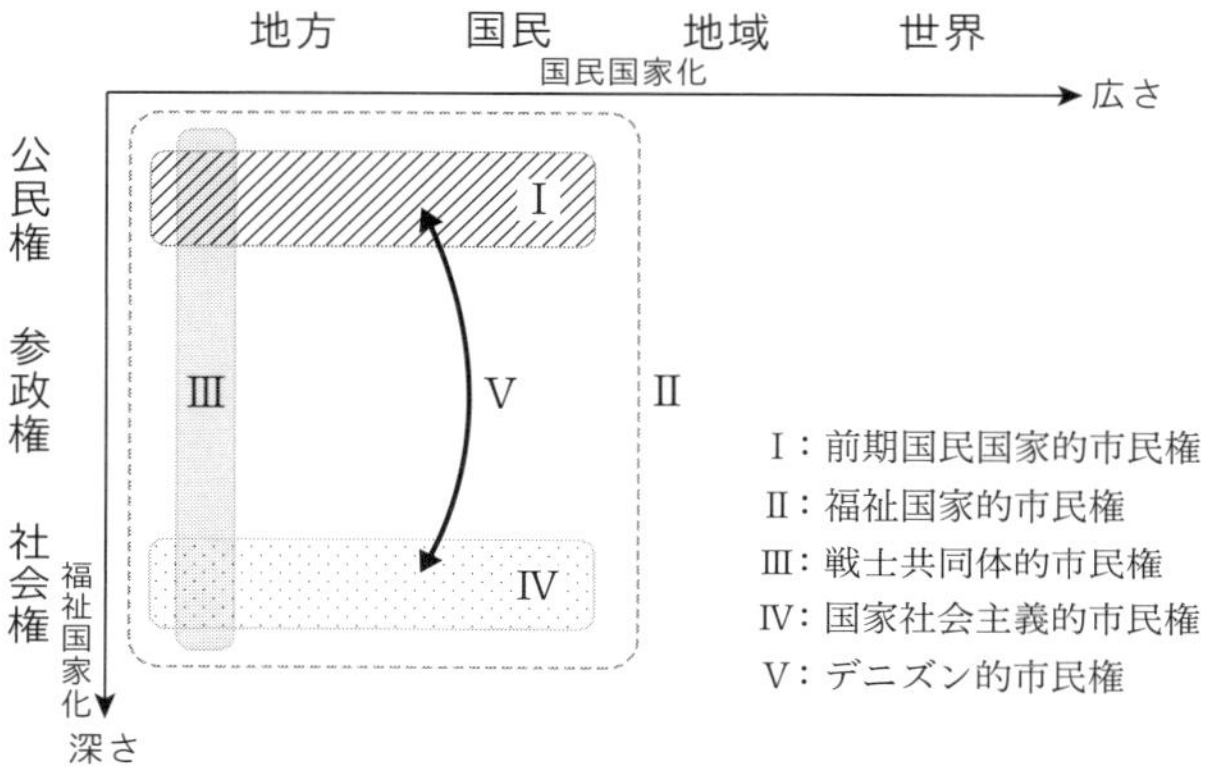

図２　市民権の類型
出所：武川（2007：229）を筆者一部改変

与する戦士共同体的市民権（Ⅲ）や、国家社会主義諸国でみられた国家社会主義的市民権（Ⅳ）といった類型もある。定住外国人等に対しては、公民権と社会権は認めても参政権は認めなかったり限定したりするデニズン的市民権（Ⅴ）が付与されやすい。

しかし、グローバル化の進展に伴って国民主義の限界を迎える中、国籍の有無で市民権を決定づけることが実態にそぐわなくなっている。定住外国人等を社会構成員として正規に位置づけて、広範に権利を保障することで社会形成の責任を共有していく新たな市民権の類型を創り出していく必要がある。[★9] このような観点からすれば、多文化共生社会の実現に向けての道程は、近代社会の深部に変容を迫るものと見做《みな》せよう。

3 「共生」の進展を阻むもの

共生の難所

市民権の再定義を巡る課題でも明らかな通り、社会的抑圧の深部には規範的／覇権的な価値基準がある。共生の難所の一つがここにある。現代社会はいわゆる「日本人」を前提に構成されている。こうした社会の深部にある価値基準を急進的に転換させることは容易ではない。実際には、地方自治体レベルの取組から具体化されていくこととなる。例えば、大阪府八尾市の「トッカビ」の運動[*10]は、在日コリアンを外国人ではなく住民として捉え直すという認識変容を行政にもたらし、多面的な政策変更を引き起こした（鄭　2020: 185-187）。また、日系南米人などのいわゆる「ニューカマー」が集住している自治体関係者が連なって多文化共生施策に関す

＊9　重国籍は世界的に既に広がりを見せ、市民権の多重化は主流となっている。また、欧州市民権のように市民権を多層化する動きも見られている。

＊10　「トッカビ」は一九七四年に八尾市内の被差別部落で発足した在日コリアンの子ども会であり、二〇〇八年に特定非営利活動法人格を取得している。同会は在日コリアンの住民としての権利を制度的に保障することを求めて、在日コリアンの子どもへの民族教育の実践や八尾市職員採用試験などの国籍条項撤廃運動、市民向けの啓発活動などに取り組んできている（鄭　2023: 16-22）。

る情報交換を行ったり、国・県及び関係機関への提言を行ったりする「外国人集住都市会議」も静岡県浜松市の呼びかけで二〇〇一年に設立されたものであり、地方が国の動きをリードしてきている。[*11]

規範的／覇権的な価値基準と結びついている個々人の自文化中心主義もまた、共生の難所となる。具体例として、筆者が多文化共生のための市民性教育研究会の編著（2020）を用いて行ったワークショップの一場面を取りあげたい。[*12] 同書では多文化共生が課題になる状況に自分が置かれたときに、どのように振る舞うかを問いかけた上で、社会をどのようにつくり変えていけば多文化共生が実現するのかを考えていくプログラムが収録されている。その一つに学校清掃を巡る葛藤を取りあげたものがある。日本社会で育った多くの人々は学校で掃除をすることが習慣化している。しかし、世界的に見ると必ずしも一般的なことではない。宗教的理由や習俗的理由、教育的理由など様々な理由に基づいて、学校では掃除をできない／しない子どもが日本でも既に暮らしている。そこで、そうした清掃活動に参加しないクラスメイトが自分の学級にいた時に掃除をさせるか／させないかを訊ねてみると、「掃除をさせる」と言う人が少なくない。そこで、議論を一度止めた上で、筆者からどうすれば全員が納得する形になるのか、新しい方策を考えてみようと投げかけると、多文化共生に通じる解決策が示される。例えば、掃除以外のことでクラスのためにできることは何かに注目して、当事者から提案してもらうといったものである。所属コミュニティで発生するタスクや課題について、クラス全員が画一的に取り組まなくても、個々人の強みを活かす形で関与してもらえれば良いことに学習者は気づくこととなる。

　私たちの多くは無自覚の内に自文化中心主義にかなり根深く捕われている。多文化共生が望ましい状態であると考えている。そして、思考を少し揺さぶれば、多文化共生社会に対応した方法が数多く示される。にもかかわらず、最初は同化主義的な発想がせり出してくるのである。自らが慣れ親しんだやり方／考え方を相対化しきることは難しく、注意深く意識しなければ、社会的抑圧に加担することになる。

＊11　総務省『多文化共生の推進に関する研究会報告書――地域における多文化共生の更なる推進に向けて』（二〇二〇年八月）によれば、二〇二〇年四月段階で多文化共生の推進に係る指針・計画は全ての都道府県・指定都市で策定されており、その他の市も七二パーセントが策定している。宮城県や静岡県、湖南市など、多文化共生の推進に関する条例を制定している自治体もある。
＊12　例えば、沖縄県教育委員会主催「進学エンカレッジ推進事業」の一環として高校生を対象に行った模擬授業「多文化共生社会をデザインする」（二〇二二年一一月一〇日／二〇二三年一一月九日、いずれも龍谷大学深草学舎）や、放送大学滋賀学習センターが主催した公開講演会「多文化共生社会をつくる市民となるには？」（二〇二二年八月七日、龍谷大学瀬田学舎）における結果に基づく。

反省性からの批判／創造

これらの共生の難所に躓《つまず》くのは、定住外国人等との固有名での出会いの少なさや交わりの浅さによるところが大きいだろう。多文化共生社会を訴え求める当事者の語りにじかに耳を傾ける時、同じ日本社会で生きてきているにもかかわらず、国籍や母語、母文化が異なるだけで大きな苦しみや悲しみ、憤りを抱かざるを得ない社会とは何なのかという共生の次元からの問いと向き合わざるを得なくなるからである。この共生からの問いによって、既存秩序を成り立たせている規範的／覇権的な価値基準や自文化中心主義に揺らぎがもたらされることとなる。

同時に、なぜ自分がそうした問題を知らずに生きてこられたのか、なぜ同様の困難を抱えずに生活できているのか、いま行動しなければ加害者の側に立ち続けることになるのではないかといった反省的な問いもまた自らの内に湧き起こってくる。この反省性が現代社会への批判性／創造性を導き出していくこととなる。ここで導出される批判性／創造性を発揮する市民像は、個人としての法的・社会的責任を果たすだけではなく、また、既存の制度や活動でリーダーシップを発揮して社会参画するだけでもなく、公正志向の観点から社会をつくり変えていくものである（Westheimer and Kahne 2003: 239-243）。公正志向の市民が共生の難所を乗り越えていくには、多様な他者との差異／境界を超えて協同して集合的／効果的な活動を創り出し、新たな社会を形成していく「市民的エージェンシー」（ボイト　2020: 19; Boyte and Strom 2017: 1）の涵養《かんよう》が求められることとなる。

4 「共生」のための学び

「3F」から「4F」へ

それでは市民的エージェンシーを備え、多文化共生を先導／推進する市民はいかにして育つのだろうか。現在の多文化共生学習では「3F（food・fashion・festival)」に着目した実践が散見される。しかし、3Fプログラムは文化的差異の尊重で終始しかねない上、定住外国人等を他者化したり、ステレオタイプを強化したりする問題を孕んでいる。また、楽しさの次元に止まって、定住外国人等が今置かれている非－共生の現実は直視されないことも考えられる。そのため、共生の難所に立ち向かっていく市民としての成長には至らない。

そこで、リリアン・テルミ・ハタノ（2011: 143-144）は「4F（fact・fear・frustration・fairness)」という代替案を示している。今置かれている厳しい現実（fact）はどのようなものか、その中でどのような不安（fear）や不満（frustration）を抱いているのか、その上で公平／公正（fairness）の視点からどのように社会を変えていくのかを考えていくものである。4Fプログラムを通じて学習者は、非－共生の現実を生み出す構造的な背景理解への関心を高めつつ、共生の実現に向けて積極的に関与する市民へと変容することが期待される（図3）。

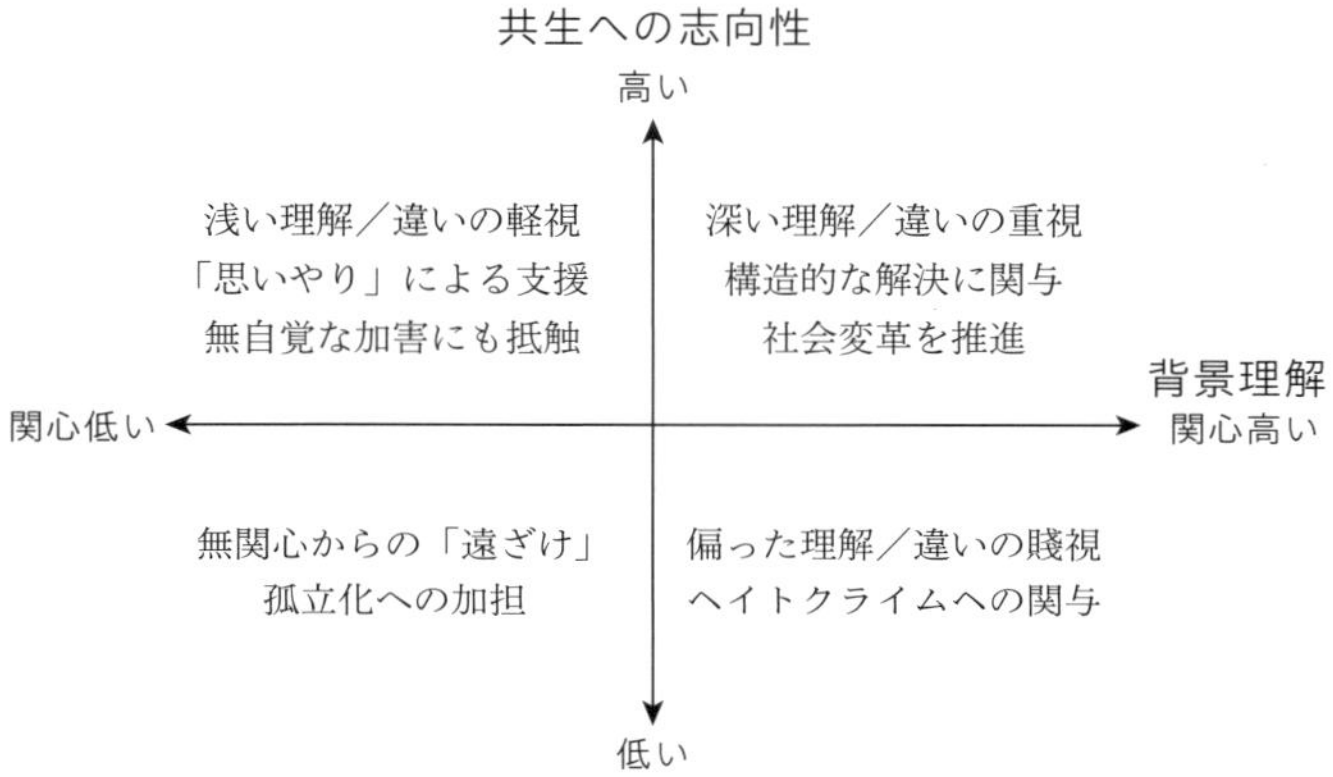

図３　ホスト社会の人々の定住外国人などへの関わり
出典：筆者作成

固有名を持った者同士の交わり

４Ｆプログラムの観点を取り入れた教育実践として、龍谷大学社会学部「社会共生実習」の「多文化共生のコミュニティ・デザイン」というプロジェクトを取りあげたい。同プロジェクトでは、在日コリアンの集住地域の一つである東九条地域（京都市南区）の人々をパートナーとして、学生は定住外国人等の視点から地域の暮らしを見つめ直していく実習に通年で取り組むこととなる。例えば、ＮＰＯ法人東九条地域活性化センターが運営するコミュニティ・カフェ「ほっこり」（以下、「ほっこり」）では、多文化メニューも提供される「ほっこりランチ」や、海外にルーツのある子どもに放課後の居場所を提供する「子どもクラブ」などの活動に参加している。「ほっこり」に関わった学生は、この実習を通じて自らに起こった変化について振り返りシートで次のように記している。

私が社会共生実習で起こった変化はまず、外国人に対する偏見や差別である。私自身は外国人に対する偏見がものすごくあり、「食べ方が汚い」「ルールを守れない」「言葉が通じない」など様々あった。そんな、偏った偏見や差別があったが……（略）……私が考えていた偏見や差別は一変した。……（略）……外国人と一括りにせず、百人いれば百通りの考え、価値観があることを理解した。（大学四年、男性、二〇二三年度受講生、原文ママ〔以下同じ〕）

自らの内にある偏見や差別意識に自覚的になったことが示されている。また、定住外国人等を一括りにして、その内実の多様性を捉えられていなかった課題も示されている。この学生からは「大学（生活）は確かに楽しいものだけど、それだけではなく、価値観をアップグレードするところだと思う」という語りも聴かれた。[*13] 自らの価値観が不確実な情報によって形成されてきたことへの反省的な思考も窺《うかが》える。

また、他の学生の振り返りシートには次のような記述が見られる。

＊13　二〇二三年八月二七日、龍谷大学瀬田学舎で行われた社会共生実習活動発表会での発言。括弧内は筆者による補い。

「歴史を知るということは、一番重要である」という言葉をおっしゃったAさんの目が少し潤《うる》んでいることに気付き、心の底から本気で思っていることだと思い、より知るということの重要性を理解し、私の考え方を変化させるきっかけとなった。また、Aさんは在日コリアンということで、幼いころから周りからの偏見や差別で嫌な思いをされたということを聞き、知らないことの怖さを実感し、より一層知るということの重要性を身に染みた。

（大学三年、男性、二〇二三年度受講生）

互いに固有名を持った存在として出会い継続的に交わる場で、過去／現在どのような苦しみを背負わされてきたのかを聴くことで、切実な願いを自らがどう受けとめるのかを考えさせられていることが分かる。「知らないことの怖さ」という言葉からは、無自覚の内に自らも差別／抑圧の一端を担っていた可能性に気づいたことも窺える。加害者となることへの怖れが自己変容を促している。

話す／聴くことのハードル

しかし、自己変容につながる交わりが、常に円滑に進むとは限らない。このことについて、同プロジェクトにおけるＮＰＯ法人京都コリアン生活センター・エルファ（以下、「エルファ」）での実習を取りあげたい。「エルファ」は在日コリアン高齢者のための介護事業や生活支援・

相談、障害者支援など、多文化共生のための幅広い活動に取り組んでいる。この「エルファ」に関わる学生は、高齢者の方々とレクリエーションの時間を共にしながら関係を構築して、ライフヒストリーや暮らしぶりを聴き、そこから課題を設定していくこととなる。ところが、二〇二二年度の参加学生は、ハルモニ（お婆さん）やハラボジ（お爺さん）から話を聴こうとしても「特になんもないわ」と返されてしまう経験を何度もすることとなった。これは信頼関係の弱さからくる遠回しな拒絶の場合もあれば、過去を語りたくなかったり弱みを見せたくなかったりする思いの場合もある。なぜ何度も同じ話をしなければならないのかという憤りを抱いていることも考えられる。実際に記憶が曖昧になっていたりする場合もあるだろう。自らの語りに社会的意味があるとは思えない当事者からは「こんな話を聴いて、あんたらどうするんや？」といったふうに聞き返されることもしばしばである。

そこで学生たちは、ハルモニからキムチづくり教室を開くことにした。キムチづくりを教わったハルモニは一九八六年に来日したものの、日本語を話すことが苦手で、学生とのコミュニケーションを躊躇《ためら》うところがあった。そのハルモニは調理師としての仕事経験が長く、キムチにも強いこだわりがあることを学生たちは知り、キムチづくり教室の企画に至ったのであった。キムチづくりの教室の場では、キムチへのこだわりやキムチにまつわるエピソードを糸口に、そのハルモニからライフヒストリーが語られることとなった。この活動では、その場にいるメンバーが関心／関与を向けるべき基底的活動はキムチづくり（手順に関する発話を含む）だが、実際に関心／関与が向けられているのはキムチづくりの随伴的活動である会話／対話（その過程での信頼関係醸成を含む）となっている（図4）。

友人でも家族でもない他者に向かって自らの生活／人生を語ることは多くの人にとって非日常的な行為である。そのため、話を聴くことを真正面に掲げた活動は話し手に高い緊張をもたらすこととなる。キムチづくりのような基底的活動が別にあることで、その緊張が緩和したり、足がかりの話題ができたりして、会話／対話が進んでいくことが少なくない。こうした工夫は現場での切実な課題に直面する中で学生自身が考えたものである。自らにとって異質性が高いと感じられる他者との関係を構築していく力量が形成されていっていると言えよう。当然ながら、キムチづくり教室を開催するまでの過程もまた重要である。この活動の企画運営に関わっ

実際に何に関与が向けられているか

何に関与が向けられるべきとみなされているか？

そのつどの実際の区別／構造的（階層的）区別	主要な関与	副次的な関与
基底的活動（支配的関与）		キムチづくりやレクリエーション（手順に関する発話含む）
随伴的活動（従属的関与）	会話／対話による活動（過程での信頼関係の醸成）	

図４　複合活動としてのキムチづくり
（「関与の分配」による行動分析フレーム）
出所：西坂（2013: 14）を参考として筆者作成

た学生は筆者のインタビューに答えて次のように述べている。[*14]

実習に行きはじめた頃、在日コリアンとしてのライフヒストリーを聴こうとすると、「あんま覚えてへんわ」「話すこと特にないし」と言われてしまった。その後、何度もエルファに行って、何気ない話をしたり、一緒にレクリエーションをしたりする内に、「今日も来たんか」「一緒に花札やろか」と声をかけてくれるようになり、そこから身の上話をぽつぽつと聴かせてくださるようになった。
（大学三年、女性、二〇二二年度受講生）

花崎皋平（2002: 270）は自分の解釈体系に入れて他者を理解することに慎重にならなければならないと述べている。しかし、私たちは他者を一方的にカテゴライズして理解しようとすることがある。そうした「理解」という支配への抵抗／象徴的暴力への抵抗として「あんま覚えてへんわ」「話すこと特にないし」という言葉が出てくるのではないだろうか。その過ちを反省的に捉えて、他者と向き合い直すことで「ぽつぽつと聴かせてくださる」という関係に変容していったのだろう。

ただし、「ぽつぽつと話してくれたこと」の意味を学生が分かっていないこともある。戦後

---

*14　二〇二二年一二月二三日、龍谷大学瀬田学舎にてインタビュー。

日本社会で様々な苦境に立たされた在日コリアンであることを踏まえないと、語られた言葉の重みに迫っていくことはできない。カテゴリーを外して関わりながら、同時に、社会的文脈に即してカテゴリーで捉えることも求められるのである。被抑圧者の側から社会を捉えていく／つくり直していくには、このカテゴリーへのセンシティビティが問われてくる。[*15]

三人称的客観の世界

それでは、カテゴリーから離れる／捉えることを柔軟に行き来する態度と感度はどうやって涵養されるのだろうか。ここで花崎（2002: 90-92）の「三人称的客観」の世界という概念に着目したい。ここまで見てきた通り、共生に向けて「呼びかけを発する一人称」（非－共生の現実のただ中にいる具体的な他者）と、その「訴えを受け取る一人称」（マジョリティ側にいる私）が出会うことから共生への運動／挑戦は始まる。しかし、その運動／挑戦が社会的なものとなるためには、もう一つの出会いが求められる。「こんなことでホンマに大変やったんや」と「呼びかけを発している一人称」の背景にある客観的状況を探ると、目の前にいる「一人称の私」だけではなく、同じように「大変なんや」と声を発している人々が具体的に浮かび上がってくる。これを「三人称の私」と呼び、「三人称の私」が置かれている状況への認識を「三人称的客観」の世界との結びつきと呼ぶ。

ここで対比されるのは「非人称的客観」の世界である。共生の問題が語られても具体的な他者を媒介しないままでは、身近なものとはならない。それ故に「非人称的客観」の学びはむしろ、無関心を生み出していくことになりかねない。同じ客観的状況を理解するとしても「呼びかけを発する一人称」を介するかどうかで三人称的客観／非人称的客観の分かれ目が生じるのである。

「呼びかけを発する一人称」と「三人称の私」との出会いが、当事者とその周りにいる人々とが連帯して社会に働きかける「二人称の応答関係」を生み出すこととなる。図式的に表現すれば「呼びかけを発する一人称」でカテゴリーから離れ、「三人称の私」でカテゴリーから捉えることとなる。この二つの出会いによってカテゴリーへのセンシティビティが磨かれていくのではないだろうか（図5）。

もちろん、二つの出会いさえあれば良いわけではない。上野千鶴子は「理解にはカタルシスがある。共在にはフラストレーションがある。カタルシスの誘惑に負けずに、欲求不満の中に生きるのが『共生』である」（上野・花崎　2002: 271）と語っている。他者への理解／共感にあたって、この「カタルシスへの誘惑」に負けないことが不断に意識されなければならない。

＊15　横山登志子はジェンダーセンシティブについて、「特定の状況における性別による異なる取り扱いや、個々人がもっているジェンダー規範に対して敏感でありつつ、ジェンダー・バイアスをもたずに接する態度」であり、「ジェンダーをそれが重要に関係するときには考慮に入れ、そうでないときには無視する」という方針であると説明している（横山 2020: 26）。カテゴリーへのセンシティビティについては、この方針を参照した。

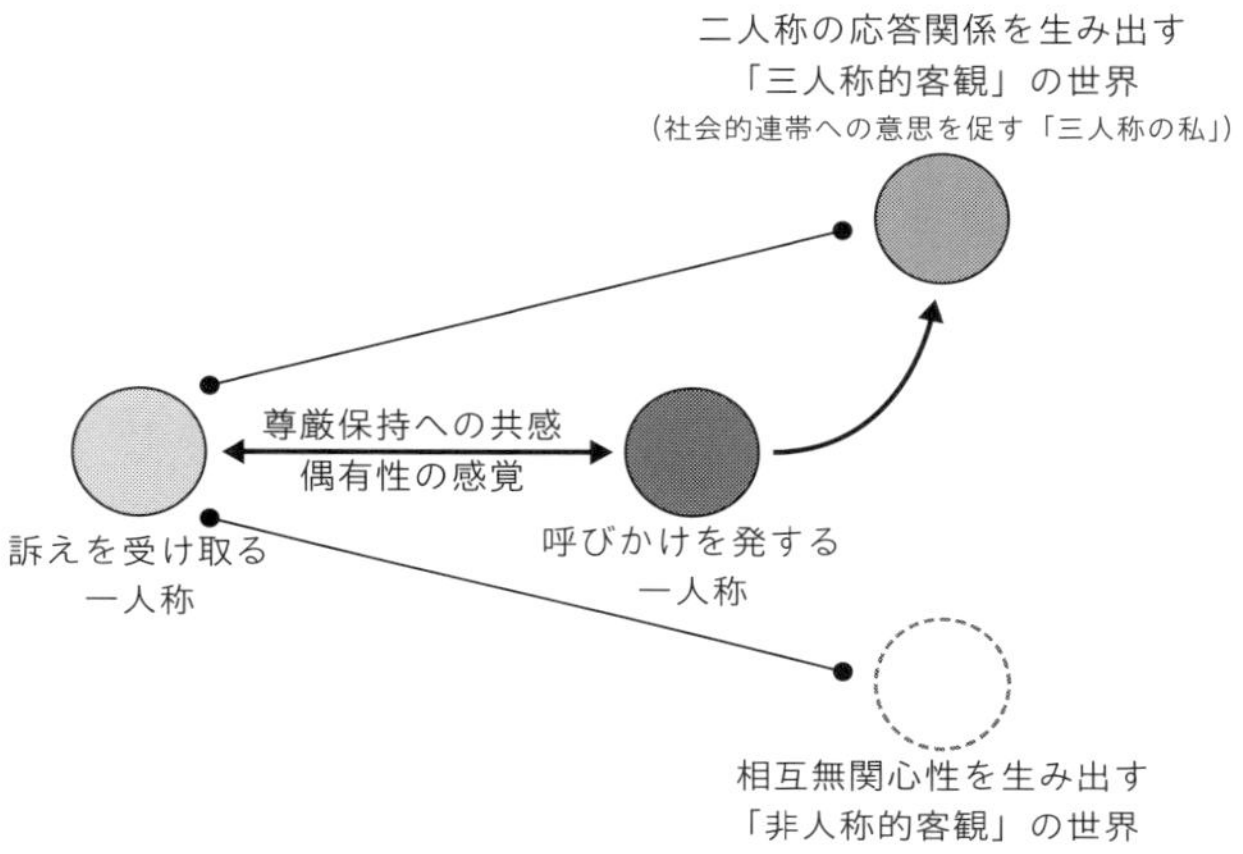

図5　共生の感覚／倫理を磨く出会い
出典：筆者作成

5　「共生」の場への踏み込み

思わず出会ってしまう「ひろば」

しかし、「フラストレーションの中に生きる」という共生の現場／実践に自ら進んで足を踏み入れる人は限られよう。そのため、非－共生の現実のただ中に置かれている人々と思わず出会ってしまう「ひろば」をどう再建するかがコミュニティ・デザインの課題となる。「エルファ」でのキムチづくり教室と同様に、一緒に創作したり遊んだり学んだりする活動が基底的活動としてある上で、共生に向けた対話が随伴的活動としてなされるような「ひろば」である。また、自己の世界観や価値観、アイデンティティが大きく変容する「態度変更（alternation）」には戸惑い／躊躇いを伴うため、変容の社会的過程を共にする「共謀する集団」[16]が求められる（バーガー 2017: 170）。このことを踏まえれば、「ひろば」で居合わせた人々が「共謀する集団」となっていく働きかけも合わせて考えていかねばならない。

例えば、新長田アートコモンズ実行委員会主催「下町芸術祭二〇二一」では、キムチづくりを体験しながら神戸市長田区に定住外国人等が多い歴史的背景や現状を在日コリアンやコリアンルーツの人々から学ぶ「新長田に息づく『キムジャン』体験」が二〇二一年一〇月一四日、新長田合同庁舎にて実施された。多文化共生という理念を前面に押し出さず、韓流文化がグローバル展開される中で関心を集めやすいキムチを糸口にして、共同作業に臨みながら語り合い、考えを揺らがせる場がつくられた実践と言える。一見すると3Fの活動のように思われる。しかし、実質的には4Fを志向しており、3Fのハードルの低さを前面に出すことで幅広い参加者を招き入れている。こうした参加障壁を低くした邂逅の空間で緩やかに覚醒させられる体験が地域で広がることで、「フラストレーションの中に生きる」耐性が高められていくのではないだろうか。

＊16　ピーター・バーガー（2017: 107）は「特定の世界観が自明とされるような、特定の社会状況を構築する人々」を共謀者の定義としている。

共生を実現するための政治

共生を実現するための政治は「受苦と受難の底」から立ち上がってくるものである（栗原 2017: 156）。現代社会において最も遠ざけられ、小さくされ、弱くさせられている人々の中にこそ、共生社会に向けて取り組むべき方向性が指し示されている。ただし、受苦と受難の底に置かれている当事者が、どのような／どのようにコミュニティ・デザインを進めていくべきなのかという答えの全てを分かっているとは言えない。当然ながら、当事者として声を発する側も、その声を聴く側も、それぞれに見えていること／見えていないことがある（バック 2014: 36）。洞察できている事柄もあれば、盲目となっている事柄もある。だからこそ、当事者とその周りにいる人々が相互の考えを傾聴し、それぞれの思い込みや予断、時期尚早な判断を反省しながら再考を重ねていくことが求められる。こうしたメタ的な傾聴／再考に対して常に開かれた市民の態度が、共生社会の歩みを支えるものとなるのである。

第3章 共生社会を実現するケアのありかたとは？

筒井 淳也

1 共生の二つの側面

「共生」という概念にはいくつかの意味が含まれているが、重要な要素には二つがあると考える。ひとつは「異質な人との共生」である。もうひとつは、「支援（ケア）が必要な人との共生」である。この二つは、しばしば達成が難しい課題として認識されている。

異質な人との共生とは、出自、特徴、価値観・信仰が自分と異なる人たちと、目立った対立も排除もせず、同じ社会で共存することを指す。性的あるいはジェンダーマイノリティの人たち、異民族の人たちなどを差別・排除せずに、ともに同じような条件で暮らしていくことである。通常の意味での「共生」といえば、こういった意味での共生を想像する人が多いだろう。

支援が必要な人との共生とは、主に経済的支援や身体的ケアが必要で、自立が困難な人たちとも同じ社会、あるいは同じ地域で、関わり合いを持ちながら共存することを指す。子ども、高齢者、障害者、重い病気を抱えている人、それらが原因で安定した働き口がない人を社会的に支援し、ともに暮らしていける環境を作ることである。単に特定の人たちを、「社会」の片隅にある施設に「隔離」しているだけだと、共生とは呼ばれないだろう。

これらの二つの要素はしばしば重なり合う。近年ではインターセクショナリティという概念で捉えられるようになってきたが、出自が異なるなどの理由で差別されると、家族、教育、就業の機会が制限され、不利が蓄積し、結果的に支援が必要になる、といったことが生じうる。したがって右記の二区分はあくまで概念上のものだが、それを踏まえて補足すると、異質な人との共生に必要なのは支援というよりも寛容や多様性の尊重である。同性愛者が必ず経済的に困窮する、といったわけではない。就業差別を抑止しつつ機会を確保すれば、「異質な人たち」は経済的に自立しうる。これに対して子どもや高齢者（の一部）は、異質性のゆえに排除・差別されているというよりは、経済的・身体的に自立が困難であるために支援が必要な存在である。依存者（dependents）といってもよい。

政府や行政が「共生社会」という言葉を用いるときは、二つ目の意味合い、特に障害者との共生を指すことが多い。『平成二九年版障害者白書』では、二〇一六年の津久井やまゆり園の障害者殺傷事件を受けて、あらためて障害者基本法の理念である「全ての国民が、障害の有無によって分け隔てられることなく、相互に人格と個性を尊重し合いながら共生する社会を実現する」ことに触れ、共生社会の実現という目標を再確認している。文部科学省も「共生社会」

という概念を特別支援教育の文脈で用いてきた。

厚生の行政分野では、「地域共生社会」という言葉をもう少し包括的な概念として用いている。そこで念頭に置かれているのは主に高齢者ケア負担をどうするのか、という課題であるが、その他にも育児、障害、貧困といった問題に地域単位で取り組む必要が提起されている。厚生労働省の「地域共生社会のポータルサイト」(https://www.mhlw.go.jp/kyouseisyakaiportal/keii/) には、冒頭に以下のように書かれている。


平成二七年九月に「新たな福祉サービスのシステム等のあり方検討PT」報告として、「新たな時代に対応した福祉の提供ビジョン」が示され、翌年六月に閣議決定された「ニッポン一億総活躍プラン」に地域共生社会の実現が盛り込まれました。

新たな時代に対応した福祉の提供ビジョンでは、高齢化の中で人口減少が進行し、福祉ニーズが多様化・複雑化しており、福祉の提供において、「包括的な相談から見立て、支援調整の組み立てに加えて、資源開発し、総合的な支援が提供され、誰もがそのニーズに合った支援を受けられる地域づくり」を行う新しい地域包括支援体制を構築するとともに、新しい支援体制を支える環境の整備(人材の育成・確保等)を行い、地域住民の参画と協働により、誰もが支え合う共生社会の実現を目指す必要があるとの旨が示されました。

「異質」であるがゆえの問題と「依存」に起因する問題とは、すでに述べたように絡み合っているが、本章では主に二つ目の共生（「支援（ケア）が必要な人との共生」）の条件を探る。

先取り的に言えば、ここでは共生のための二つの課題を提起する。一つ目は、「誰を支援すべきか」という定義問題である。当然だが、支援されるべき人が支援されるためには、どういう人あるいは状態を支援すべきかということについてある程度の社会的合意が必要になる。ここに大きな食い違いや対立があると共生は最初から頓挫してしまう。

二つ目は、目指すべき状態についての提起である。現状、依存者への支援にかかる重い負担の多くを家族が引き受けている。しかし少子化や未婚化が進む中、家族は必ずしもあてにならなくなっている。高齢化で社会保障支出の自由度が奪われる中、政府は地域に支援主体としての役割を望むようになってきている。しかし、「支援が必要な人を支援する」上で、家族や行政が行ってきたことをほんとうに地域社会が担えるようになるのだろうか。あるいは、地域が人々を支えるその条件は何なのだろうか。

2　定義の問題

「支援が必要な人」とは誰か

最初は定義の問題である。そもそも「支援が必要な人」とは誰なのか。

子どもについて考えてみよう。私たち人間の誰一人として、生まれた瞬間から自立していた者はいない。キテイが強調する通り、私たちは必ず依存状態で生まれる（Kittay 2020）。

二〇二〇年国勢調査によれば、一五歳未満の子どもの人口は全体の一一・九パーセントであり、この数値は戦前・戦後までの三五～四〇パーセントの数値から激減している。ただ、子どもの数は減ってきたわけだが、子育てや子の教育の負担感が減っていると考えることは難しい。経済学の言葉で言えば、子どもは「量」重視から「質」重視に変わってきた。個々の親にとってみれば、子どもの数は少なくてよいが、丁寧に、（できれば）お金をかけて育てるべき、という傾向にシフトした。仕事内容が高度化し、高付加価値が求められるようになるにつれ、「人並み」に生活できるようになるための教育も高度なものが要求されるようになった。

このように、どこまで面倒を見るべきか、支援すべきかは時代や社会に応じて変わる。[★1] 太平洋戦争終結後すぐの混乱期には、空襲等で親をなくした浮浪児が都市部にたくさんいた。その際の課題は、浮浪児をどう支援するかというよりは、浮浪児をいかに「取り締まる」かであった。徐々に社会が安定し、身寄りのない子、親の養育能力が欠けていると判断された子については、家庭裁判所の介入や社会的養護が制度化されていく。最近では何らかの困難を抱えた子どもを「包摂」すべきという価値観が徐々に共有されるようになり、特別支援教育や生活困難の子どもの支援のあり方が議論されている。支援の拡充と並ぶここでの課題は、要支援児の「定義」をどうするかにある。

文部科学省の「特別支援教育資料（令和三年度）」によれば、特別支援学級の在籍者は総計で一四・六万人であり、単一の障害のカテゴリーでいえば知的障害が八・四万人と突出して多い。ただ、二〇二二年の文部科学省「通常の学級に在籍する特別な教育的支援を必要とする児童生徒に関する調査」によれば、「知的発達に遅れはないものの学習面又は行動面で著しい困難を示す」と判断された児童・生徒は、小中学校で八・八パーセント、高校では二・二パーセントほどであると推定されている。単純に数に直せば、特支在籍者の数を大幅に上回る。

支援範囲の拡充を訴える側からすれば、スクールソーシャルワーカーの配置をはじめとして、貧困家庭の児童や境界的ケースを想定した総合的な支援制度を充実すべきだ、となるだろう。ここでは、制度化された一律の支援ではなく、個々のケースの多様性に応じた、宮本太郎（宮本 2021）のいう「オーダーメイド」的な支援が必要となるだけではなく、「誰が／誰にどこまで手をかければいいのか」という難しい判断を上位組織ならびに現場が行うことになり、「どう支援すべきか」という判断とは相対的に異なる「誰を支援すべきか」という「定義課題」が発生する可能性が高い。長谷川万由美と前田春奈は、児童の貧困問題についての研究の中で、以下のように述べている。「教員は子どもの貧困問題に気づき、その中で対応してはいるが、

＊1　より根本的な「子どもは何か」といった議論が、しばしば少年犯罪と責任の文脈でなされることがあるが、いずれにしろ世話・保護の必要性が焦点となる。詳しくは Udagawa（2023）など。

現状としては十分に対応できているか疑問に思っている。しかし、そもそも学校や教員がどこまで関わるべきかについての認識にばらつきが生じているため、どこまで、どのように対応するかに混乱が生じてきているように思われる」（長谷川・前田　2020: 17）。

子ども支援については、他にも義務教育以後の学費支援が富裕層の優遇ではないかという議論、そもそも高校教育や高等（大学）教育にかかる家計の費用に支援すべきなのか、という議論が延々と続き、「誰をどこまで支援すべきか」についての判断の決着は付きそうにない。それは当然といえば当然で、「普通の自立した生活」に必要な支援や教育の程度について、多くの人が共有できる基準が存在しないからである。

高齢者の増加（社会の高齢化）は、福祉国家形成の大きな要因とされている（Wikensky 1975=1984）。総務省「令和二年国勢調査人口等基本集計結果の要約」には、「一五歳未満人口の割合は世界で最も低く、六五歳以上人口の割合は世界で最も高い水準」と書かれている。日本の高齢化率は世界でも随一であり、二〇二〇年時点で日本人口の二八・六パーセントが六五歳以上である。一五歳未満の子どもの実に三倍近くの高齢者が日本にはいる。

「支援が必要な高齢者」については、その定義問題は介護・医療の予算制約という文脈でしばしば議論される。要介護度の認定に地域による顕著な差があるという問題を受けた、認定適正化に向けた厚生労働省の動きはその一部であり、その際の「適正化」が単なる地域格差の縮小なのか、事実上の認定の軽度化なのではないか、といった不信が現場のケアマネージャーのレベルで生じている。

障害については、内閣府「令和三年版障害者白書」によれば、身体障害者、知的障害者、精神障害者をあわせて九六〇万人と推計されており、「国民のおよそ七・六パーセントが何らかの障害を有していることになる」（同白書）という。これは、先に示した一五歳未満の子どもの割合（一一・九パーセント）よりは小さいものの、国民の七・六パーセントというのはかなりの数である。障害者認定についても、特に公的支出に関わる部分——たとえば障害年金の認定——については、要介護度の認定と同じような地域差の問題が指摘されている。また、すでに触れたように学校教育や支援の現場でも知的障害についての境界ケースの対応の問題は議論が続いている。明確に支援が必要だと判断されにくい、あるいは典型的な支援制度ではカバーできない人たちの問題が最近ではクローズアップされている。たとえば宮本（2021）が注目している「新しい生活困難層」は、典型的な支援制度の対象から外れがちであることが本質である。

こういった現状を受けて、私たちは「支援が必要である」ことの定義をどうするか、いかに定義するのかだけが問題なのではなく、定義こそが争点になっている、ということをまずは直視すべきであろう。そのうえで、先に進まなければならない。「支援対象の定義問題」が泥沼化して分断につながるようであれば、共生社会への動きは阻害される。

「支援・ケアが必要な人をどう考えるか」のおおまかな指針

以上、「支援・ケアが必要な人とは誰か」という問いについては、多くの人が共有できる答えはないということを示してきた。ただ、前に進むうえで大まかな指針を提示することはできるというのが私の考えである。その方針とは、「当人の生きづらさ」のみならず、「当人に他者が関わり合いになる際に壁があるのかどうか」という点を考慮することである。この壁がある場合には、支援・ケアが必要な人との共生が難しくなるからである。

現在では、子どもを公的に支援する必要はないと考える人は少ないだろう。しばしば議論になるのは、子どもの世話をするケアテイカーとしての親を社会的に支援すべきか、という点である。この点では、女性の職場進出を背景に、子育てをする親への支援が必要だという認識が一般化しつつある。両立支援は少子化対策として位置づけられることもあるが、それと並んで女性の人生の自由のため、という考え方もある。すなわち、子どもをもったからといって自分の（子育て以外の）人生設計を大きく変える、あるいはあきらめることがないようにする、という価値観が徐々に浸透している。逆に言えば、子どもをもつことがあまりに大きなインパクトを人生に対して持ってしまう――たとえば仕事を辞めなければならない――場合には、いっそのこと手のかかる存在である子どもをもたないという選択肢をとる人が増えるであろう。

私は、「支援が必要な人とは誰か」についてのひとつの判断基準を、支援対象となる人と関わることが、関わった人の人生にネガティブな影響を持ちうるか、という点に置くべきだと考える。つまり、周囲の人間が、その人と関係を持つことが離職その他の負担を帰結してしまう場合、その人は「支援が必要な人」だと考えたい。そのうえで、支援とは「支援対象者に関わる人の人生が大きく壊れないようにする措置」だと考える。

この枠組みで考えれば、子育てをすることが、自分の人生のその他の側面を大きく損ねないように制度を整えるべきである。また、家族だろうが知人だろうが、ケアが必要な高齢者や障害者に関わることが、関わった人の人生にできるだけネガティブな帰結を生じさせないような仕組みを目指すべきである。

現状では出産・子育てによる不本意な仕事の変更や離職はまだまだ少なくない。介護も同様だ。また、地域にいる孤立した高齢者に声がけをすることが自分にとってリスクだと認識してしまうケースもあるだろう。「(自分の子どもを含む)他者と関わっても自分の人生が壊されない」という安心感が持てる状態を目指すべきである。

なぜこの基準を採用する必要があるのかということについては、次節で述べる。

3 自立と孤立——共助を活かす公助のあり方

依存が孤立を生むメカニズム

ある人に手を差し伸べる、支援する、総じて関わり合いになることを、安心して行うことができる状態を目指すべきだ、というのが前節の主張である。この基準を採用するメリットの一つは、「さまざまな共生」を一つの視点から理解できる点にある。具体的には、家族、シェア、地域といった関係である。そして重要なことは、この共生状態を可能にするためには、たいてい公的な支援体制が基盤となって、その上で私的な関係に基づく支援が展開される必要がある、ということだ。

私たちは多くの場合、自分の人生を左右されるリスクがある場合には、他者を助けることはしない。これは職業的に対人支援に関わっている人でもそうである。対人支援を職業にしている人にとって、仕事以外の文脈で他者を支援することが自分の職業生活を深刻に壊す恐れがある場合には、その人はその他者の支援をためらうはずだ。多くの人が対人支援を職業にできるのは、仕事として、つまり「組織の一員」として対人支援に関わることが、その人の生活における卜ラブル、イレギュラーなリスクを回避する仕組みを整えているからである。対人支援職のなり手が不足している問題は、対人支援に関わることが私生活上のリスクを生み出すからというよりは、自分が経済的に自立できる所得が得られないからである。

対人支援のリスク回避の「例外」が家族関係、特に配偶関係と直系の家族関係である。子育てと介護については両立支援制度によってある程度影響が緩和されつつあるとはいえ、障害を持つ子や認知症の親や配偶者のケアは、ケアテイカーの人生に大きく影響する。それでも私たちの多くは、親子や配偶者であればそのケアや経済支援を引き受けるし、あるいは引き受けることを周囲から期待される。このことはきょうだい関係にも当てはまるかもしれないが、きょうだいの深刻なケアや経済支援を引き受けるかどうかは人によるであろう。行政も、要支援者のきょうだいに、配偶者や直系親族と同等の扶養義務を負わせることはあまりしない。

近しい親族関係でもない場合には、人は「自分の人生が大きく悪影響を受けない」という安心がある場合にのみ、他者と関わり合いになる。もしシェアハウスの同居人（シェアメイト）が何らかの事故や病気によって深刻な依存状態に陥り、自分に支援を求めてきた場合、シェアメイトを支援することが自分の仕事やその他の人生設計に大きく影響するのなら——たとえば所得の一部をそのために使ったり、仕事時間を減らすなどする必要があるのなら——支援は行われないだろう。そして、要支援となったシェアメイトの家族か行政に任せたくなるであろう。他方で、要支援のシェアメイトが何らかの外的支援によって「手がかからない」状態になるのなら、これまで通りにシェアを継続するかもしれない。

いずれにしろシェアは経済的・身体的に自立した者のみが参加資格を得る「共生」のあり方であって、そうした自立がなく、同居人の重い支援が必要である場合には、その人は参加資格を失うものだ。その点で家族とは異なる。

地域はどうだろうか。基本的にはシェアと同じで、地域的交流の参加資格には、自立、あるいは「関わり合いリスクの小ささ」がある。もし地域に非常に重い支援が必要な人が住んでいるとしよう。その要支援者にしっかりとした家族ケアテイカーや行政がついていて、周囲からすれば「手がかからない」状態にあるのならば、近隣の人たちはその人と関わり合いになることをためらわないだろう。他方でその要支援者が独居していて家族の支援がなく、また行政の支援も不十分であるのなら、近隣住民はその人に声がけすることをためらう可能性がある。なぜなら、関わり合いになることで自分の安心できる生活が失われてしまうリスクをどうしても意識してしまうからだ。「声がけ」ができるとすれば、何かトラブルが生じたときにどう対応するか――どういった専門機関につなげばいいのか――についての知識・ノウハウを身に着けている場合、たとえば専門家がバックについている非営利団体の一員であるような場合であろう。その場合でも、つなぎ先の組織が信頼できるのでなければ、結局自分が割を食うことになるので、やはり関わり合いになる勇気を私たちは持てない。

先程は、直系親族や配偶関係である場合のみ、人は他者の深刻な依存を引き受けると述べた。ただ、ほんとうにその引き受けが大変であるのなら、人は家族関係からさえも逃げてしまう可能性がある。「子どもをもたない」という選択もそうだが、極端なケースは介護殺人・心中であろう。また、たとえば離れて住む家族が経済的に困窮していたり重いケアが必要であるような場合、会いに行けば自分が支援の一部を引き受けなければならなくなる可能性があるため、あえて縁遠くしてしまう人もいるだろう。

ここで、もし公的支援の仕組みがしっかりしていて、関わり合いのリスクを減らしてくれるのであれば、家族であろうが近隣住民であろうがシェアメイトであろうが、他者と関わり合い、自分の人生に深刻なネガティブ影響が及ばない範囲で人を助けることも多くなるはずだ。

以上の概念を図1に示した。「自分」にとって、Aは経済的・身体的に自立した（家族や行政から目立った支援を受けていない）個人であり、関わり合いになっても「自分」にとってのリスクはない。この場合、共生は問題なく可能である。Bは支援を受けている人だが、安定・充実した支援があるために結果的に「自立」できており、こちらも「自分」にとっては関わり合いのリスクは小さい。

これに対してCは依存状態にあり、さらに家族や公的制度による支援が不十分であるために、「自分」にとっては関わり合いになると過度に依存されるのでは、というリスクを感じてしまい、遠ざけたくなる存在である。Cは孤立しやすい存在であると言える。

簡単に言えば、「自立していること」は「孤立しないこと」の条件なのだ。そして、自立できない人たち（支援が必要な人たち）も、公的な支援が充実していれば、他の人たちと関わりを持つことができる。先に「公的な支援体制が基盤となって、その上で私的な関係に基づく支援が展開される必要」があると述べたのは、この意味においてである。

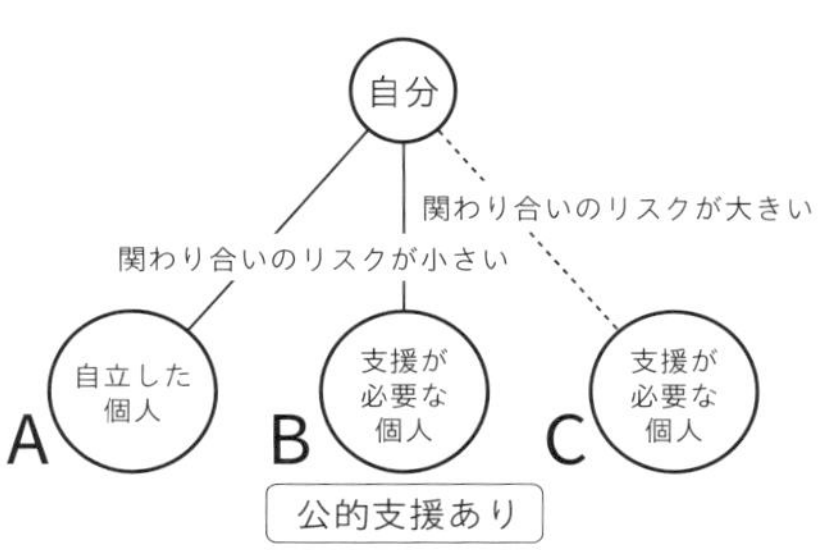

図1　自立・依存と関係の概念図

そして、周りの人たちを遠ざけるリスクを持っていない人は、たとえ家族がいなくても人と関係を築き、それほど重くないケアならば受けることができるかもしれない。支援の行政基盤が仮に非常に充実していれば、私たちは家族をもっていてももっていなくてもそれほどの違いを感じないはずだ。それは、「家族である」とは「深刻な依存者でも受け入れる」ことであり、深刻な依存を行政基盤がカバーできるのなら、そういった覚悟を伴った受け入れは必要なくなるからである。

共生のための支援の構造

二〇二五年を目処に構築が目指されている地域包括ケアシステムの説明においては、「自助」「互助」「共助」「公助」という概念が便宜的に参照されることがある。ここでは、「共助」（主に社会保険）と「公助」（主に公的扶助）が従来的な意味での公助にあたる。従来的な意味での共助にあたるのは「互助」であり、これは費用負担が制度的に裏付けられていない自発的な支援を指す、とされている。

こういった支援の概念的区分には若干の難点もある。たとえば、家族による支援の位置付けが曖昧になる。家族による支援は自助なのか、互助（あるいは共助）なのか。厚労省が主催した地域包括ケア研究会の報告書では、「互助は、家族・親族等、地域の人々、友人たち等との間の助け合いにより行われるものである」（地域包括ケア研究会　2009: 7）とある。しかしすでに述べてきたような「家族ならば助けるべき」という強い規範――扶養義務というかたちで法的にも規定されている――がいまだに強い以上、家族による支援を地域の人々による支援と同じカテゴリーに入れることは不自然である。

家族は、スウェーデンなどの高度な福祉国家においてもそうだが、近隣住民や友人とは違ってプライマリー・ケアテイカーの役割にある。[*2] 要支援者に付き添い、様々な支援をする。近隣住民、友人・知人、行政スタッフは、施設養護・介護でもないかぎり、同様の手厚い支援は行わない。ただ、社会的課題は共通していることを強調しておきたい。家族でも近隣住民でも、ケアが必要な人に関わることが生活上のリスクになることがないように、公助（先の定義では「共助」と「公助」）が機能すべきなのだ。

この仕組みは、すでにある程度実装されている。家族による育児については、社会保険（雇用保険）から育児休業給付というかたちで費用負担が制度的に裏付けられている。介護休業給付についても同様である。ただ、それでも育児・介護を期に離職したり、短時間勤務など仕事へのコミット度合いを減らすなどの大きな影響があり、これをいかに無くすのかが社会的課題

＊2　子どもの社会的養護のなかでも、里親などの家庭的養護は、いわゆる家族ではない（法的な直系関係にない）が、プライマリー・ケアテイカーとして役割を期待される。ただ、あくまで制度的には社会的養護であるので、公的な支援（里親手当）が給付される。

とされている。

「互助」を活性化するには、家族によるケアとは別の仕組みが必要であろうが、大きな枠組みは共通している。必要なのは、「関わり合いになることの安心」である。家族でもない人に積極的に声がけすること、関係を持つことの不安を和らげるためには、行政や非営利団体など、リスク回避・トラブル処理のノウハウを持つ専門組織のバックアップが必要である。

「声がけ」「交流」といった互助的な関わり合いは、身体的・経済的依存の問題を直接に緩和する支援ではないが、さまざまなところで指摘されているメンタル・サポートの供給源になるし、なによりケアを要する人とともに地域に共生する上では無視できない要素であろう。

最後に、前半で述べた「定義」の問題に関わる課題にも触れておこう。先ほど、組織活動の一環としてであれば、支援が必要な人に関わるリスクは軽減されると述べた。ただ、組織による支援にも独自の課題はある。組織、特に行政や公的介護などの制度的基盤のある支援では、支援内容が細かに規定されていることがあり、しばしば支援は硬直化する。通常学校にいる実質的要支援の児童の例でも、教員による支援の幅が限られるため、スクールソーシャルワーカーなどのより柔軟な支援の仕組みが要請されている。

非営利組織では行政よりもより柔軟な支援が展開できるが、地域によってはそういった組織が十分に発達していないこともある。地域包括ケアシステムでも地域共生でも、多様なかたちでの支援を展開できる仕組みづくりが必要になる。

column 01

「つくる」

Minamiこども教室の多文化的実践

原　めぐみ

はじめに

大阪ミナミは超多様な街だ。移民が多い場所において、技術の進歩などによって多様性が加速化することを「超多様性」（Super-diversity）という。[*1] もともと全国政令指定都市の中で、大阪市は最も外国人住民が多く、二〇二三年末時点で約一七万人、全住民比率六・一四パーセントの外国人が暮らしている。外国籍ではない日本国籍をもった、外国につながる人々も多く暮らしている。特に中央区には、エスニック料理店や雑貨屋、食材店などが立ち並んでおり、新たな移民集住地域になっている。インバウンドの外国人観光客が宿泊するホテルも多く、街を歩くと様々な言語が聴こえてくる。

二〇一二年四月、この超多様性といえる街で小さな命が奪われた。シングルマザーだったフィリピン人の母親が、当時小学校一年生の子どもを巻き込み無理心中事件を起こしたのだった。母親は、事件の数日前にあった子どもの入学式に、タブレットで撮影しながら嬉しそうに参加していたそうだ。しかし事件当日、精神錯乱状態に陥った母親は、抱えていた不安や不満が爆発し「みんな死んだらいい！」と大声で叫んでいたという。

彼女は、労働者としてフィリピンから日本に移住し、日本人と結婚したが、夫から家庭内暴力を受け、逃げるように大阪に引っ越してきたのだった。子育てをしながら、生活費を稼ぐために働き、懸命に生きてきたはずだった。

それなのに親子は、この街で、ともに生きることができなかった。そして共に生きるための居場所がなかったのだ。実態として超多様な街でも、多様性を受容することができていないということがこの事件から明らかになった。

事件をきっかけに二〇一三年、任意団体「Minamiこども教室」が設立されることになった。筆者は、大学院生時代より移民研究を専門として研究活動を行いながら、Minamiこども教室の開始当初からボランティアとして活動に参加している。また、二〇一六年度から実行委員に加えてもらい、二〇二二年度からは実行委員長を務めている。十年以上、この地域に暮らす移民家族が背負っている多様な課題に向き合い、どうしたら共生社会が可能になるだろうかを考えている。至った答えは、子どもを含む、移民がこの街を「居場所」だと思ってもらえるよう、「多文化的実践」をこつこつと積み重ねることである。

＊1　Vertovec, Steven 2007 "Super-diversity and its implications," *Ethnic and Racial Studies* Vol.30 Issue 6.

多文化的実践とは、「エスニシティとジェンダー、階層、地域性といった諸要素が交錯する状況のなかで協働的に営まれる日常的実践」を意味する。[*2]

以下では、「共に生きる」ことのできる地域づくりのためにMinamiこども教室が行ってきた多文化的実践を三つにまとめた。第一は、ほとんど更地の状態から多文化的実践を行うための「基盤づくり」、第二に教室の中での子どもたちや保護者とのかかわりの中で培ってきた「居場所づくり」、第三に、社会課題として地域に根付かせるための広報活動や他団体との連携といった「仲間づくり」である。

基盤づくり

先述の事件が起こったとき、大阪市中央区島之内で活動する子ども支援の団体は皆無だった。大阪市は人権教育や民族教育が進んでいる地域であると定評があっただけに、教育関係者や運動団体にとってこの事件は「灯台下暗し」だった。

事件のあと、亡くなった児童が通っていた小学校や他地域で支援活動をするNPOやNGO、大学関係者などが集まり、「外国人母子支援事業」の会議において、協議が重ねられた。「こんな事件を二度と起こさせてはいけない」という思いを共有し、問題はどこにあるかを探った。地域の中で隠れた存在になっていた外国人母子の苦悩が浮かび上がってきた。この事件の当事者だけではなく、この地域には、同じような境遇の家庭がたくさん住んでいることも小学校から共有された。保護者の多くは、大阪ミナミの繁華街で働いているため、夜間に子どもたちが出歩いたり、家の中で子どもたちだけで集まって遊んでいることも課題としてあがった。

解決策として、まずは外国につながる子どもたちを対象にした学習支援教室を始めようということになった。右記の会議に集まった、小学校を含むメンバーが実行委員として教室開設のために知恵を出し合い、毎週火曜日の夜間に宿題や日本語を勉強できる場を作る計画が進んでいった。

計画段階で活動場所の確保が第一の課題になった。南小学校の校区の中で、移民家族が多く住んでいるのは島之内エリアである。当初は東心斎橋にある小学校で教室を実施するという案もあったそうだが、子どもたちの住居により近い場所の方がいいということで、設立当時の実行委員は、島之内で教室をすることにこだわった。初回は「島之内図書館」として知られる「中央会館」で行ったが、有料で、予約制であったため、毎週の教室実施が難しかった。中央区役所に働きかけを続けた結果、Minami こども教室の活動を区役所事業として位置付けてもらえ、社会福祉協議会が管理する「中央区子ども・子育てプラザ」を無料で借りられることになった。また、同エリアにある「道仁連合会館」をイベント等

＊2　川端浩平　2016「〈共に生きる領域〉における多文化的実践――在日コリアンの「若者」の追跡調査から」河合優子 編『交錯する多文化社会――異文化コミュニケーションを捉え直す』ナカニシヤ出版、62頁。

で使用できるよう道仁連合町会に依頼した。[*3]

場所の確保の次の課題はボランティアの確保だった。二〇一三年八月にボランティア研修が連続講座形式で開催された。多数のボランティア候補者が集まり、教室を支えていくメンバーがそろっていった。教育関係者や学生だけでなく、一般の会社員や行政職員、個人事業主、主婦・夫などがボランティアとして登録している。現在でも毎月ボランティア見学会を行い、新規のボランティアを常に募集している。

肝心なのは、子どもたちへの呼びかけである。当時の小学校校長が、南小学校に在籍している外国につながる児童に「宿題を教えてもらえる場所ができるから来てみないか」と声をかけたところ、小学生一〇名が初回の教室に参加した。その後、子どもたちが友達を連れてきたり、保護者の口コミで紹介を受けたりして、登録者は増えていった。二〇二三年度末時点で登録者数は一八四名になった。初めて教室に来るときには、保護者と一緒に来てもらい、生育歴や家庭の状況などを詳しく聞き取り登録を行う。一度登録した子どもは、引っ越したとしてもまた大阪に帰ってきたり、成人しても相談しに来たりするかもしれないので、名簿に残している。

このようにして、Minamiこども教室の基盤づくりが行われていった。ただし、多文化的実践をするための基盤づくりは、一度に完了できるものではなく、長年かけて手を加え続けなければならない。

居場所づくり

次に、Minamiこども教室が子どもたちとともに行ってきた多文化的実践としての教室活動と、保護者と接する中で制度化していった相談事業について紹介したい。

小学生の教室では、「Minami Fun Time」という取り組みを行ってきた。ここに集う子どもたちは、言語文化的にも超多様である。子どもたちのルーツは、フィリピンと中国が多いのだが、タイ、ブラジル、メキシコ、モンゴルなどマイノリティの中のマイノリティも少なくない。また、成育歴や移動歴も様々で、大阪生まれ大阪育ちの子もいれば、来日したばかりという子、国内外の移動を繰り返している子もいる。日本語や母語の習得状況は一人ひとり異なり、習熟度によるクラス分けはそぐわない。一対一での学習が効果的なのである。そこでボランティアと一緒に試行錯誤しながら行っているのが「Minami Fun Time」である。具体的には、ボランティアと子どもが一対一で対話をしながら、本を読んだり、作文をしたりする学習方法だ。一対一で会話することによって語彙力を伸ばしたり、褒めながら学習を進めることで自尊心を向上させたりする意図がある。学習形態を固定化させるのではなく、「Minami Fun Time」を充実するためのボランティア研修会を定期

＊3　二〇一六年からは、中学生の受験勉強会で使用している。二〇二〇年以降は、コロナ禍により公共施設での場所の確保が難しくなり、道仁連合会館で毎週小学生対象の教室を開くようになった。

的に開催し、改良を重ねている。

また、二〇一七年頃からは、子どもたちの成長に伴い、小学生だけでなく、中高生への進路支援も本格的に行うようになった。外国につながる子どもたちは、親の移動に翻弄されてきた子どもたちといえる。高校入試は、そんな子どもたちにとって、自分の進路を自分で選択するという大切なプロセスであり、合格することで一〇代最大の成功体験を積む機会にもなる。受験勉強のために週二回に教室を増やし、個別の進度や進路先に合った問題を用意する。また、入試制度や奨学金制度の説明をし、オープンスクールや進路ガイダンスに保護者や子どもたちを引率してきた。合格後には、入学者説明会に同行し、進学先の高校との連携も図っている。希望する進学先に入学し、高校生活や大学生活を満喫している様子を報告に来てくれる子もいれば、新しい環境に馴染めず、進路変更の相談に来る子もいる。

さらに、二〇二〇年四月からは保護者の相談事業を本格化させている。それまでも個々のSOSには対応してきたが、コロナ禍を機に公的な委託事業を受け予算化し、正式に事業として取り組むことになった。毎週火曜日に子どもたちが勉強する隣の部屋を「相談室」として開設した。毎年二百件以上の相談が寄せられる。日本語の読み書きが十分でないことによる、学校や行政からの書面などの手続きに関する相談が多いが、そこから移民家族の気苦労が垣間見える。子どもの不登校や進路に関する子育て相談や、離婚や親権などの法律相談につながることもある。

このように、Minamiこども教室では、子どもたちと保護者のニーズをもとに、事業を発展させてきた。教室も相談室も肩ひじ張らずに気軽に来られる「居場所」として機能し始めている。

地域の仲間づくり

地域の中で子どもたちを見守る循環を作っていくためには、既存の地域団体との顔の見える関係づくりと、新たな仲間たちとのネットワーキングが不可欠である。

活動開始から間もなく、連合町会がMinamiこども教室の活動に賛同し、町会主催の餅つき大会や、共催する盆踊り大会などにも声をかけてくれるようになった。特にこの地域で盛んな盆踊り大会には、毎年子どもたちとともに参加するようにしている。事前に盆踊りの練習をし、当日は浴衣を着て、踊ったり、出店を回ったりすることが恒例行事になっている。外国につながる子どもたちに日本の文化を伝えたい、ということでは決してない。子どもたちが地域の伝統的な行事に堂々と参加することで、地域で暮らしている子どもたちが「ここにいるよ」とアピールする場であると思っている。

Minamiこども教室が始まった二〇一三年時点には、「子どもの居場所」といえる場は中央区全体を見てもほとんどなかった。同じような志をもつ仲間づくりが必要だった。最初の仲間は二〇一七年に結成した子ども食堂「しま☆ルーム」だった。他にも子ども支援の輪が広がっていった。支援の輪を大きなうねりにしていくために、二〇一九年にMinamiこども教室が幹事団体となり、「中央区子どもの居場所連絡会」を結成した。この連絡会は、中央区社会福祉協議会が事務局を担い、学習支援や子ども食堂を運営する活動団体がゆるやかにつながるネットワークである。二〇二四年時点で一五団体が加盟している。各活動団体は、ひとり親世帯の自立、不登校の子どもたちの第三の居場所の確保、外国につながる子どもたちの学習支援、貧困家庭の子どもたちの食の確保など、それぞれの命題をもち、課題解決に向けて取り組んでいる。二か月に一度、定例会で情報交換などをしながら、年に一度は連絡会メンバーが協力して千人規模のフードパントリーを実施している。また、この連絡会を後方支援してくれる企業も多く賛同してくれている。さらには、中央区には「北御堂」があり、本願寺津村別院の理解を得て、その広い敷地を会議や食糧管理のために使用させてもらっている。

多様なアクターが協働することで、多様な子どもたちを支えるまちづくりを担っている。仲間づくりをしていくことで、一団体ではできないことを達成しようとしている。

おわりに

一〇年間を振り返りながら、このように文章としてまとめると、最初から体系的にデザインしてきたかのようであるが、全くそうではない。試行錯誤を繰り返しながら、「Minami こども教室」はつくられてきた。「つくる」というプロセスが、Minami こども教室の活動そのものである。子どもたちの保護者への相談事業においても、相談室のありようは、保護者のニーズによって微調整される。運営に関しても、ケース対応に関しても、うまくいくことばかりではなかった。苦い経験や悲しい出来事に遭遇することもあった。そういった経験をも、ともに分かち合える居場所でありたいと思う。超多様性の街における、超多様な子どもたちと「ともにつくる」Minamiこども教室の多文化的実践は、今後も続いていく。

（はら・めぐみ／和歌山工業高等専門学校准教授・Minamiこども教室実行委員長）

column 02

少女が自分らしく生きるために大切なこと
――わかくさリビングの実践より

北川 美里

現代社会は、誰にとっても「生きづらい」社会だという。更生保護の分野においても、生きづらさが犯罪のきっかけであると言われるようになり久しい。相談相手がなく孤立し、苦し紛れに手を染める究極の手段が犯罪というのである。社会で生きることそのものがうまくいかない状況が犯罪の原因であり、社会に元犯罪者が共存する余裕がなく、その結果再犯者の割合は減らないという。

孤立しているのは、元犯罪者や元受刑者だけではない。若年女性においても、虐待や暴力、貧困、いじめ、親からの過干渉などで、生きづらさを抱えることとなり、不登校、自傷といった形で自分を傷つける行動をする傾向にある。少女たちの抱える問題は複雑で多岐にわたるため行政の制度や支援の手が及ばないケースも多く、社会の中で孤立しがちな現状がある。

その結果、居場所を求めて「トー横」や「グリ下」に集まったり、SNSに本音を言える関係を求めたりして、それらが犯罪や性的搾取の巣窟になっている現状がある。

筆者が所属する一般社団法人京都わかくさねっとは、更生保護を活動の柱とした少女支援の団体である。犯罪の原因を生きづらさ＝孤立と捉え、地域のなかで少女と信頼できる関係を築き、思春期の少女たちを犯罪の被害者にも加害者にもさせないという思いで活動している。

「わかくさリビング」は、小さなビルの一室で毎週三日、少女の居場所として場を開いている。少女たちが場を運営し、女性保護司、民生委員、地域の有志、専門家たちがサポートする。一緒にご飯をつくり、同じ食卓で食事をし、自分の話をしたり人の話を聴いたりしながら共に時間を過ごす。

この居場所では、所属や年齢、学歴、性別、趣味嗜好で、人を分けることはない。だから相手の年齢や所属は聞かない。何かを強制することもされることもない。当然、支援被支援の関係もない。相談場所でもない。その代わり「話を聴く」「相手を否定しない」「秘密を守る」の三つの約束を守りながら、運営をしている。

毎回三〜一二名の少女たちが訪れる。年齢は一五歳〜三〇代、中心になる年齢は一九歳。来所のきっかけは、児童相談所や弁護士事務所、福祉事務所などの紹介もあれば、友だちの紹介でやってくる子もいる。しかし、半数以上は自分でネットを検索し、やっとたどり着いて、ひとりでその扉をノックする。

彼女たちは「仲間」を求めてやってきている。名前も知らない、生きてきた環境も所属も全く違う者同士が重なりあって、それぞれが好き勝手なことをしている。ある少女は寝転がってゲームをしながら大騒ぎをし、その横で熱心に参考書を開く少女がいる。ひとりギターを弾く少女もいれば、おしゃべりに夢中な少女もいる。

いきなり室内テントに籠もったまま出てこない少女もいる。一度、招き入れてもらったことがあった。グレーのキャンパス地越しにうっすらと外の明かりや人の動きが感じられて、話し声も柔らかいノイズとなって届いていた。「意外と繋がっているでしょう」と少女は言った。そういえば、テントの外にいる私たちも、テントの中の少女のことを意識しながら話している。彼女たちは優しさの漂う同じ空気のなかにいる。

少女たちの抱える悩みは、貧困や虐待、いじめのほか、最近では教育虐待や親との愛着関係から「親に愛してもらえない」とやってくる少女も多い。仕事関係でのトラブル、特性や精神的疾患等、それぞれに違った生きづらさを抱えているが、生きづらさを抱えているからこそ、立場や年代を超えて、一人ひとりに誠実に寄添い、悩みを聴く関係ができる。不思議なことに、この場にいるだけで、少女たちは少しずつ元気になって、自分の言葉で話せるようになってくる。就職や進学にチャレンジする少女もでてくる。

スタッフの一人はそのような関係について、「私は女の子たちと共に過すなかで、居場所を作るひとりになっていました。辛さや痛みを経験した者同士の深い関わりだけではない、自由でゆるやかなつながりが居場所にはあるとおもいます。自分が育った環境、傷つけられた経験、さまざまな声が語られる場に、私がいることを許してもらえる嬉しさ。それは単純に仲間にいれてもらえた嬉しさではなく、他者に自分の体験を語るという行為の重さを理解し合えたことによる嬉しさです」と話し、また別のスタッフは「私はここで自分の過去を言わなくていいと言ってもらい、美味しいご飯を食べて嫌なことを忘れられたらそれでいいと受け止めてもらい、居心地がいいと感じました。それぞれの辛さがあり、受け止めてもらえることの居心地の良さを他の人にも感じてもらえたらいいなと思います」と述べた。

「わかくさリビング」は、地域の大人たちが支えていることも大きな特徴である。

更生保護のおばちゃんや、隣のおばあちゃん、地域のおじちゃん、福祉や教育の専門家、なかにはスゴい人もいるらしいが、所属も知らない、あくまでも対等な関係性のなかで同じように一緒にご飯を食べて、笑い合っている。

リビングでの毎日が普段の生活＝日常になってくるなかで、少女たちはどんどんと自己主張できるようになる。ゴロゴロと寝そべったり、甘えてみたりする少女も多い。手作りのご飯は格別で、ひとつひとつ手を掛けた料理は、少女たちの胃袋と心を満たす。ひとりひとりの好き嫌いを把握し配慮をする心配りが、「大切にされている」という信頼に繋がり、悩みを打ち明ける関係性ができる。そして大人たちもまた少女たちから「大切にされている」と感じ、それが生きる糧《かて》となっている。

リビングでは、さまざまな体験をする機会がある。

少女たちが講師と交渉し、日程を決めて実施するウクレレやアロマ、手芸、お灸などのほか、少女自身が講師になって紅茶教室やお菓子づくりをすることもある。年末には練習したウクレレをホテルで披露したこともある。

京都の生活の中に息づいている伝統文化の体験では、手を掛けて生活をするというあたりまえのことが大切だとわかる。成人式に出席したくても、事情により出席できない少女たちに振袖を着付ける活動は、多くの少女たちに愛されている。大人になるためのハレの儀式は、着物を選ぶところから始まり、髪結い、着付け、写真撮影など、多くの人たちの「おめでとう」の祝福を受けて、大人になる。ある少女は「一人でいる時に辛くなったら今日関わってくれた人たちのことを思い出して乗り越えるようにします」と話した。

一方で、少女の生きづらさは重層的で多岐にわたるため、当事者の居場所だけでは解決できないことも多い。そのような状況に置かれている少女には、他団体や行政とのネットワークを模索しながら、繋がりが途切れることのないように関係性を築いている。

わかくさらしい寄り添いは、問題を解決するのではなく、話を聞いて、同じ景色を見て、一緒に泣いたり笑ったりしながら、心の壁打ちの相手をしつつ、少女たちが自己を振り返る機会を作り、「私は私でいいのだ」と思春期を脱出するのを手伝うことである。本人の力が付くまで寄添い、少女たちが本来持っている魅力や生きる力を信じて「あなたはとても大切なひとである」ことを伝え、応援する。そのような関係の中で、少女たちは、寄添い支援を必要としなくなる。仲間と関係性ができる子もいれば、社会に巣立つ少女もいる。感謝されることもあるし、けんか別れのようになることもあるが、それも本人の成長の過程であって、大人になる（自立する）ことだと思う。

青年期は、「自分は何者であるか」という自分への問いが深まり、自己を揺さぶられ、自己肯定感が低下する時期である。このような自尊感情の揺れは、自己をしっかりと見つめ、自己概念を形成することで安定する。自分の意志でレールを作り、何度も行き来したり、道に迷ったりしながら、自分自身のレールを引いていく、人格の再構築の時期である。少女たちは、親（あるいは社会）に反発したり、依存したり、困らせたり、甘えたりしながら、思春期を卒業するのである。その期間（相手）がなければ、ずっとずっと生きづらさをこじらせるることになる。

わかくさは、自分の道へ一歩進むための止まり木である。きちんと飛べるようになるための練習台であり、傷ついて帰ってきたときの癒しの場であり、チャレンジする勇気をもらい、やさしくそっと背中を押してもらえる場でもある。

二〇二四年四月から、わかくさリビングは移転し、少し大きな建物になった。

そこでは、地域との繋がりと就労の場としてのカフェとシェアハウスが併設される。

少女たちはかわいそうな女の子ではない。

新しい活動の始まりである。

（きたがわ・みさと／一般社団法人京都わかくさねっと事務局長）

少女たちの声

何か手伝ったら「ありがとう」と言われる。
ご飯をつくったら「美味しい」と言われる。
私は役に立っているんだと思う。

ここは私の居場所である。

自分は生きていていいんだと思えるようになった
理由のひとつは、わかくさを通しての人との
出会いや自分の役割を得たことだと思う。

いろんな人がいて、最初は身構えたけど、意外と
年齢関係なく、みんな似通った悩みを持っている
場合もあるんだなあと。そういう意味では
年を重ねることが少し楽しみにもなった。

わかくさは普段の日常がしあわせなこと
なんだなと気付かせてくれる場所なんだなと思う

回復とは、本来の自分にもどること
私は支援者のために生きているわけじゃないから、
どう生きるのかは自分で決める。
自分の人生だから自分の思うように生きてみたい。

今も支援の死角にいる人へ。そして、昔の私へ。
私はあなたたちと一緒に生きたい。
そして、「生きていてよかった」と思う幸せな経験を
積み上げていきたい。

今は悲しみしかなくて、苦しんでいる女の子たち。
大丈夫、いまはまだあなたを応援したり、
守ってくれる人に出逢えてないだけ。
諦めないでほしい。
必ず出逢えるから、生きぬいて欲しい。

第2部

むら・まちの持続／縮退はいかにして可能か？

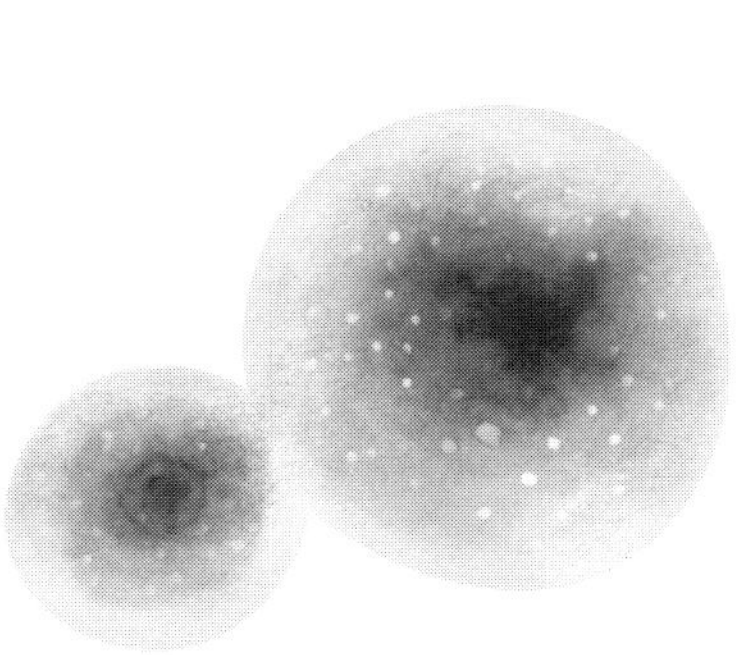

第4章

集落の「尊厳ある縮退」とは?

渥美 公秀

1 はじめに

二〇二四年は、能登半島地震での幕開けとなった。元日にマグニチュード七・六、最大震度七の地震が過疎集落の点在する奥能登を襲った。死者は二百人を超え、七万棟を上回る住宅が深刻な被害を受けた。また、道路の多くも激甚な被害を受け、道路に頼っていた半島部では多くの孤立集落が生まれた。甚大な被害を受け、例えば断水が長期化するような被災地で暮らすことは困難であるとの判断で、一部の被災者は一・五次避難と呼ばれるスクリーニング段階を経て、金沢市をはじめとする宿泊施設のある都心部へと二次避難を余儀なくされた。

筆者は、能登半島で救援活動を展開する中で、輪島市西部の海沿いにある漁村を訪問する機会があった。地震によって海底が隆起し、海が遠くになったと嘆く高齢の漁師は、地震で集落の多くの建物が崩れ、もう漁にも出られないけれども、「わずかな年金をたよりに、やはりここでずっと暮らしたい」としんみりと語っておられた。

しかし、壊滅的な被害を受けた過疎地の復興に対して、ネガティブな言説がある。例えば、過疎地を復興してもそこから便益を受ける住民の数は極めて少ないのだから、公的資金を投入して復興するよりも、別の地に人口を集約していこうという言説がある。また、自宅を再建したところで、その過疎集落までのインフラや医療機関、商業施設などを配置するには膨大な費用がかさむので実現は現実的ではないという言説もある。

では、ここでずっと暮らしたいとつぶやく漁師の言葉にはどのように応じればいいのだろうか？　この言葉に新しいコミュニティ・デザインはどのように応えることができるのだろうか？

まずは、これまでのコミュニティ・デザインという概念が暗黙に内包する事柄を押さえておこう。これまでコミュニティ・デザインという言葉の背後には、コミュニティにおける生活の発展的展開という暗黙の前提が潜んでいなかっただろうか。社会の右肩上がりの発展が期待される文脈において、適切にデザインすれば、コミュニティはさらに発展していくという図式が隠されていたように思う。しかし、日本の人口は二〇〇八年から減少傾向にあり、高齢化率も上昇している。また、家族形態も未婚・晩婚が増えて小規模化し、単独世帯が最多となるという。こうした人口減少社会において、コミュニティをデザインする際には、コミュニティの拡大的発展のみを見据えるのではなく、むしろコミュニティの縮減を目指すべきであろう。

今や過疎となった地域コミュニティ（以下、集落という）では、土地を守るつながり、生業のつながり、伝統行事等のつながり、宗教的なつながりなど文化基盤によって、コミュニティを創り維持してきた。まずは、このことに驚くべきであろう。金山智子が指摘するように「そういった地域がなぜ千五百年以上もの長い歴史の中で繰り返される社会的変容に耐えながら、今も残ってこられたのか」という驚きである（金山編　2023）。その上で、現代では、人口流出、少子高齢化などが進行して久しく、今や限界集落、消滅可能性の高い集落などと名指しされる集落も多いことをしっかりと見据えたい。ところが、こうした集落の持続可能性を目指し、過疎対策としての様々な集落活性化事業は展開されているが、一方で集落を縮小していく、そして、究極的には閉じていく方向での議論は極めて少なく、その実践的な事例にも乏しい。

念のために添えておけば、人口減少、少子高齢化は都市部も例外ではない。都市部では、さらに、無縁社会などという言葉に象徴されるように人間関係の希薄化が進行し、都市を縮小して行くための方略は未だ提案段階に過ぎない。賢い撤退戦略として、市民の自発的意思によりながら経済活動と居住を複数の都市拠点に時間をかけて誘導する必要があるという指摘がある。しかし、その実現はまだ遠く感じられる。また最近では、東京一極集中から脱却すると同時に地方都市における集住を掲げ、農山村から地方都市部への移住を推進する「多極集住論」を巡る議論もある。しかし、農山村の実情と合わないため、結局、ミニ東京をあちらこちらに作るだけに終わるという指摘（小田切　2023）もある。

現代社会におけるコミュニティ・デザインは、能登半島地震のような過疎地域を襲った災害から学びつつ、全国に広がる少子高齢過疎のコミュニティを視野に入れるべきであろう。筆者は、石塚裕子氏とともに「尊厳ある縮退」という概念を提唱し、実務家を交えた研究プロジェクト[*1]を推進してきた（渥美 2020; 渥美・石塚 2023; 石塚 2020）。本章では、これまでの研究成果を参照しながら、新しいコミュニティ・デザインの展開へとつながる論点を提示したい。尊厳ある縮退という考え方はまだ緒《しょ》に就《つ》いたばかりであって、何か完成された定式化が存在するわけではない。本章では、尊厳ある縮退という概念について、縮退（第2節）、尊厳（第3節）に分けて整理し、いくつかの論点を提示し（第4節）、能登半島地震のような過疎地域の被災現場を想定した提案を実践的提案（第5節）と研究者に向けた提案（第6節）を示す。

2　集落の縮退という概念

集落の限界、衰退、存亡といった議論はこれまで広く注目を集めてきた。例えば、過疎高齢化が進行した限界集落が消滅の危機に瀕しているとの指摘（大野 2005）があれば、高齢化によっ

＊1　日本学術振興会　課題設定による先導的人文学・社会科学研究推進事業（実社会対応プログラム）二〇一八―二〇二一年度　尊厳ある縮退によるコミュニティの再生と創生（代表：渥美公秀）

て消滅した集落はないという議論（山下　2012）が起こる。消滅する地域があるとして自治体ごとのデータを添えたレポート（増田　2014）が出れば、即座に、それは政策の罠だと反論（山下　2014）が出る。一方、人口動態に注目して、特定の年に何が起こるかを想定して年表に整理したり（河合　2017）、わが国は縮小するという事実を衝撃だとして伝えたり（ＮＨＫスペシャル取材班　2017）している。これらは、週刊誌やテレビ番組を経て、ほとんどが新書版で発刊されており、多くの人々の注目を集めていることが分かる。

まず、限界集落論（大野　2005）は、「六五歳以上の高齢者が集落人口の半数を超え、冠婚葬祭をはじめ田役、道役などの社会的共同生活の維持が困難な状態に置かれている集落」を巡る議論である。提唱者の大野は危機を喚起することを目的としたのかもしれないが、現状では、特定の集落が限界なのか限界でないのかといった表層的な言説が見られる。そして、伝統芸能・文化の衰退、山村の原風景の喪失、自然環境の貧困化などを論拠に、集落は再生すべきだと主張するのも単純に過ぎるだろう。実際、集落を訪れてみれば、集落は日々限界だ限界ではなどと議論しているわけではなく、住民は端的に日々を暮らしている。

限界集落論や地域消滅論に対する代案もいくつか示されている。例えば、世帯間の地域住み分け（山下　2012）や二地点居住を含めた多様性を認め合う共生（山下　2014）である。また、その方法として例示されたT型集落点検（徳野　2007）といった手法が紹介されたりもしている。

ここで、客観的なデータを見ておこう。まず、金木健（2003）によれば、昭和二〇年代から六〇年代にかけた地形図の比較から抽出できる消滅集落の数は二九二二であり、これが、事実として消滅した集落の数となる。さらに金木健と桜井康宏（金木・桜井 2006）は、消滅集落が消滅する理由については積雪が最も多く、また戸数が一四を下回ると消滅を引き起こす可能性が強まることを明らかにした。また、集落の消滅過程について、藤尾潔・土井勉・安東直紀・小山真紀（2014）らは、先行研究と自身らの事例研究を総括して、学校の閉鎖、国勢調査上の人口がゼロ、集落での越冬不可、山の仕事がなくなり集落に通う世帯の激減、夏に通う世帯の激減、そして墓地の移転に至ることがある程度一般的な流れであることを類型化している。理論的には、「積極的な撤退」（林・齋藤・江原 2010）を未来に向けた選択的な撤退として提言する議論もある。「積極的な撤退」の時間スケールとしては三〇年から五〇年とされ、空間スケールは一つの市町村ということであるので集落よりは広い。ただ、条件が厳しい地域では、「平場への集落集団移転による生活と共同体の立て直し」「尊厳ある最期（むらおさめ）」が提示される。尊厳ある最期とはいえ、下手をすると「何もせず、このまま消滅させるべき」などとなりかねないので、何十年という長期にわたる多大なサポートが必要であると注意がなされている。また、続編とも言える近著（林 2024）では、無住集落をも視野に入れて、「一旦撤退し、好機が到来したら再興（=活性化させる）」という魅力的な視点も提示されている。ただ、こうした研究は「主流になっていないのが現状」（田中 2021）でもある。

筆者らは、こうしたセンセーショナルとも言える論戦とこれまでのデータの蓄積から多様な論点を学びつつ、集落の縮退という概念を導入した（渥美 2020; 石塚 2020）。諸富徹（2018）は、縮退を都市の戦略的な縮小とし、賢い縮退戦略とは市民の自発的意識によりながら経済活動と居住を複数の都市拠点に時間をかけて誘導し、都市活力を維持し続けることとしている。筆者らは、諸富の市民の自発的意識を重視する姿勢を受け継ぎながらも、都市に囚われることなく、むしろ集落に焦点を当てて、改めて集落の縮退として定義した。集落の縮退とは、集落の存続か消滅かといった二項対立的な立場をとらず、集落を豊かに縮小し、意義深く退いていくということを指している。そして、次節で述べるようにそこには必ず尊厳が伴うことを重視した。確かに、縮退には、集落の消滅が極値として理論的には設定され得るが、そこに至ることは何も必然ではない。

また、筆者らは、集落の再生と集落の創生をそれぞれ以下のように定義して区別した。集落の再生とは、住民の自発的意思によりながら集落を持続可能な形で存続することである。一方、集落の創生とは、住民の自発的意思によりながら集落を閉じて集落として別様の生活を目指すことである。植田今日子（2016）が結論するように、集落の存続には、通常、空間的継承が注目されるが、時間的継承を視野に入れることを考えたい。そうすれば、縮退の方向を見据えても、集落の消滅はありえず、多くの場合は、同じ場所で集落の持続可能性を考えていく再生が想定される。仮に、一旦集落を閉じる創生であっても、同じ場所で集落を再開することに縛られなければ、別の場所との間で二地点居住化を推進するとか、集団移転後の場所で伝統行事を再開するといった時間的な継承ができることを考えていくことになる。

集落再生も集落創生も集落の消滅とは違って、集落は存続し、そこに人が存在する。集落に対しては、「発展しかありえない」「活性化しなければならない」などと大仰に外部から支援と称した施策を押しつけるのではなく、縮退という方向の存在を認めて、集落住民と集落に関係する人々が対話を重ねることが、現在の生の充足感を取り戻すことへと繋がるのだという姿勢をとる。なお、集落の縮退は、行政が計画するのではなく、また、経済論理（のみ）によって推進されるのではなく、集落住民とその集落に関係する人々が相互に対話を通じて進めていくものとする。従来の過疎論・限界集落論が、そこに住む人々にとってどのような問題として経験されているのかが把握されていないという批判（植田　2016）を承けている。

3　関係概念としての尊厳

わが国では、尊厳という言葉は、一八七七年の新聞記事に現れたのが最も古い（加藤　2017）。加藤秦史の整理によれば、哲学においては、まず、一七八五年に提出されたカントの定言命法――みずからの人格と他のすべての人格のうちに存在する人間性を、いつでも、同時に目的として使用しなければならず、いかなる場合にもたんに手段として使用してはならない――が引き合いに出される。そして、ショーペンハウエルによる批判――尊厳の毀損は議論できるが、尊厳の尊重といっても具体的な内実が一義的に決まらない――が言及され、結局、尊厳といえば、対象の無条件の保護、安易な手段・道具的扱いの拒否などと、思考の停止を導く実効性のない概念かもしれないという疑念が呈される。ただここでは、このような哲学（史）的議論に深く入り込むことは避け、この分野での尊厳に関する主な議論は、個人概念であったということを指摘するにとどめよう。

実は、生命倫理では、尊厳とは存在に関する集合概念であった。小松美彦（1996）は、脳死を契機とした臓器移植を批判的に議論する中で、死が集合的な承認によって成立していることを示したが、その後も一貫してその立場から、尊厳死や人間の尊厳という概念を巡って議論してきた（小松　2012; 2013）。そして、尊厳とは、人間の中に宿る何らかの実体や状態それ自体ではなく、関係性を通じて出来《しゅったい》する事柄に他ならない（小松　2012）と結論している。

尊厳ある縮退研究における尊厳という概念も、集落そのものに何らかの実態や状態として宿るのではなく、集落の住民間で、また、集落に関わる人々を通じて立ち現れる集合的な概念として捉える。その上で、集落のくらしを人口という指標に還元したり、何らかの機能を外部から設定し、その衰えをもって限界だ消滅だなどとしたりする議論は、論外という立場をとる。尊厳ある縮退における尊厳とは、集落の住民と集落に関係する人々が対話を通して、互いの人生の価値を認め合うことができることを指している集合概念である。

4　尊厳ある縮退を考えるために

集落の尊厳ある縮退は、安楽死・尊厳死を巡る議論を参照することでより深く理解できる。無論、ここで死が不可避かつ不可逆的な極点であることをもって、集落の縮退も集落の消滅を意図していると考えるのは全くの誤解である。そうではなく、昨今の安楽死や尊厳死を巡る議論の中に、生こそを重視する立場があり、その点から、縮退という概念を深化させる契機があるという指摘である。

安藤（2020）が説くように、結局、安楽死・尊厳死は、「悪い生」の代わりに「よい死」を（こんな状態で〈生かされる〉くらいであれば、〈死んだ方がよい〉）という考えに基づいている。集落の問題に戻れば、集落が限界だ地域の消滅だと「悪い生」を煽り、リスク管理だの自己決定だのといった言葉を振りかざして、それが無理なら「よい死」へと誘うというのでは、安楽死・尊厳死と同じ轍を踏むことになる。ここでは、日本自立生活センター（ＪＣＩＬ）による批判——障害や難病を抱えて生きる人たちの生の尊厳を否定し、また、今実際に「死にたい」と「生きたい」という気持ちの間で悩んでいる当事者や家族に対して、生きる方向ではなく死ぬ方向へと背中を押してしまう——を想起すべきである。安藤（2020）が指摘しているように、我々にとって大事なことは、「悪い生」の反対は決して「よい死」ではなく、「よい生」であるはずだということである。

確かに、生が終わるように、集落も終わるのかもしれない。しかし、その時のために何をするかということは、決して生をあきらめるということではない。発展しかあり得ない、活性化しなければならないなどと外部から支援と称した施策を押しつけるのではなく、縮退という方向を認めて、集落住民と集落に関係する人々が対話を重ねることが、現在の生の充足感を取り戻すことへと繋がっていくのではないだろうか。

尊厳ある縮退という概念のもとで集落を閉じることを選ぼうとするとき、モデルとなるのはホスピス（柏木 2001）である。人は誕生してから死に至るまで、育児、健康診断、介護という「ケア」を受け、死を迎える末期には「ホスピスケア」が選択できるようになった。一方、集落は、戦後から現在に至るまで、国土開発、地域活性化と常に成長を求められてきた。しかし、定住人口が数人となり、集落がいよいよ末期を迎える事態に対して「ホスピスケア」のような「ケア」の施策は皆無である。

筆者らの研究プロジェクトでは、集落の縮退にホスピスケアにおける家族ケアの三大要素を援用することを試みた（渥美・石塚 2023；石塚 2021）。三大要素とは「予期悲嘆のケア」「死の受容への援助」「死別後の悲嘆のケア」である。予期悲嘆のケアとは、集落がやがて消滅を迎えることを予期して悲しむ住民に対して、「近々と思うとつらいですよね。悲しいですよね」と悲しみをしっかり受け入れることである。そして消滅の受容の援助では、集落にだんだん住む人が少なくなってきた段階で、「つらいけれども、だんだん近づいてきている感じがします。今までにも心の準備をしてこられたと思いますが、本格的な準備が必要になってきつつあります。つらいですね」と悲しみを分かち合う。そして、消滅後の悲嘆のケアでは、集落が消滅した後も、月に一度、場を設けて住民に来てもらい、専門家（外部者）が参加して、悲しみを分かち合うということになる。

5 新しいコミュニティ・デザインへの実践的提案——集落ソーシャルワーカーの導入

ここから二つの節で、これまで論じてきた尊厳ある縮退を視野に入れて、実践的な提案と研究者に向けた提案を提示しておきたい。尊厳ある縮退は、集落の住民が（集落に関係のある人々を交えて）、集落について語り合うことが核となる。しかし、現場に出てみると、集落の活性化ならともかく、縮退について語り合うことは誰しも気が進まない。実際には、日々の暮らしは活き活きと展開されているし、かといってそのままでよいとも思えず、いつかどこかで語り合わなければ始まらないという自覚は、その集落の住民にこそ宿っているだろう。しかし、話を切り出しにくい。だとすれば、何とか話し合いがやりやすくなる場を設定できればよい。

もちろん、集落を訪れて、集落の行く末について話し合いの場をもちましょうと持ちかけても、快い返事は返ってこない。まずもってそのように呼びかける存在が誰なのか、そして、その人を交えて議論をしていくための信頼関係はあるのかといった極めて基本的な事柄が心許ないからである。「うすうす気づいているけれど、よそ者に言われたくない」「過疎は悪いのか？放っておいて欲しい」「そんなことより今の生活を大切にしたい」「こうなることはわかってたし誰のせいでもない」といった声が聞こえてくる。こうした反応を受けた上でさらに現場で尊厳ある縮退に取り組むには、足繁く通い、住民との関係を深めていくしかない。

そこで、ここでは集落ソーシャルワーカー（仮称）の導入を提案してみたい。集落に関する情報に通暁《つうぎょう》し、集落をサポートするための施策など社会的資源に精通していて、集落の住民とも信頼関係を樹立しているような存在である。集落ソーシャルワーカーは、こうした専門性を身につけた一つの職域として成立することを前提としている。具体的には、こうした存在を養成し、その動きに対して対価を支払う仕組みを提案していることになる。ここでは、その仕組みの詳細や財源の確保の仕方を論じるのではなく、集落ソーシャルワーカーに求められる事柄を少し提示しておきたい。

こうした専門性を持った人は、同じ専門性はもっていない住民と対等の立場にあることを忘れてはなるまい。専門性を背景に住民に指導するという姿勢ではない。そうではなく、住民と一緒に考えるという姿勢を堅持する。例示すれば、現在は過疎地となっている地域の出身で、就労機会を求めて都会に出て、そこで働き、家族をもうけたりしながら退職を迎えたような人を想定する。都市部に残るか、故郷を含めた地方へとＩターン、Ｕターンするかといったことも日々の思考の中にあるような人である。こういう人々を対象として集落ソーシャルワーカーの養成を行う。各種専門事項もあろうが、最も大切なことは、集落を訪問して何もしないことから始めるということである。資格を活かすとか、専門性をもとに語りかけるという姿勢はおくびにも出さない。ただ集落を訪れて住民とお茶を飲む。そんなことを何度も繰り返していると、集落の人々との信頼関係が築かれていく。集落の人々が大切にしていることが理解できてくるし、いわゆる本音も聴けるようになる。縮退に向けて動き出す状況に至ったら、集落の住民とともに何を残していくかといったことを丁寧に話し合って決めていく。集落ソーシャルワーカーはこうしたことを複数の集落で行って、それぞれで得た知見を活用していく。

集落をどのように豊かに閉じていくかは、極めて重要な場面である。その際、集落ソーシャルワーカーといった専門家がいることは必要なのではなかろうか。集落を一旦閉じるということにおいて求められる経済的、対人的、情緒的配慮について十分な情報と配慮をもった人材の存在である。現時点では、そういう人材はまだ存在しない。しかし、例えば、過疎対策を担当してきた行政職員が、未だ大きな流れとしての活性化には抗えないとしても、今後、縮退に関する知見を深め、集落創生においてどのような情報と配慮が必要になるかを身につけていくことは必要であろう。

6　新しいコミュニティ・デザインに取り組む研究者に向けて――民衆的アプローチ

本節では、研究者が、尊厳ある縮退に伴走する者となる場面を想定し、その役割を考えたい。ここでは、石塚裕子と今井貴代子（2022）が提示している民衆的アプローチを参照する。民衆的アプローチでは、「調査者」「研究者」としてではなく「メンバー／仲間」として現場に関わる。縮退する地域では、今を暮らす人々と、生活の中での対話を大切にする。そして時と空間を共有する中で、新たな気づきを得て協働する。民衆的アプローチをとるとき、縮退する地域に伴走する作法とはいかなるものになるだろうか。

石塚と今井（2022）は、民衆的アプローチのヒントを、かつて下手《げて》ものと言われた雑器を民衆的工藝品（民藝）として価値転換することを説いた柳宗悦（1984）による民藝の趣旨に求めている。まず民藝は、「実用性」を備えていなければならない。用途を誠実に考えた健全なものでなければならず、それには質への吟味や、無理のない手法や、親切な仕事が要求されるという。自然なもの、素直なもの、丈夫なもの、安全なものが民藝の特色だという。住民との協働においては、住民にとって自然な、素直な、丈夫な、安全な活動や研究でなければならず、そのためには無理のない手法や親切な仕事が必要と言い換えることができる。

また、民藝は「無銘性」「協力性」の美を備えているという。民藝は特別な作家の個性を表現するものではなく、無名の複数の職人の協力の仕事である。それ故に民藝品は個人の所産ではなく、多くの人の協力的所産だということに大きな意義があるという。尊厳ある縮退の現場も、多様な住民と外部の専門家との協力の仕事であり、その成果はその協力的所産となり、現場の知とならなければならない。

柳は、四十年に及ぶ民藝運動を振り返った時、「民藝」という言葉を一つの形式化したものにしてはいけないと警鐘をならした。「民衆的作品だから美しい等と、初めから考えを先に立てて品物を見たわけでなく、ただじかに見て美しいと思ったものが、民衆的な性質を持つ実用品なのに気づいて、総称する名称がないので『民藝』といったまでである」と。そして「いつも今を見る」ことが大切であると説く。縮退する地域に伴走する者は、地域に暮らす人々と共にする時間をもち、傍で「いつも今を見る」ことが求められているのである。

筆者は、民衆的アプローチが依拠する民藝の趣旨を支える柳の思想に共鳴するものである。柳はクロポトキンの相互扶助に学び、それをベースとして非戦・非暴力を唱え、理想社会を目指した人である。民藝というアイデアも、強者となっている者が弱者にされている人々に特定の価値を押しつけるのではなく、相互に認め合い、そして何より互いに学び合うことを強調した思想家であった（中見 2013）。実は、傍にいて「いつも今を見る」こと、そして、互いに認め合い学び合うことは、災害救援や復興の現場でボランタリーに関わる人々にも求められる姿勢（渥美 2014）に通じる。専門家としてその専門知を持ち出すのではなく、いつも目の前の今（被災者）を見つめ続け、学び合っていく姿勢のことである。そこにこれからの研究者が尊厳ある縮退を実践していく姿勢を見ておきたい。

7　おわりに――尊厳ある縮退同好会への誘い

新しいコミュニティ・デザインを推進していくためには、集落ソーシャルワーカーを養成し、民衆的アプローチをとる研究者がそこに関わっていくという姿を提案してきた。ただ、それでは個別事例に沈潜することはできても、社会に広く実装していくこととは距離がある。そこで、せめて多様な事例に関する情報交換ができる場を設置しようということで、尊厳ある縮退に携わる研究者や実務者、具体的には地方自治体の担当職員、住民団体のメンバーなどから成るネットワーク組織「尊厳ある縮退同好会」[*2]を立ち上げている。現状では、岩手県、兵庫県、奈良県、広島県、高知県、愛媛県などの実務家や研究者のネットワークを構築しているが、今後、「同好会」を拡充して尊厳ある縮退に関する情報を集約し、技法を開発し、ともに尊厳ある縮退を実現していきたいと願っている。

---

*2　尊厳ある縮退研究会(https://sites.google.com/view/shrinking-lab/home?authuser=0)。ここには、本章で扱った筆者らの論文や、最終節で触れた尊厳ある縮退同好会へのリンクもある。

第5章

集落のレジリエンスを高めるには

山口 洋典

1 地域の一人を1として捉えない

新潟県小千谷市塩谷集落にて

「塩谷では住んでいる人口は確かに減ってきているかもしれませんけど、活動人口という概念では一人、二人と数えて減っていくとは考えません。住む人が減っても、活動する人が増えてくればいい、と捉えます。

今、この話にうなずいている塩谷の方もいらっしゃいますが、塩谷の方は一人二役、三役と担っている方がいます。その時、定住人口では一人だけど活動人口では二人とか三人と数えるんです。そして、今後さらに年を取ってきたりすると、一人分しかできなくなってくるでしょう。ただ、一人分さえもできなくなって、半分くらいの力しか発揮できなくなったとき、活動人口で言えば〇・五になると、今度は介護の人を呼べることになります。そうなると、定住はしていないけど、集落で活動する人口が増えることになります。」（塩谷分校　2019: 174）

二〇一八年一一月三日、新潟県小千谷市塩谷集落で「塩谷分校」と呼ばれる住民主体のむらづくり活動の一〇周年記念式典が開催された。冒頭の言葉は、記念式典の第二部として実施されたトークセッション「塩谷分校のこれまでとこれから」の終了あいさつとして、記念式典の実行委員会で副委員長を務めた渥美公秀・大阪大学教授が語った一節である。塩谷分校は「まちづくり塾」の中山間地域版、すなわち「むらづくりの分校」として二〇〇八年に設立された。設立から一〇年を迎え、今後の展望が語り合われる中で述べられたのが、この「住む人が減っても、活動する人が増えてくれれば」という観点である。

魚沼産コシヒカリとして出荷できる北限の産地である塩谷集落は、錦鯉の栽培や国の重要無形民俗文化財に指定されている「牛の角突き」などを継承してきた小千谷市東山地区の一集落であり、二〇〇四年一〇月二三日の新潟県中越地震では甚大な被害がもたらされた。その後、長岡市に編入された山古志村と隣接する山間の集落だが、その山古志村と同じくヘリコプターにより全住民が避難したことはあまり知られていないだろう。そして震災からの復興過程においては防災集団移転促進事業が適用され、結果として世帯も住民数もほぼ半減した。何より、小学生三名が家屋倒壊の犠牲となり、尊いいのちが喪われた。

国勢調査の小地域分類のデータから、地震前の二〇〇〇年から二〇二〇年の塩谷集落の人口の推移を見てみると（ちなみに二〇〇五年は新潟県中越地震により調査が不能）、地震前の二〇〇〇年には二〇八人だった人口は二〇二〇年には四七人に減少し、高齢化率は二九・三パーセントから五九・六パーセントに上昇した（図1）。自然増はなく、二〇一五年以降は一五歳未満の居住者が〇となった。ちなみに国勢調査の小地域集計は一九九七年から実施されており、住民票の有無にかかわらず全居住者および世帯を対象とした全数調査ということもあって、詳細な地域分析が可能となっている。世帯の家族類型や住宅の所有の関係や建て方の

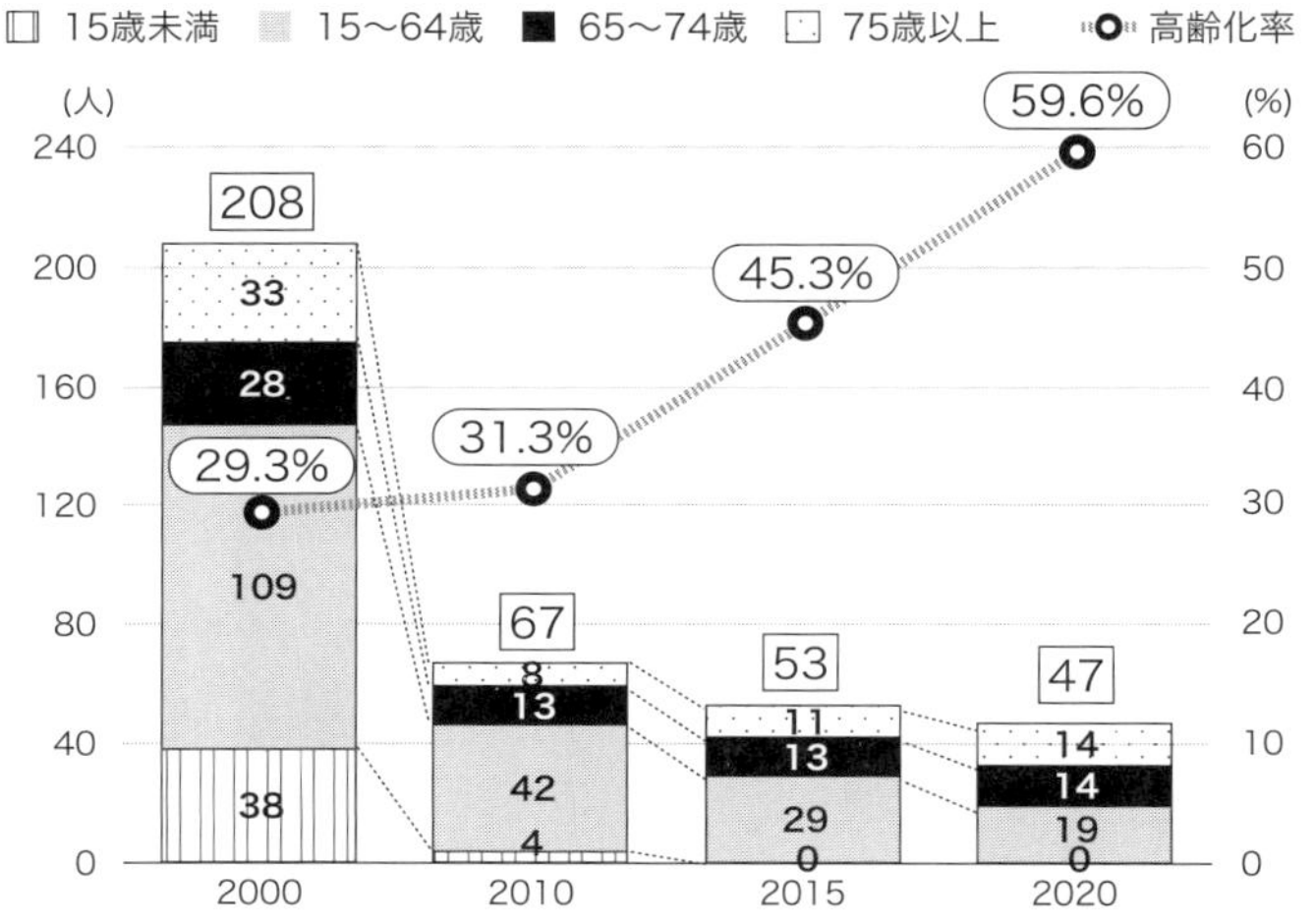

図1　塩谷集落の人口推移（国勢調査より、筆者作成）

他、就業状態や就業地、さらには居住期間から移動人口についてもデータが提供されている。しかし、本章ではそれらについては詳細に立ち入らない。

人口減少時代に活動する地域人への期待

ここで冒頭に紹介した「活動人口」という表現に着目しよう。活動人口とは、地域内の居住者の実数ではなく、文字通り、地域内で活動的に社会的な役割を担っている居住者の動態に着目したものである。既に複数の組織や個人によって同一の表現が用いられており、日本総研の主席研究員を務めていた太田康嗣は二〇〇四年六月七日の同社のウェブサイトの「研究員のココロ」と題したコラムで「職業の有無に拘らず、「社会的・生産的活動」を行っている人口」(太田　2004)、コミュニティ・デザインに関する複数の著作で知られる山崎亮は「労働力を供給する「経済活動人口」とは異なる、むしろ「市民活動人口」といった意味合い」(山崎 2016)、といった定義を行なっていることが確認できる。いずれの定義も、地域について数だけではなく質を問う点において共通するため、地域の歴史的・文化的な特徴に一定の愛着を抱き、社会的・経済的に地域の魅力の創造に貢献しているという点で「地域人」などと呼ばれることもあるが、経済の活性化こそ地域の活性化と捉えるか、むしろ経済の活性化だけが地域の活性化ではないと捉えるか、といった違いを見出せそうである。

本章では、複数の地域において、社会心理学の一分野であるグループ・ダイナミックスの理論と方法のもとで、複数の地域の災害復興過程に携わってきた筆者が、活動人口の増加が人口減少社会におけるコミュニティ・デザインの基軸にある、という前提のもと、今後の地域コミュニティの活性化のあり方について論じて行く。結論を先取りすれば、地域コミュニティの活性化には、外部支援者との協働的実践が不可欠である。そうして地域の内外の規範が混交する場が居住者における活動人口数の増加、すなわち役割の生成と顕在化を促進する。そのため、地域コミュニティには外部支援者を受け入れ、継続的な交流を図りつつ、新たな関係構築への契機を外部支援者と共に探究することで、絶対的な経験の差異を確認し合うことにより新たな価値の創出を図っていく、学び合いのコミュニティづくりが求められている。

2　過疎戦略から適疎受容へ認識を転換する

量的資源の減少への足し算から質的価値の掛け算へ

本章の冒頭で引用した言葉の語り手である渥美公秀は、本書の第4章において、旧来のコミュニティ・デザイン論の前提を疑い、新しいコミュニティ・デザイン論として「コミュニティの拡大的発展のみを見据えるのではなく、むしろコミュニティの縮減を目指すべき」と提言している。ここで言う縮減とは、拡大的発展との対比で用いられていることから、コミュニティへの積極的あるいは介入的な拡張が、むしろコミュニティの発展可能性を妨げることを指摘するものである。何より、このような指摘は二〇一四年五月に日本創成会議が発表した「消滅可能性都市」リストのように、自治体に危機感を煽ることでコミュニティの活性化を期待するものと対極に位置する議論である。それは「尊厳ある縮退」（渥美 2020）という表現にも見てとることができるように、第三者による客観的な評価指標によって生活環境の序列化を図ることへの抗いでもある。

自治体の半数近くが消滅するという可能性が示された二〇一四年、明治大学の小田切徳美は、その著者『農山村は消滅しない』において、東京一極集中型の極点社会を敢然と批判した（小田切 2014）。その主張を端的に要約すれば、地域づくりには新しい価値の上乗せが必要で、数的に存続不可能と判定できたとしても、足し算的な寄り添い型での支援ではなく、事業導入型での掛け算的な関係構築ができれば、「逆臨界点」と呼べるような状況がもたらされるというものである。言い換えれば、ヒト・モノ・カネという量的な地域資源の拡大を善とするだけでなく、積極的な情報交流で発想や人脈を拡張し、それらを活かすことが鍵になるということである。同書は農山村という言葉を掲げているものの、この主張は農山村に留まるものではなく、例えば大阪市内の平野郷など、都市部においても独自の自治の仕組みが根ざしてきた地域にも通用する。

「消滅可能性都市」リストから一〇年が経過した二〇二四年、人口戦略会議が一月九日に『人口ビジョン２１００』――安定的で、成長力のある「８０００万人国家」へ」を、四月二四日には「令和6年　地方自治体「持続可能性」分析レポート」を公開した。これらを踏まえ、人口戦略会議の増田寛也副議長は、二〇二四年四月二四日のNHK総合テレビ「ニュースウォッチ9」で単独インタビューに応じている。そこでは自治体の人口減少対策について「子どもの数を増やすのは非常に時間がかかるし難しい」ため「移住してくる人たちをできるだけ自分たちの自治体に呼び寄せよう」ということを「各自治体が全部そっちの方向に走ったがゆえ」に「各自治体はすごく努力はされたと思いますけれども、国トータルで見ると事態はあまり改善されなかった」と語り、「自治体間の人の奪い合いにどんどんどんどん流れていった」との評価が示された。そして「いろんな行動変容に火をつけるのはやっぱり自治体であったり、特に政治に携わる皆さん方が長い時間軸でどういう国にしていったらいいのか、あるいはどういう地域にしていったらいいのか、ビジョンのようなものをきちんと示して、それに向かって動いていくようにしていかないと、なかなか変わっていかない」として、今回のレポートの活用を訴えている。

戦略的思考からの積極的な離脱

二〇一四年と二〇二四年に人口減少社会における消滅可能性都市が公表されるにあたり、日本創成会議から人口戦略会議へという組織名だけでなく、分析方法にも変化が見られた。前回も今回も二〇～三九歳に焦点を当てて若年女性人口の将来動向に着目していることは変わらないものの、二〇二四年の分析では封鎖人口と呼ばれる観点から地域ごとの人口の流動性を検討することで、社会減と人口減のどちらに力点を置いた施策が必要となるかが提示されている。その結果、例えば塩谷集落のような自然減かつ社会減への対策が必要な地域や、人口流入に依存している出生率の低い都市に対し、周辺地域を飲み込んでしまうという着想から「ブラックホール型自治体」と呼ぶことで自然減への対策を訴えている。本書の第4章で渥美公秀が指摘しているとおり、「人口減少、少子高齢化は都市部も例外ではない」のである。

ただ、果たして人口減少は「戦略」と掲げねばならない問題なのだろうか。とりわけ本章のタイトル「集落のレジリエンスを高めるには」という問いに接近するにあたって、鳥取県智頭町を事例に実践的研究を重ねてきた社会心理学者の杉万俊夫が、二〇一三年の著書『グループ・ダイナミックス入門』で用いた「適疎」という言葉を紹介しておきたい（杉万 2013: 65）。「適疎」とは、既に定住人口の量的な減少を悲観する中で、「ふるさと納税」をはじめとして、交流人口や関係人口の拡大のための実践が重ねられている中、「過疎」を悲観的な問題として捉えず、第二次世界大戦以降にもたらされた急速な工業化への反動として自ずと引き起こされる現象に対し、近代化の先にある新たな文化の創造や価値の変容が必要であると指摘するものである。そこで次節では、かつて米国の作家、ジェイン・ジェイコブスが生産性向上を至上とする目標達成型の管理運営について工業戦略であり軍事的な思考方法であると批判したことに賛意を示しつつ、戦略的思考からは積極的に離脱し、人口減少を制約ではなく前提として取り組んできた筆者による実践を例に、集落のレジリエンスを高めるための知恵を整理していく。

「確固たる目的」「長期計画」「決然たる意志」によって「目標」に対処しようとする「工業戦略」は、軍事的な思考方法である。その考えの背後には、意識するしないにかかわらず、経済活動とは、戦争に臨むときと同じように、征服し、動員し、おどしをかけてことに処するという仮定がある。(Jacobs 1984=2012: 344)

3 過去の災害復興過程に学び被災地間をつなぐ

私たちはデジタル時代に生きており、学生たちはＡＩを搭載したロボット、ソフトウェア、そして機械が、現在は人間が行っている仕事をどんどん担うようになる未来に直面している。同じことを日々繰り返すだけの仕事は少なくなっていくため、教育はそれに対応すべきである。卒業生が職場で「耐ロボット性」(耐水性(ウォーター・プルーフ)を真似た造語)をもつことを保証するためには、高等教育はカリキュラムを再び調整しなくてはならない(Aoun 2017=2020: 10)。

変化に耐え抜く力を体験学習で磨く

筆者は二〇一一年から立命館大学サービスラーニングセンターにおいて学部や学年を横断した地域参加学習を企画・推進する立場にある。サービスラーニングは一九八〇年代に大学進率の上昇が顕著となった米国で模範的な市民となる自覚と責任を涵養《かんよう》するために教養教育の一環として組織的に推進されたものであり、日本では、阪神・淡路大震災により「ボランティア元年」と言われたことを契機として文部省（当時）が設置した「学生のボランティア活動の推進に関する調査研究協力会議」によって、「社会の要請に対応した社会貢献活動に学生が実際に参加することを通じて、体験的に学習するとともに、社会に対する責任感等を養う教育方法」とその概念と意義が整理されている（山口 2019）。

阪神・淡路大震災当時には土木工学を専攻していた筆者は、サービスラーニングはもとよりボランティアという言葉にさえ関心を持てていなかったものの、友人と共に傷ついた神戸のまちを何度も訪れたことで、大量の被災物の中で暮らす方々のつぶやきに耳を傾ける機会を得ることになり、学習者も研究者も一回性・偶然性・個別性のフィールドワークやアクションリサーチを通して当事者と実践知を紡ぎ出す醍醐味を味わうと共に、追試可能性・再現性・普遍性を流儀とした自然科学の流儀に疑義を覚えることになった。神戸での経験から一六年を経て、教育者となり母校において社会で学ぶ自己形成をテーマとした教養教育を担当することになった筆者は、東日本大震災からの復興過程と長期的に向き合うことを自らの覚悟と決めて、「減災

×学びプロジェクト」と称したサービスラーニング科目を開発し、担当することにした。

ＦＥＭＡの略称で知られる米国・連邦緊急事態管理庁による「危機管理の4フェーズ」に基づけば、災害が発生するとまずは緊急対応（response）から復旧・復興（recovery）の状態へ、そして復興が果たされれば適切な緊急対応が行えるよう被害抑止（mitigation）に向けた防災・減災の取り組みへと移行し、災害リスクのアセスメント等により被害軽減のための事前準備（preparedness）が重ねられる。ここでは復旧・復興が同一フェーズに括られているものの、復旧はよりハード志向、復興はよりソフト志向となる。例えば組織の英語名に着目すれば、東日本大震災を契機に設置された復興庁（Reconstruction Agency）には再建（reconstruction）、日本災害復興学会（Japan Society for Disaster Recovery and Revitalization）には再生（revitalization）と、使用されている言葉にそれぞれの姿勢が表れている。このハード志向とソフト志向の違いは、復旧・復興の段階だけでなく防災・減災への被害抑止と事前準備の段階においても見出すことができそうだが、例えば大規模・広域・複合型の災害として甚大な被害をもたらした東日本大震災を経て議員立法により成立した二〇一三年の「国土強靱化基本法」に基づく取り組みでは、ハード面だけでなくソフト面も、また行政だけでなく企業・地域・個人の取り組みも必要とされている。

筆者が取り組む減災をテーマとしたサービスラーニングでは、突然の災害に見舞われた方々が新しい日常をどう生きていこうとしているのか、目に見えやすい復旧のハード面だけでなく、発災前の生活に根ざした歴史や文化の継承をはじめ、発災後の外部支援者との関わりを通して新たに創出された活動の展開などのソフト面にも着目し、結果として当事者の思いに寄り添う場づくりにあたっている。大学進学率の上昇に伴って机上の空論のみに留まらないためにも体験学習が重視されて発展していったサービスラーニングは、災害多発国である日本において、災害復興や復興を遂げる中でもたらされる地域振興をテーマとすることは、明日被災するかもしれない「未災者」（諏訪 2015）にとって、被災時における行動の選択肢を広げるとともに、それらの選択肢から選び抜く選択眼が肥える契機となる。これらは直接的には学習者個人の素養として磨かれる能力であるものの、それらが集合化すればコミュニティにおけるレジリエンス、すなわち「あるシステムが外からの変化や危機に対処し、望ましくない状況を脱して活動の安定状態を取り戻す、あるいは別の安定状態に移行する能力」（前田 2016）が高まることになる。その上で、このようにレジリエンスの高いコミュニティの生成・創出・維持に貢献できる能力の獲得は、ＡＩ・ＤＸの時代の今、例えば米国・ノースイースタン大学のジョセフ・アウン学長が「耐水性（water proof）」から着想を得た「耐ロボット性（robot proof）」という造語によって示しているように、予測困難な時代において変化に耐え抜く力を体験学習で磨いたということになろう。

東北復興の知恵を新潟に求めて

春休みを迎えようとしていた一月一七日に発生した阪神・淡路大震災は二〇一一年三月一一日に発生したこともあって、大学生のボランティア活動は五月の大型連休と夏休み以降に本格化することになった。ただし、時期の問題だけではなく、マグニチュード九・〇という大規模な災害であったこと、被害が岩手県・宮城県・福島県と広域に及んだこと、そして地震と津波と原子力と複合型の災害であったことも重なって、活動内容の検討と活動拠点の整備と現地での支援の受入体制の構築に時間を要することになった。立命館大学サービスラーニングセンターでは、まず「きょうと学生ボランティアセンター」を前身とするNPO法人ユースビジョンとの調整のもと、二〇一一年八月に岩手県立大学の学生らと教職員の支援のもとで展開した「いわてGINGA-NETプロジェクト」に参加し、仮設住宅での世代間交流や子どもたちの学び場や遊び場づくりに取り組んだ。その他、岩手県大船渡市での体力測定の実施や狭所での運動トレーニング法の開発と導入など、高等教育機関ならではの専門的な活動も実施されたが、学部や学年を横断して受講生が一つのチームを結成する小集団授業でも、東日本大震災をテーマに据えることになった。そこで、都市型の災害であった神戸での復興過程に加えて、農山村での広域型の災害であった二〇〇四年の新潟県中越地震からの復興過程に、サービスラーニングの手法で接近することとした。

新潟県中越地震が発生した二〇〇四年一〇月二三日は、阪神・淡路大震災では「新たな視点から都市を再生する」という意味で「創造的復興」を復興計画の理念に掲げていたこともあって、一〇年にわたる取り組みの総括に向けた議論が進められていた。ただし、「復興災害」という表現によって復興計画の推進が新たな被害を生むことへの反省は、前述したとおり更なる時間を必要としていた。とはいえ、既に一九九五年が「ボランティア元年」と称される背景にあった災害救援ボランティアの中には、行政主体による「災害時に活動できるように、平常時から、災害時に役立つ技能をボランティアに身につけさせようとする動き」を警戒し、「災害時にはマニュアルに沿った形で、行政主体の救援体制を築き、その中にボランティアのポジションを位置づけるとする考え方」の台頭に注意を促すものもあった（鈴木・菅・渥美 2003）。

そうした中で発生した新潟県中越地震では、創造的復興をめざした神戸の成果と課題が活かされるよう、二〇〇五年五月一一日に「被災者が主導権を握る」生活再建のための事業などに取り組む産官学民によるネットワーク組織「中越復興市民会議」が設立された（関 2006）。さらに二〇〇六年一月一七日には中越復興市民会議内に「復興デザイン研究会」が設立され、二〇〇八年の日本災害復興学会の発足後に同学会へと組み込まれるまでのあいだ、例えば一九八九年に米国・ロサンゼルス界隈を襲ったロマ・プリータ地震の復興に際して、サンタクルーズ市が策定した復興計画「ビジョン・サンタクルーズ」に散文詩が多用されていることに着目して「物語復興」という概念を広めるなど、復興に関する理論や方法論について幅広い検討がなされた（渥美 2008）。

災害復興から地域振興の過程では、コミュニティ活性化への期待のもと地域が外部支援者を受け入れ、新鮮なアイデアのみならず地域社会の構造的な問題の解決者としての関わりが希求される中で、むしろ学生らが生活環境の状況的な問題への表面的な着想を提示するに留まり、結果として当事者と支援者との分断とともに、地域の縮退ムードをさらに醸成することでレジリエンスへのディスエンパワーメントをもたらすことになりかねない。実際、本章の冒頭で小千谷市塩谷集落での復興過程では、支援者が過去の災害での支援の経験を継承する「被災地のリレー」（渥美 2012）や、「あせらないで」との願いを込めた手紙を届ける「被災地間伝承」（渥美 2010）など、災害の当事者と別の災害の当事者とを結ぶといった、被災者を中心においた復興過程に支援者が貢献できたことが報告されている。

そこで筆者は、よりよい地域社会を創造する担い手としての自覚や責任を喚起するための教育法であるサービスラーニングを通じて、研究者・学生らが災害復興から地域振興への過程で関係構築を図ってきた地域において、「過密と過疎」という二項対立的な構図を棄却し、いわゆる「適疎」状態にある住まい方の知恵に迫っていくことにした。

4　個人の行為の集合化を経て地域が湧活する

年中行事と生活のリズムを重視

新潟での復興過程へのサービスラーニングでは、学生たちは二〇〇八年一一月三日に設立された「塩谷分校」の活動に参加した。「分校」の名のとおり、塩谷分校では学校という概念を比喩として用いることにより、現地再建を選択した住民と外部支援者が継続して交流し合う中で、多様な人々が集落復興に携わる上で互いに学び合う場を丁寧に作り上げていこうという挑戦がなされていた。塩谷分校の設立が構想されていく上で、既に二〇〇六年に集落を離れる人と集落に戻る人との協力により築百年の古民家を再生し、「芒種庵《ぼうしゅあん》」という拠点が整備されていたことも大きく影響している。それは実際に、芒種庵を公的な集会所（塩谷集落開発センター）とは別の交流拠点として、塩谷集落に戻った人も離れた人も、かつての外部支援者も新たに縁を結ぶ人も、互いに関わり合うことで各々の絆を深めていく中、改めて塩谷集落に戻った住民らが、今後の集落をどのように管理・運営していくかが課題とされたためである。

そこで塩谷分校は、塩谷集落に流れる一年の時間軸に沿い、春には田植えと花植えを、秋には稲刈りを通じてそれぞれ交流を、長い冬には座学で知識を磨くという動きを、基本的な活動に据えることにした。その運営の工夫として「学校」という比喩（いわゆるメタファー）を積極的に活用することにしたのが特徴である。そもそも学校には先生と生徒と学舎が必要とされるものの、塩谷分校は理念としての学校であるため、学校にまつわるいくつかの要素から連想して、その理想的な学びの場のあり方を追求していった、という具合である。そこで先行する他地域の事例の中でも、鳥取県智頭町の取り組みに学ぶことにした。中でも智頭町では杉の出荷が一大産業であることにちなみ、「松下村塾」をもじり「杉下村塾」と名付けられた連続勉強会の場で導入されていた「先生徒」という仕掛けを導入していた。これにより塩谷分校では、座学の際には外部から招く話題提供者が先生で住民全てが生徒となり、稲作や山菜といった集落の伝統に関する体験学習の際には住民全てが先生で外部から訪れた参加者が生徒になる、という構図が取られた。

学生らが一回の滞在において塩谷集落で過ごす時間はそれほど長くないものの、往復の旅程で、またスマートフォンやカメラに収められた写真や動画で、さらには現地の方々とSNSで、時には年賀状を含めた手紙で、それぞれに関係を結んでいる。そもそも塩谷分校には、二〇一二年に立命館大学が関わる以前の二〇〇八年から大阪大学が卒業論文や修士論文などのテーマとして、同じく二〇〇八年から長岡技術科学大学のボランティアサークルが活動先として、また二〇〇九年から関西学院大学がゼミ生のフィールドワーク先として、それぞれ継続的に関わってきた。こうして各々が背景を異にして集落を訪れるものの、現場では同じ場で混ざることになる。そうした学生一人ひとりに現地の方々が向き合う上で、塩谷分校では、通常の世帯単位での自治会・町内会運営とは異なり、個人の単位で参加することが前提とされ、一方で学生たちは屋号で呼び合う村落共同体における濃密な人間関係を体感していった。

立命館大学生による塩谷集落でのサービスラーニングは、二〇一二年度から二〇一九年度まで実施された。二〇二〇年度以降にプログラムが展開できなくなったのは、コロナ禍を経てカリキュラム改革がなされ、通年での現地活動を組み込んだ授業が実施できなくなったこと、より大人数が確実で頻繁に地域コミュニティに関わる機会が重視されることになったためである。また、大阪大学と関西学院大学は研究室の運営体制と方針の変更で、地元の長岡技術科学大学はボランティアサークルの解散により、さらには塩谷集落では「学校」のメタファーになぞらえて塩谷分校の運営を「日直」や「給食係」として支えた住民らの高齢化により、二〇二三年一一月一八日に「閉校式」を行い、その幕を閉じた。

しかし、ゼミや授業やサークルとして与えられた活動機会以外にも、塩谷分校の活動に頻繁に足を運び行事に参加した大学生たちが大学を卒業する際、先生役として受け入れてきた地元住民が塩谷集落において手作りの「卒業式」を行って学生たちを送り出してきたこともあって、二〇一〇年度以降は「同窓会」組織が立ち上がっており、今後は塩谷分校を母校とする同窓生たちが、どのように地域と年齢を超えて交流し、関係構築を図っていくか、新たな活動の萌芽が期待されている。

複数の「あの日」を大切にする

立命館大学による東日本大震災でのサービスラーニングは、まずは岩手県でのプログラムが企画され、二〇一三年からは宮城県気仙沼市、そして二〇一五年からは福島県双葉郡楢葉町と、活動先が広域化していった（山口 2017）。ここでは、塩谷集落とも関係の深い楢葉町でのプロジェクトについて取り上げる。二〇一二年の時点で、岩手県での活動を終えた学生たちに放射線に関するレクチャーを行った上で、京都を拠点とするＮＰＯの協力を得て、放射線量が低い郡山市に福島県沿岸部から避難していた方々との交流活動などに任意で参加できるようにしていた。そうした機会を重ねる中で、立命館大学による学生の自主活動を支援する制度（学びのコミュニティ集団形成助成金）に、受講生の有志が応募し、「そよ風届け隊」という団体を結成した。「そよ風届け隊」は地元の大学、いわき明星大学の学生らと連携し、いわき市内の仮設住宅で避難生活を続ける楢葉町の住民らとの交流活動を継続的に実施していった。メンバーの中には塩谷集落でのサービスラーニングを経験した学生が複数人いたため、楢葉町での放射線量が高いことを憂慮して、塩谷集落の住民と共に山菜を届けることを目的とした交流会が避難指示解除を控えた二〇一五年五月に企画された。その後も塩谷集落での田植えや稲刈りに楢葉町の住民が参加し、翌年度以降も塩谷分校の運営を主に担ってきた住民らが楢葉町の名産品である柚子の加工品を塩谷集落に届けるといった形で、住民どうしの交流が両地域間で進められていった。そもそも福島県での活動を組み込んだ授業の開発と実施まで時間を要したのは、学内外から学生の放射線被害を憂慮する声が上がったことによる。そして設立メンバーが徐々に卒業時期を迎える中、二〇一四年五月二九日には楢葉町町長により帰町を目指す時期を早ければ二〇一五年春とする「帰町の判断」を表明し、結果として、東京電力福島第一原子力発電所から約二〇キロメートル南に位置する楢葉町は、二〇一五年の九月五日に全町で避難指示が解除されることが、二〇一五年七月六日に原子力災害現地対策本部長より通達された。そこで、二〇一五年九月五日をまたぐ一週間を、「町民がまちの未来を考えるきっかけづくり」とすべく、東日本大震災における原子力災害による避難指示が解除されるまちでのサービスラーニングとして、一般社団法人ならはみらいとの協働のもと、住民インタビューを「ならは31人の〝生〟の物語」としてポスターにまとめる、というプロジェクトを展開することとした。

「ならは31人の〝生〟の物語」は、過去に立命館大学の災害復興をテーマとしたサービスラーニング科目を受講した学生が、ならはみらいでのインターンを経て就職することになり、復興に向けた個々の選択が地域内の分断や軋轢にならないように、といった関心を向けたことによって開始され、現在まで継続されている。「ならは31人」という名称のとおり三一人を取材し、その取材内容を一枚の作品にまとめ、日めくりで替えられるカレンダーにするというアイデアで企画された。その理由は、避難指示が解除となっても全住民が帰るわけはなく、まちの風景があまり変わらないだろうと想像したためである。

結果としてA３判のポスターとしてまとめ、楢葉町内の公共施設のみならず、地震・津波・

写真１　「ならは31人の“生”の物語」ポスター（松本昌弘さんとその家族）

原子力の三つの災害の被害からどのように復興していったのかを伝える素材として、全国各地で活用されることになった。ポスターは二〇一五年から二〇一九年度までは毎年三一人分のセットが作られてきたものの、コロナ禍により二〇二〇年度からは新規の作成を中止し、その後、二〇二二年度には二〇一五年度に取材した三一人のうち、協力をいただけた七人から「アフターストーリーズ」と称して、避難指示解除前後の暮らしについて語り直し、新たに「今」をまとめたA３判のポスターを作ることにした（写真１）。

そこでは、自動車の整備士を引退した方、仮設住宅の世話人さんでご自宅に戻られて野菜作りを楽しんでいる方、仮設住宅で使っていたベンチを今も復興住宅でお使いの方、変わらず趣味の詩吟を楽しんでいる方、楢葉以外に住むことを決断しつつ仕事は楢葉でしている方、食品の残留放射線量を検査していた後に安心な食材への関心のもとで農業を始めた方、七年前には仮設の商店街だった場所での取材で時間の流れを想い起こした方、住み慣れた楢葉を離れて一軒家を建てるにあたって好きな作家のイラストを購入しようと思い立った方、など、それぞれの暮らしが語られた。

原子力災害の避難指示は、二〇一一年三月一二日以降、楢葉町の居住者数を四年半にわたって〇とした。発災から時間が経過し、二〇一一年三月一一日を知らない人も増える中、「ならは31人の〝生〟の物語」は、発災日である「3月11日」だけが災害を語り直す原点ではなく、毎年やってくる九月五日もまた一つの原点として位置づくことを気づかせてくれる。そして、取材する学生らへの語りは「このときの私はこうでした」と生の証を町の中で半ば公的に記録する素材となっている。そうして多くの人々の協働によって書き綴られたポスター群は、個別性の高い記録ではあるものの、生との対話を通じた物語によって楢葉のこの年はこうだったと語り切らないまでも、集合的な記憶として地域の物語に「消印を押す」かのように残されている。そこでは、一人ひとりの選択はそれぞれで、家族の中でも意見が異なる場合もあり、その時の決断が最善だったかの迷いがあることが語られている。何より、楢葉に戻らないという選択をすることが悪ではなく、それが楢葉に戻った人たちに対して、ふるさとにこだわり過ぎだという批判、さらには何か金狙いではないかといった否定的な見方が不協和音のように響き渡り、地域への愛着をもとにした小さな声が大きな分断をもたらさないよう、これからも細くとも長く継続されるよう、工夫を重ねていくこととしたい。

5　集落のレジリエンスが高まるには

ここまで、地域の一人を1として捉えない、過疎戦略から適疎受容へ認識を転換する、過去の災害復興過程に学び被災地間をつなぐ、個人の行為の集合化を経て地域が湧活する、と四つの節で集落のレジリエンスにまつわる実践知を整理してきた。

「地域の一人を1として捉えない」とは、第9章で紹介されている「分人」の概念にも通じるもので、人を個人という1の単位で見なくてもいいという意味であり、個人の絶対的な力量を結果として第三者の価値基準のもとで相対的に比較し、個人で捉えると劣位や欠損があると見立てられたとしても、むしろ他者とのあいだでは互いの存在や役割を引き出すことができ、結果として付加価値を持って1以上の力を持った人として位置づけられるのではないか、という観点である。

「過疎戦略から適疎受容へ認識を転換する」とは、「ない」ことを問題にしない、また右肩上がりの発展を前提にしなくて済むように、言葉によって価値軸をずらすというものである。

「過去の災害復興過程に学び被災地間をつなぐ」とは、個々の地域が各々の理想像を追求するだけでなく、ささやかな失敗経験もまた伝承される機会を設けることによって、自らの地域の特性を改めて見つめ直すことができる、というものである。

そして、「個人の行為の集合化を経て地域が湧活する」とは、災害復興や地域振興というとコミュニティ全体で共有される大きな物語のもとで個別具体的な活動もまた協働で実施するような印象を抱かれるかもしれないが、実際は日々の暮らしの中での個人の行為（act）が集団での行動（action）となり、それらが集合化することによって地域活性化の仕組みが始動（activate）する、というものである。

本章では「あるシステムが外からの変化や危機に対処し、望ましくない状況を脱して活動の安定状態を取り戻す、あるいは別の安定状態に移行する能力」（前田　2016）を地域コミュニティのレジリエンスの定義として採用したが、これら四点が特定の個人に依存しない地域コミュニティの運営システムを左右する、と位置づけておきたい。

コミュニティのレジリエンスを高めるには、コミュニティのレジリエンスが高まるような方策が必要である。ここで「高める」のは人であるが、「高まる」のは地域であることから、地域全体の能力を高める仕掛け人が創意工夫を凝らしつつ、仕掛け人だけが孤軍奮闘するのではなく、各種の仕掛けを通じて新たな担い手が育成され、結果として複数の仕掛け人が連携・協力し合うことで、特定の個人だけが地域コミュニティの活性化を担わない状態を生成・維持することが必要であることを確認しておきたい。

この点については、復興支援過程における当事者と支援者との関係構築のあり方について、育児環境における知見を災害復興過程に援用し、「めざす」と「すごす」の対比のもと、未来を志向する活動と現在を大切にする行為の併存が欠かせない、という提案が参考になろう。これは「復興支援において、災害による被害からの回復を『めざす』という未来に向けられた実践が重要なことはいうまでもない」が、「現代の災害復興には、単なる震災からの回復ではない、既存の社会課題との相互解決を含めたよりよい社会を求める試みとしての側面がある」ため、「『すごす』かかわりは、まさに『変わらなくてよい』かけがえのない自分たちにとっての豊かさとは何かに気づいていく端緒となるかかわりであり、現代の復興支援に必要不可欠なもの」という指摘である（宮本 2015）。言い換えれば、支援者が当事者に対して前のめりにならないことの大切さ、仕掛け人は仕掛け人であって、その責任感から他者をコントロールし続けるような地域マネジメントの仕組みづくりは避けることが妥当であるといったことを、子どもの成育環境を引き合いに出して説いている。

地域コミュニティをよりよいものにしていこう、という思いは、結果として何かを変える方向への戦略が採られることが常であろう。一方で、「めざす」ことだけでなく「すごす」こともまた重要であるという指摘は、めざすことによって「対象になんらかのより良い状態への変化を求めている時点で、同時に、対象の現在の状態の否定を含んでいる」ことへの内省を、特に外部支援者に促すものである。この点を踏まえた地域コミュニティ側からの具体的な方法の提示の一例として、水俣での「地元学」の実践における地域の風土と暮らしに着目しての「あるもの探し」（吉本　2008: 38）が挙げられるだろう。具体的な方法ではなく、理論的観点からの接近としては、筆者が専門とするグループ・ダイナミックスの祖とされているクルト・レヴィンによる場の理論を関数として表現した方程式「B=f(P, E)」から、集団の挙動（Behavior）は個性（Personality）と環境（Environmental）の相互作用によるものであることを鑑みれば、都市部であっても中山間地域であっても、地域コミュニティを包み込む集団規範によって、その動態が左右される。

集団規範は都市部においては流動的に変化する傾向にあり、中山間地では長年にわたって安定的である傾向にある（山口　2022）。変化に富む場合も、安定的な場合も、変化や危機に向き合う上で既存の価値観を揺るがす端的な方法は、「響く言葉」を導入し、合い言葉のように使用していくことである（山口・渥美・関　2019）。例えば本章では「過疎」を「適疎」と位置づけ直すことを紹介したが、「市民活動人口」としての活動人口の増加を説く山崎（2016）は、人口減少社会に対して、羊毛製品のぬくもりを手がかりに「縮充」という言葉を用いている。また、都市部での人口減少について取り扱う饗庭伸（2015）は、都市そのものの物理的な空間の大きさは変わらない中で空き家や空き店舗が増えていることを「スポンジ化」と呼んだ上で、「都市をたたむ」という表現を用いることで、店じまい（shut down）のような「閉じる」イメージを紙や風呂敷のように「たたむ／広げる／開く」（fold up）イメージへと転換することを訴えている。これらは単なる言葉の言い換えではなく、否定的なイメージによって地域における将来の可能性を閉ざす呪縛からの解放をもたらす手がかりとなっている。

改めて冒頭で記した集落に活動人口が増えればよいという観点は、一人ひとりの個性や各地域が継承してきた歴史的・社会的・文化的な環境に敬意を払いながら、地域で活動する担い手とその機会を増やそう、という提案である。集落振興は、その場に「受ける言葉」を導入して、支援者が思い描いた地域のより良い未来へと何かを「めざす」ように奮起させることによってもたらされるのではない。当事者と支援者がともに「すごす」中で、時に支援者の言葉や態度が不協和音となって集落に響き渡るときがあるかもしれない。しかし、長年にわたる交流と関係構築を経て、立場の違いを越えて語り合えるようになる中で、当事者と支援者の双方にとって、語彙（ボキャブラリー）だけでなく語り口（レトリック）が豊かになる。こうして、自らの存在や役割に対する説明言語が豊かになることにより、個人的な行為に対する行動原理が変容するとともに、それが集落全体を包み込む安定的な集団規範にも変容をもたらすことになる。その結果として、危機や変化への柔軟な対応が可能となるという意味で、言葉の力が地域を動かす原動力となり、集落のレジリエンスを高めるのである。

第6章

集落の価値を高め磨くツールとは？

大和田　順子

1　はじめに――交流力×地域力

全国の農山村では一次産業の担い手の高齢化や減少が進んでいる。獣害が増加している地域も少なくない。それに伴い、耕作放棄地が増え、生産量が減るなどしている。二〇一一年、筆者は『アグリ・コミュニティビジネス』を上梓した（大和田 2011）。副題には「農山村力×交流力でつむぐ幸せな社会」と付けた。全国各地の「そこにしかない地域資源である〝農山村力〟と、都市生活者と農山村生活者の〝交流力〟を組み合わせ、地域の課題解決にビジネス発想で取り組む〝アグリ・コミュニティビジネス〟」を取材した。例えば、兵庫県豊岡市のコウノトリの復活や城崎温泉の再生、鳥取県智頭町の森のようちえん、埼玉県小川町の有機の里づくり、宮城県大崎市のマガンとの共生や「鳴子の米プロジェクト」などだ。いずれも、地域に利益がもたらされるとともに、関わっている人が〝幸せになる〟、地域を豊かにしていこうという目標を共有し、その一歩一歩の実現をともにかみしめ、喜び合う関係がそこにはあった。その後、私は各地の地元の方たちと、地域資源（農山村力）を活かし、交流力を創出し、地域価値を再生するという取組に関わってきた。東日本大震災からの復興「ふくしまオーガニックコットンプロジェクト」、宮城県大崎市の「蕪栗沼ふゆみずたんぼプロジェクト」、埼玉県小川町での有機農業をテーマとした交流の仕組みづくりなどである。さらに、近年は「世界農業遺産[＊1]」認定地域の活性化に関わってきた。

現在、日本の農村政策に関する議論は、農村撤退論やむらおさめ論と、それらへの反対論に二分されている。本章では、そうした二元論ではなく、私が各地で実践してきたように、農山漁村・農林水産業の歴史や自然・文化、ＳＤＧｓの観点および、人と人・人と自然との関係性から、集落の価値を改めて見つめ、新たな価値の再生（リジェネレーション）する方策を改めて考察したい。

具体的には、集落の価値を高め磨くツール（制度、手法）として、ＦＡＯ（国連食糧農業機関）の「世界農業遺産」ならびに、日本独自の自治体を対象とした「ＳＤＧｓ未来都市[＊2]」（内閣府）とい

＊1 農林水産省「世界農業遺産」 https://www.maff.go.jp/j/nousin/kantai/giahs_1_1.html

＊2 内閣官房・内閣府総合サイト 地方創生「ＳＤＧｓ未来都市・自治体ＳＤＧｓモデル事業・広域連携ＳＤＧｓモデル事業・ＳＤＧｓ自治体施策支援事業」 https://www.chisou.go.jp/tiiki/kankyo/miraitoshi.html

う制度に着目する。また、有機農業、関係人口、学習する組織、バイオ炭、ネイチャー・ポジティブという考え方とその実践手法にも着目する。具体的な事例として、和歌山県みなべ町を取り上げる。みなべ町は南高梅を栽培する日本一の梅の里であるが、役場に「うめ課」が設置されて五〇年、また世界農業遺産認定から一〇年（二〇二五年に認定から一〇年を迎える）を前に、どのように地域の歴史・価値を再確認し、未来につながる道を切り拓こうとしているか、「SDGs未来都市」（内閣府）への提案計画づくりの過程から紐解いてみたい。その計画づくりに際し、筆者は資料収集、関連する調査および、いくつかの試行的な取組を町民の皆さんと行った。

2　世界農業遺産とは

「世界農業遺産」とは、世界的に重要かつ伝統的な農林水産業を営む地域の「農林水産業システム」を、国際連合食糧農業機関（FAO）が認定する制度で、二〇〇二年に開始された。国内では二〇一一年度に初めて二つの地域（佐渡、能登）が認定され、現在では一五の地域が認定されている。また、認定後にはその農林水産業システムを〝動的に保全〟するためのアクションプラン（保全計画）を作成し実施するとともに、五年に一回モニタリングを行い、アクションプランの進捗状況を評価している。FAOによれば、二〇二三年一一月現在、世界で二六か国八六地域が認定されている。最も多いのが中国（二二地域）、次いで日本（一五地域）である。

武内和彦（2016）によれば、「世界農業遺産は、緑の革命のような多投入高収穫型の農業が大規模な環境破壊や地域住民の福利の低下をもたらしたことへの反省から、FAOが目指す食料の安全保障と持続可能な農業システムの共存を実現するために、自然環境と調和し、農業生物多様性に富んだ伝統的農業システムの活用を推奨するための優良事例の認定制度として提唱された。」とプロジェクト開始の経緯を述べている。背景には、世界各国で食糧増産に伴い、農地の集約化、栽培作物の単一化、機械化などが進む中で、特に途上国において伝統的で固有の農林水産業システムが失われていってしまうことへの危機感があった。そこで、農法だけでなく、景観、文化、生物多様性などを含め一つのシステムとして認定し、保全していこうというコンセプトが固まり二〇〇二年に制度が始まった。GIAHSの認定に際しては、五つの基準がある。①食料及び生計の保障、②農業生物多様性　③地域の伝統的な知識システム、④文化、価値観及び社会組織、⑤ランドスケープ及びシースケープの特徴である。この五つの基準で地域の農林漁業の歴史を紐解き、調査を行うことで地域固有の農林漁業の実態や農山漁村力を明らかにすることができる。

筆者は、二〇一四年から二〇二〇年まで、農林水産省が設置した「世界農業遺産等専門家会議」委員を務めた。専門家会議は国内審査および、認定地域に対する五年に一回のモニタリングを行う。最初に担当した国内審査が二〇一四年のみなべ町・田辺市の申請に対する現地調査だった。「みなべ・田辺の梅システム」の内容については後述する。

3 「SDGs未来都市」

次に、「SDGs未来都市」について取り上げる。内閣府では二〇一八年度に「SDGs未来都市」という制度を開始した。持続可能なまちづくりや地域活性化に向けた取組の推進に当たり、SDGsの理念を取り込むことで、政策の全体最適化、地域課題解決の加速化という相乗効果が期待できるため、SDGsを原動力とした地方創生（地方創生SDGs）を推進している。具体的には「SDGs未来都市」、「自治体SDGsモデル事業」の選定、「地方創生SDGs官民連携プラットフォーム」の運営「地方創生SDGs金融」の推進に取り組んでいる。地方創生SDGsの達成に向け、優れたSDGsの取組を提案する地方自治体（都道府県含む）を毎年三〇程度「SDGs未来都市」として選定し、その中で特に優れた先導的な一〇の取組を「自治体SDGsモデル事業」として選定し予算を付けている。

なお、二〇二四年二月が新規募集の最終となっており、二〇二四年五月に認定都市が公表され、累計で二〇六都市（二〇七自治体）が認定された。認定された二〇七の自治体のうち、都道府県である広域的地方公共団体は一八である。初年度二〇一八年には、北海道、神奈川県、長野県、広島県が認定され、SDGsへの意欲の高さがうかがわれる一方、九州はいずれの広域的地方公共団体も認定を受けていない。

SDGs未来都市の提案に際しては、経済面、社会面、環境面それぞれの課題とその解決策、併せて経済・社会・環境の三側面を統合した取り組みが求められる。

世界農業遺産と「SDGs未来都市」

世界農業遺産認定地域で「SDGs未来都市」に選定されている自治体としては、石川県珠洲市（二〇一八年認定）をはじめ、二〇二四年までに九自治体が認定されている。それぞれの世界農業遺産のテーマとSDGs未来都市の提案タイトルは表1の

表1　世界農業遺産認定地域における「SDGs未来都市」の取り組み概要

自治体名	世界農業遺産システム名称	SDGs未来都市提案タイトル
石川県珠洲市	2011年認定「能登の里山里海」	2018年選定「能登の尖端"未来都市"への挑戦」
滋賀県	2023年認定「森・里・湖（うみ）に育まれる漁業と農業が織りなす琵琶湖システム」	2019年選定「世界から選ばれる『三方よし・未来よし』の滋賀の実現」
宮城県大崎市	2017年認定「『大崎耕土』の巧みな水管理による水田システム」	2022年選定「「宝の都（くに）・大崎」の実現に向けた持続可能な田園都市の創生」
新潟県佐渡市	2011年認定「トキと共生する佐渡の里山」	2022年選定「人が豊かにトキと暮らす黄金の里山・里海文化、佐渡～ローカルSDGs佐渡島、自立・分散型社会のモデル地域を目指して～」
石川県輪島市	2011年認定「能登の里山里海」	2022年選定「"あい"の風が育む「能登の里山里海」・「観光」・「輪島塗」―　三位一体の持続可能な発展を目指して―」
熊本県南阿蘇村	2013年認定　「阿蘇の草原の維持と持続的農業」	2023年選定「3つのKによる誰もが住みたい・住み続けたい南阿蘇村の構築」
石川県七尾市	2011年認定「能登の里山里海」	2023年選定「里山里海未来都市七尾～心豊かな人々が幸せに暮らし続けるまち～」
和歌山県みなべ町	2015年「みなべ・田辺の梅システム」	2024年選定「日本一の梅の里・みなべ町から人・地域・地球の真のウェルビーイングを創生　」
大分県国東市	2013年「国東半島・宇佐地域の農林水産循環」	2024年選定「六郷満山文化・世界農業遺産で"つながる"未来プロジェクト」

出典：資料をもとに筆者作成

通りである。

表中の自治体には能登半島の珠洲市、輪島市、七尾市が含まれている。能登半島は本年一月の地震により、甚大な被害を受け、五ヶ月が経過した現在も、復興は緒についたばかりである。今後、世界農業遺産「能登の里山里海」のアクションプラン（保全計画）や、「ＳＤＧｓ未来都市」を通じて取り組んできた成果を活かした復興計画が期待される。

4　みなべ町の過去・現在

みなべ町の特徴、課題

みなべ町は、紀伊半島の南西部に位置し、紀州灘を臨み、南部川流域に広がる丘陵地や低地があり、山林地帯もあるバラエティに富んだ地勢である。海岸部は、風光明媚な景観で、海釣り等海洋レジャーや漁業も盛んで、「千里の浜」はアカウミガメの産卵地でもある。丘陵地は礫質の養分の少ない土地であるが、江戸時代から梅は栽培されるようになった。一九六五年に「南高（なんこう）」の種苗名称が登録され、町内全域に栽培が広がり、一九六五年以降、五九年間日本一の生産量を保っている。南高梅は収量が多く、果肉が厚く、皮が薄いという特徴がある。現在では栽培面積は全国梅栽培面積の約一四パーセント、生産量は年間三万二〇〇〇トンで全国の約三〇パーセント、農業産出額は約一一五億円である。町民の約七割が梅関連の仕事に従事しており、基幹的梅農家二二四二名のうち、一〇二一名が女性で、女性が活躍している。なお、町の人口は一万一七三四人、高齢化率三二パーセントという現状である。

梅に関する取組を表2にまとめた。二〇〇六年から梅の機能性に関する研究を医学博士の宇都宮洋才氏らに委託し、現在、抗コロナウイルス、老化の防止、食後高血糖値の改善という三つの特許を町として有している。

表2　みなべ町と梅の歴史

1965年	「南高」名称登録
1973年	「うめ課」設置
1997年	「みなべ町うめ振興館」開設
2006年	毎年6月6日を「梅の日」に
2006年	梅の健康機能研究開始。 3つの特許取得（2024年8月時点）
2014年	「梅干しでおにぎり条例」施行
2015年	「梅で健康のまち」を宣言
2015年	「世界農業遺産」認定
2023年	うめ課設置50周年
2025年	世界農業遺産認定10周年 関西万博開催

出典：資料をもとに筆者作成

「みなべ・田辺の梅システム」

また、二〇一五年に世界農業遺産に隣接する田辺市と共に認定されている。「みなべ・田辺の梅システム」[*3]（図1）は、養分に乏しく礫質で崩れやすい斜面を利用して薪炭林を残しつつ梅林を配置し、四百年にわたり高品質な梅を持続的に生産してきた農業システムである。尾根

*3　みなべ・田辺地域世界農業遺産推進協議会「みなべ・田辺の梅システム」ウェブサイト
https://www.giahs-minabetanabe.jp/

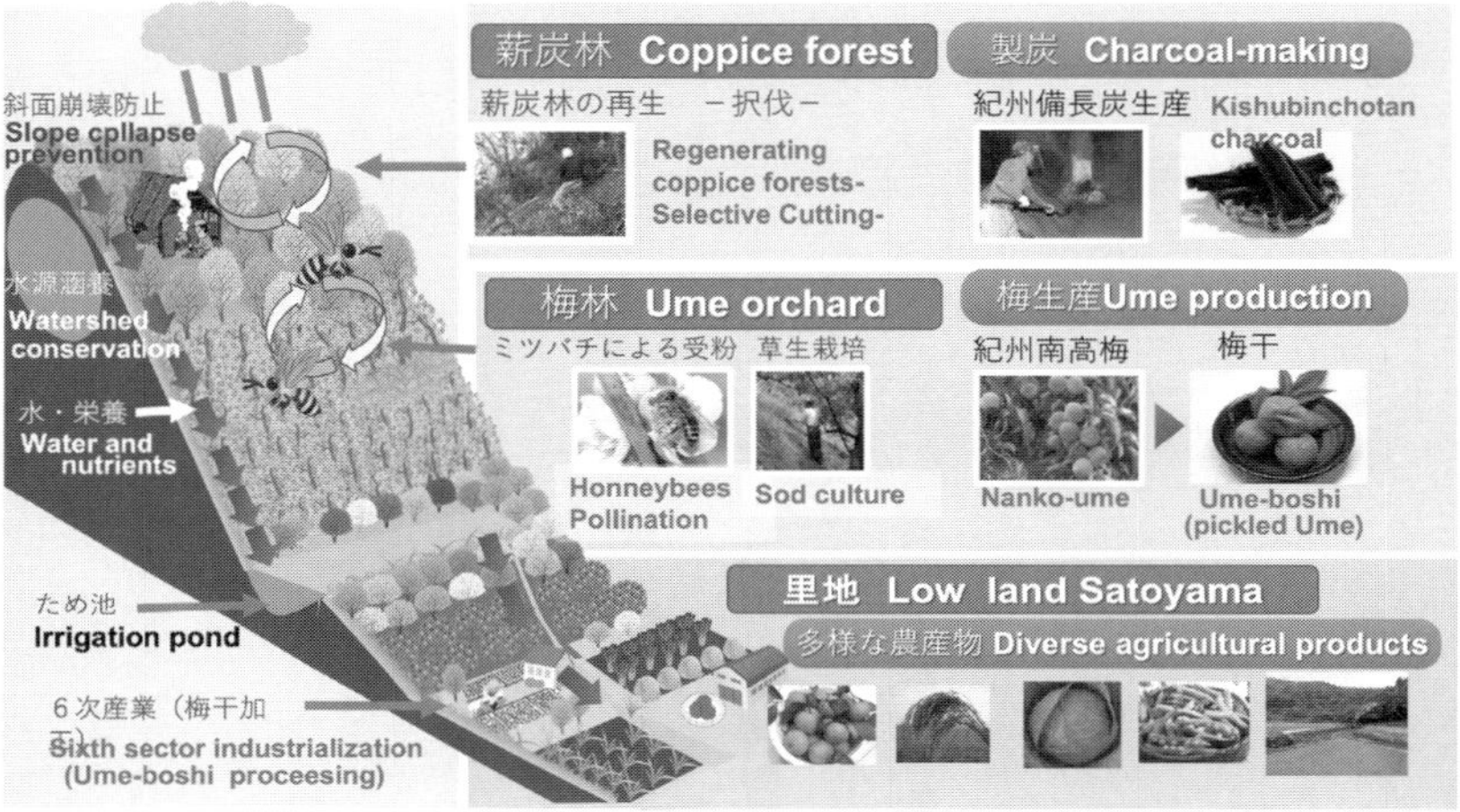

図１　FAO・世界農業遺産（GIAHS）「みなべ・田辺の梅システム」
出典：みなべ・田辺梅システム推進協議会

表３　世界農業遺産５つの基準とみなべ町の特徴

1. 食料及び生計の保障	2. 農業生物多様性	3. 地域の伝統的な知識システム	4. 文化、価値観及び社会組織	5. ランドスケープ及びシースケープの特徴
申請する農林水産業システムは、地域コミュニティの食料及び生計の保障に貢献するものであること。	申請する農林水産業システムは、食料及び農業にとって世界的に重要な生物多様性及び遺伝資源が豊富であること。	地域の伝統的な知識システムが、「地域の貴重で伝統的な知識及び慣習」、「独創的な適応技術」及び「生物相、土地、水等の農林水産業を支える天然資源の管理システム」を維持していること。	申請する農林水産業システムには、地域を特徴付ける文化的アイデンティティ、風土、資源管理や食料生産に関連した社会組織が存在すること。	長年にわたる人間と自然との相互作用によって発達してきたランドスケープやシースケープを有すること。
・梅生産者による一次加工および加工業者との連携体制 ・紀州備長炭 ・漁業：86の魚種 ・梅ツーリズム	・梅林・薪炭林にはハイタカやオオタカが生息 ・山間のため池や里地の水田には、希少種 ・アカウミガメの産卵地 ・梅林のミツバチ ・ウバメガシなどの薪炭林による森の保全	・梅栽培400年の歴史 ・礫質の傾斜地における梅栽技術 ・梅の剪定技術 ・梅の健康機能 ・備長炭など質の高い製炭技術 ・択伐（細い枝は切らずに残し後継樹を育てながら森林の更新を図る伐採法）	・梅林での観梅 ・梅の収穫に感謝する梅の奉納祭 ・梅を使った伝統的な食文化 ・梅に関する様々な団体 ・梅収穫ボランティア	・海辺と山間地が隣接している景観 ・みなべ梅林 ・南高梅の実りの景観 ・ウバメガシなど薪炭林 ・美しい砂浜、ウミガメの産卵

出典：資料をもとに筆者作成

筋にはウバメガシなどカシ類が植わっており、炭の最高級品である「紀州備長炭」を生産している。斜面や平地に梅が植わっているが、その受粉にはミツバチが欠かせない。

世界農業遺産五つの基準

世界農業遺産の五つの基準に照らして、みなべ町の梅栽培、備長炭などを表3に整理した。このように農業遺産に申請する際には、地域固有の農林水産物やその生産を支えている技術、社会組織、景観などと併せ、農業生物多様性にも配慮されている特徴がある。

経済面の課題

このような梅栽培の歴史と特徴を有しているみなべ町であるが、様々な課題に直面している。経済、社会、環境の三側面に分け、それぞれの課題について述べる。まず、経済面の課題としては、梅農家の高齢化と減少がある。二〇二〇年のデータでは、梅農家の人数は一〇年前に比べて四一三人減り二二四二人に、年齢構成は七〇代が最も多く三五パーセントを占めている。団塊の世代が後期高齢者となり始め、梅生産者の中心層の多くが離農する時期が近づいてきている。

生産面の課題としては、圃場整地による作業効率の改善や生産性の向上、ＩＣＴやロボット技術等スマート農業の導入による省力化、梅の研究成果を活かした栽培法や、環境保全型農法による梅の品質の向上、若手U・Iターン者など次世代の担い手育成強化に取り組む必要がある。

販売面では二〇年以上の梅の健康増進機能に関する研究や特許取得の実績がありながら、日本人の和食離れで年々梅干しの消費量が減っている。年齢別では若い層で梅干しの購入量が低くなっている。また、コロナ禍により輸出や観光面での取り組みが停滞している。近年は、環境や人権配慮などエシカル消費への関心が高まってきており、梅の環境保全型栽培や梅の健康・効能の普及とブランド力強化、梅や梅酒の販促・輸出強化、エシカル消費者へのアプローチなどが必要である。

社会面の課題

社会面の課題では、町への愛着、町民の健康、そして次世代育成について取り上げる。

二〇二〇年一〇月に町が行った町民二〇〇〇人(回答者数八六六人)を対象に行ったアンケート調査によれば、みなべ町に「住み続けたい」が七四・九パーセントと前回(二〇一五年)調査に比べて三・七パーセント増えているが、その理由の一つである「町に愛着がある」が前回四二・七パーセント、今回二六・三パーセントと大きく減っていた。愛着が減った理由を町民に何人かたずねたが、理由はわからないという回答だった。

町民の健康については、町民の国民健康保険被保険者の一人当たり医療費は、二〇二二年度が年間約二八万八〇〇〇円と和歌山県下で最少額であり、県平均三八万七〇〇〇円、全国平均三六万六〇〇〇円を下回っている（令和五年『和歌山県の国保の状況』より）。梅を日常的に摂取し、農作業など身体を動かすことが多いことが要因として考え得られる。一方、町内において梅干を「ほぼ毎日食べている」率は一六パーセントにとどまり摂取頻度が必ずしも高くない状態にある。なぜもっと梅干しを摂取しないのだろうか。

そして、次世代育成については、町内に五つの小学校、三つの中学校、および和歌山県立南部高校がある。南部高校には「食と農園科」があり、プロジェクト学習、専門性を活かした進学、起業家精神の養成などに力を入れているが、二〇二三年の入学者は普通科（定員八〇名）が八三パーセント、食と農園科（定員一二〇名）が三七パーセントという状況にあり、課題となっている。

環境面の課題

環境関連の課題としては、梅栽培に関する環境配慮として、栽培方法、梅剪定枝の処理、そして梅干し残渣の活用などが挙げられる。

二〇二一年に農林水産省は「みどりの食料システム戦略」[＊4]を公表した。農林水産省によれ

＊4　農林水産省「みどりの食料システム戦略」
https://www.maff.go.jp/j/kanbo/kankyo/seisaku/midori/index.html

ば「健康な食生活や持続的な生産・消費の活発化やESG投資市場の拡大に加え、諸外国でも環境や健康に関する戦略を策定するなどの動きが見られます。今後、このようなSDGsや環境を重視する国内外の動きが加速していくと見込まれる中、我が国の食料・農林水産業においてもこれらに的確に対応し、持続可能な食料システムを構築することが急務となっています。このため、農林水産省では、食料・農林水産業の生産力向上と持続性の両立をイノベーションで実現する「みどりの食料システム戦略」を策定しました。」具体的には、二〇五〇年までに農林水産業のCO2ゼロエミッション化の実現、化学肥料の低減やネオニコチノイド系を含む従来の殺虫剤など化学農薬の低減、耕地面積に占める有機農業の取組面積を二五パーセント（一〇〇万ヘクタール）にすることなどが盛り込まれている。

梅の栽培において、いかに農薬や化学肥料を削減していくのか。また、梅の受粉にはミツバチが欠かせない。ミツバチの生態調査や、町民による巣箱の設置を行うなど取り組んできているが、巣箱の稼働状況や、生物多様性の改善状況など把握されていない。さらに、森・里・川・海のつながりがあまり意識されておらず、流域単位での保全の取り組みも行われていない。

また、毎年出る梅の剪定枝の処理も課題である。町内では一ヘクタールに約三〇〇本の梅が植えられており、約六三万九〇〇〇本である。剪定枝は推計年間九〇六七トンで、その多くが焼却または廃棄されており、有効活用が課題となっている。

また、白干し梅に味を付けるために塩抜きをする際に廃棄される残渣《ざんさ》に関しては、二〇〇五年より梅加工業者が鶏や鯛の飼料として再利用し、町内事業者が下水汚泥を堆肥にし、梅農家が使用するという循環システムが構築されているが、残渣のさらなる循環型利用が必要であると考えている。

「SDGs未来都市」計画立案のプロセス

このような課題に対し、うめ課設置五〇周年、世界農業遺産認定一〇年を迎えるに際し、これまでを振り返り、これからの五〇年、一〇〇年をどうするのか、町民自ら考え、課題と地域資源を掛け合わせ、新たな価値を創出する取組を実践し、持続可能なみなべ町の未来を切り拓いていく「SDGs未来都市」を提案することとなった。なお、二〇二四年の今年は、例年より半月ほど早く、一月中旬には梅が開花し、不完全花率や花粉発芽率の低下もあり、また三月二〇日に降った雹のため、未だかつてない不作となった。そのような時だからこそ、改めて課題と向き合い、未来への道を皆と共に歩み出したいと、願っているところである。

「SDGs未来都市」計画の立案にあたっては、松本明と仲埜公平（2022）の論考を参考にした。SDGs未来都市の計画を立案するコーディネーターの役割・手順・要点について、北海道下川町（二〇一八年認定）の事例を元に具体的に示している（表4）。それによれば、計画を策定する前に、これまでの取り組みを整理し、その実績や強み、課題を明らかにする。そのうえで、政策の動向を把握し、未来のあるべき姿を描きバックキャスト思考で計画のストーリーを描く

表４　「SDGs 未来都市」コーディネーターの活動イメージ

フェーズ	活動	意図・内容
実績集約１	①地域の文脈（歴史・経緯）を知る ②地域の未来を見据える ③連鎖的実践を積み重ねる	→愛着とアイデンティティの形成 →バックキャスティング的アプローチ →粘りづよい体制、ストーリーのたね
計画応募２	④ストーリー・コンセプトを作る ⑤地域内をまとめていく ⑥地域外を“頼る” ⑦地域外の文脈を読む ⑧政策現場の「生の声」を聴く ⑨“落としどころ”を見つける	→実績から文脈と関係性を紡ぐ →関係各課、ステークホルダー間の調整 →専門家の力、中央の力でエビデンスを創る →中央省庁、世界や他地域の動向を把握 →政策立案、試作実行の現場の実績を知る →理想と現実の折り合い、中長期の戦略感
選定	（内閣府、審査委員会により審査・選定される）	

松本・仲埜（2022）による図から、認定までの２つのフェイズを抜粋

という。みなべ町の計画策定にあたっては、フェイズ１実績集約、フェイズ２計画応募や、他の認定地域の計画も参考にした。

みなべ町にあてはめてみると、フェイズ１：実績形成は既述のように梅の生産日本一に至る経緯や、その後の様々な梅に関する取組がある。また、地域の文脈（歴史や取組経緯）では世界農業遺産認定とそのシステム内容が該当するだろう。フェイズ２：計画応募について、未来へのストーリーにつながる最近の新しい取り組みとして、梅の無農薬栽培、「梅収穫ワーケーション」を通じた関係人口創出、そして梅剪定枝のバイオ炭化の取り組みや、町民へのヒヤリングを重ね、計画のコンセプトやストーリを作っていった。

梅の無農薬栽培

梅の無農薬栽培は一〇軒程度の梅農家や梅加工会社によって取り組まれている。そのうちの一軒「たかだ果園」には「南高梅」の母樹が植わっている。髙田貞楠さんが明治三五年、南高梅の母樹を発見、育種した。現在、代表を務める高田智史氏は、二〇一一年に有機ＪＡＳの認証を取得している。有機栽培の面積は七・一ヘクタールである。肥料は県内の植物残渣を自ら回収し肥料を自家製造している。また、ヘアリーベッチによる草生栽培を行っている。さらに、農福連携にも取り組んでいる。

また、梅加工会社で自ら梅林を有し梅栽培も行っているところが少なくない。その中で、若い経営者の何人かは耕作放棄状態にあった条件の悪い山間地の梅林を引き受け、無農薬栽培に着手している事例も出始めている。また若い経営者の会社には若い世代の移住者も増えており、栽培面積や後継者の維持に大きな役割を担っていくのではないだろうか。少数とはいえ、環境配慮型梅栽培の実践者が複数存在するので、その拡大に向けて勉強会など開催していく計画である。

梅収穫ワーケーション

梅農家の高齢化や減少などの課題に対しては、梅農家の応援団を作ろうということで、農家と梅加工会社の若手有志が一般社団法人日本ウェルビーイング推進協議会[★5]（代表理事・島田由香氏）と連携し、二〇二二年度から「梅収穫ワーケーション」[★6]（以下、梅ワー）に取り組んでいる（図2）。二〇二二年はのべ二四〇人、二〇二三年はのべ三八二人の首都圏など都市部で働く人たちが梅収穫作業にボランティアで参加した。二〇二三年の受入れ農家数は一九軒である。関係人口が、農業の手伝いのみならず、首都圏でのイベントにも駆けつけるなど応援団になっている。二〇二三年からは役場とも連携し、二〇二四年三月には「地方創生SDGs官民連携パートナーシップ優良事例」（内閣府）として表彰された。

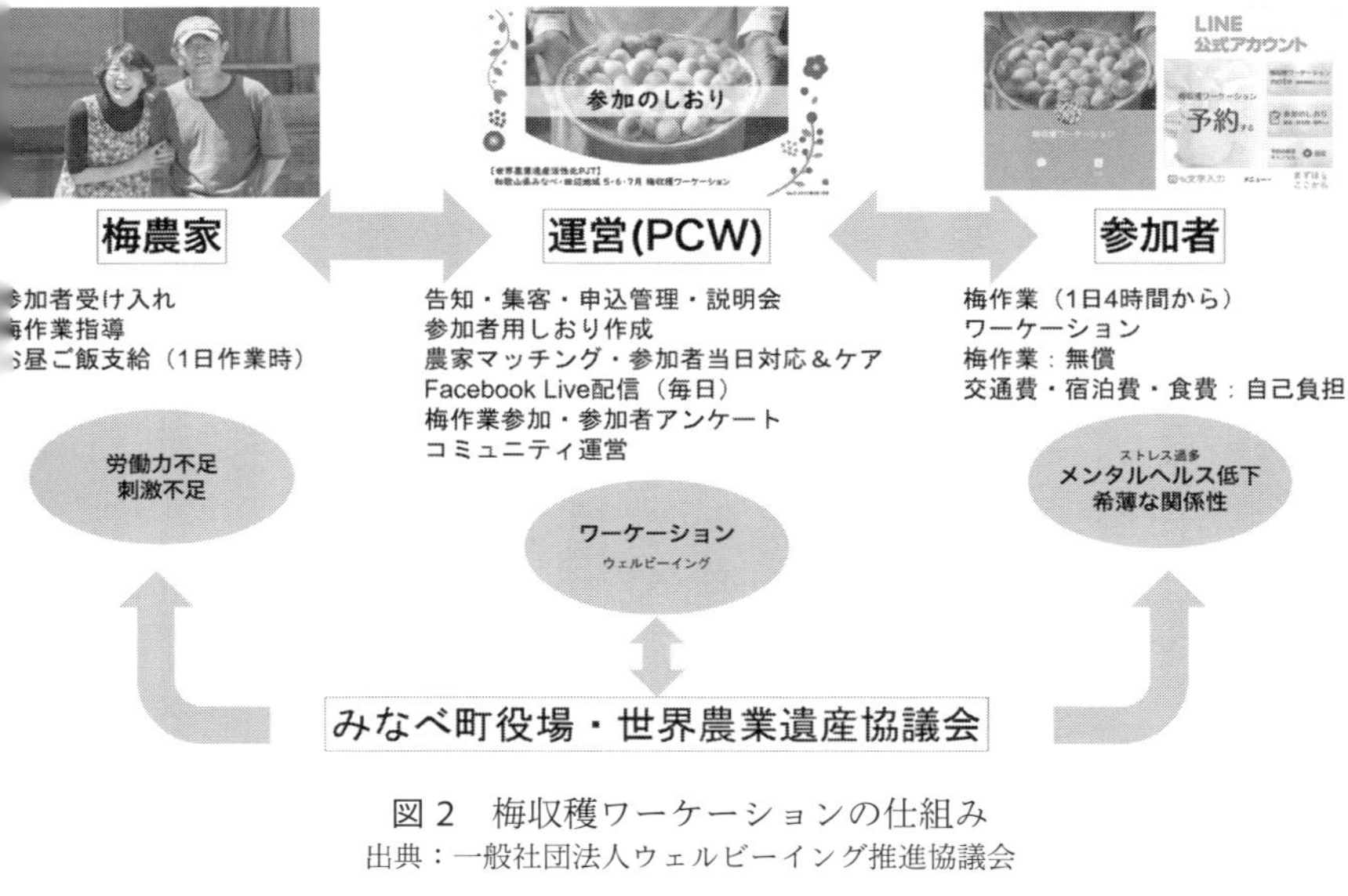

図2　梅収穫ワーケーションの仕組み
出典：一般社団法人ウェルビーイング推進協議会

また、梅ワーの参加者には梅収穫ボランティアがメンタル面にどのような効果があったか、アンケート調査が行われている。それによれば、参加者の多くのポジティブ感情（喜び・気づき・自信・自由・愛・感謝、情熱、熱意・意欲、前向きな期待・信念、楽観、希望、満足）が増加し、ネガティブ感情が低下している、すなわちウェルビーイングが向上していることが明らかになっっている。

特筆すべきは、参加者のみならず、農家の気持ちも前向きになった、笑顔が増えた（ウェルビーイングが向上した）と好評であり、農家側にも良い効果が出ていることである。

なお、ウェルビーイングとは、WHOが一九四八年に「健康とは、病気でないとか、弱っていないということではなく、肉体的にも、精神的にも、そして社会的にも、すべてが満たされた状態にあることをいう。」と定義したことに始まっている。日本でも近年では内閣府が、二〇一九年から現在の生活にどの程度満足しているか自己評価する主観的な生活満足度に関する意識調査を実施している。また、デジタル庁では「地域幸福度（Well-Being）指標」[*7]を開発

＊5　一般社団法人日本ウェルビーイング推進協議会　https://pcwjapan.com/

＊6　【世界農業遺産活性化ＰＪＴ】梅収穫ワーケーション　https://note.com/umewaa_wellbeing/

＊7　デジタル庁 地域幸福度（Well-Being）
https://www.digital.go.jp/policies/digital_garden_city_nation/well-being

し、客観指標と主観指標のデータをバランスよく活用し、市民の「暮らしやすさ」と「幸福感（Well-being）」を指標で数値化・可視化している。二〇二三年に実施した全国アンケート調査の対象者は、全国の一八〜八九歳の男女のモニターを対象とし、八万五二三六件の有効回答を得ている。

和歌山県では二〇二二年から「ウェルビーイングマンス」を設け、色々なイベントを行っており、みなべ町内でも勉強会が行われている。また、県として「地域幸福度（Well-Being）指標」を導入しているなど、ウェルビーイングの導入・普及に力を入れ始めているところである。

梅剪定枝のバイオ炭化

バイオ炭とは、「燃焼しない水準に管理された酸素濃度の下、三五〇度超の温度でバイオマスを加熱して作られる固形物」と定義された炭のことであり、土壌への炭素貯留効果が認められている。バイオ炭の原料になるバイオマスとしては木材、家畜ふん尿、草本、もみ殻、木の実などがある。バイオ炭は大気中のCO2を固定化（除去）する技術である。[*8] 土壌への炭素貯留効果とともに、土壌改良効果が認められており、未利用資源の循環利用でもある。二〇一九年改良版のIPCCガイドラインにおいて世界的にCDR（炭素除去）として認められたことを契機に、国内でも「バイオ炭の農地施用」が「J－クレジット」の方法論として認められ、農産物の環境価値や炭素クレジットを通じた循環経済の条件が整ってきている。

二〇二三年九月には町会議員で梅農家の真造賢二氏のよびかけにより、町と連携してバイオ炭勉強会を開催した。講師は立命館大学日本バイオ炭研究センターのメンバー[*9]が務め、筆者も世界農業遺産のこれからや「SDGs未来都市」とバイオ炭の関わりについて話をした。勉強会には約八〇名が参加した。会場で実施したアンケート（回収六二名）によれば、半数位の方が剪定枝を現在は焼却しているが、火事の心配や運搬の手間に困っていることが明らかになった。また、「梅剪定枝のバイオ炭化の取り組み（剪定枝の回収〜炭化〜畑への施用、CO2固定化、クレジット販売など）のしくみが、みなべ町で確立すると良いと思いますか」という質問に対し、約九割が「そう思う」と回答した。その理由として、町のイメージアップ（六七パーセント）、脱炭素に貢献（六五パーセント）、土壌改良効果（六二パーセント）、次いで「持続可能な循環型農業システムの構築」（五八パーセント）が五割を超えており、町民の関心が高いことが明らかとなった（図3）。

一一月には、真造氏は梅農家に声をかけ、バイオ炭化を推進する団体「みなべ梅wo炭クラブ」を設立した。同団体はその後も勉強会を二回開催し、和歌山県工業技術センターの協力を得て、炭素固定量や炭の成分分析などに取り組んでいる（写真1）。同志社大学より貸与している

＊8　「バイオ炭をめぐる事情」農林水産省農産局 農業環境対策課、令和六年三月
＊9　立命館大学日本バイオ炭研究センター　https://www.ritsumei.ac.jp/research/brc/top/

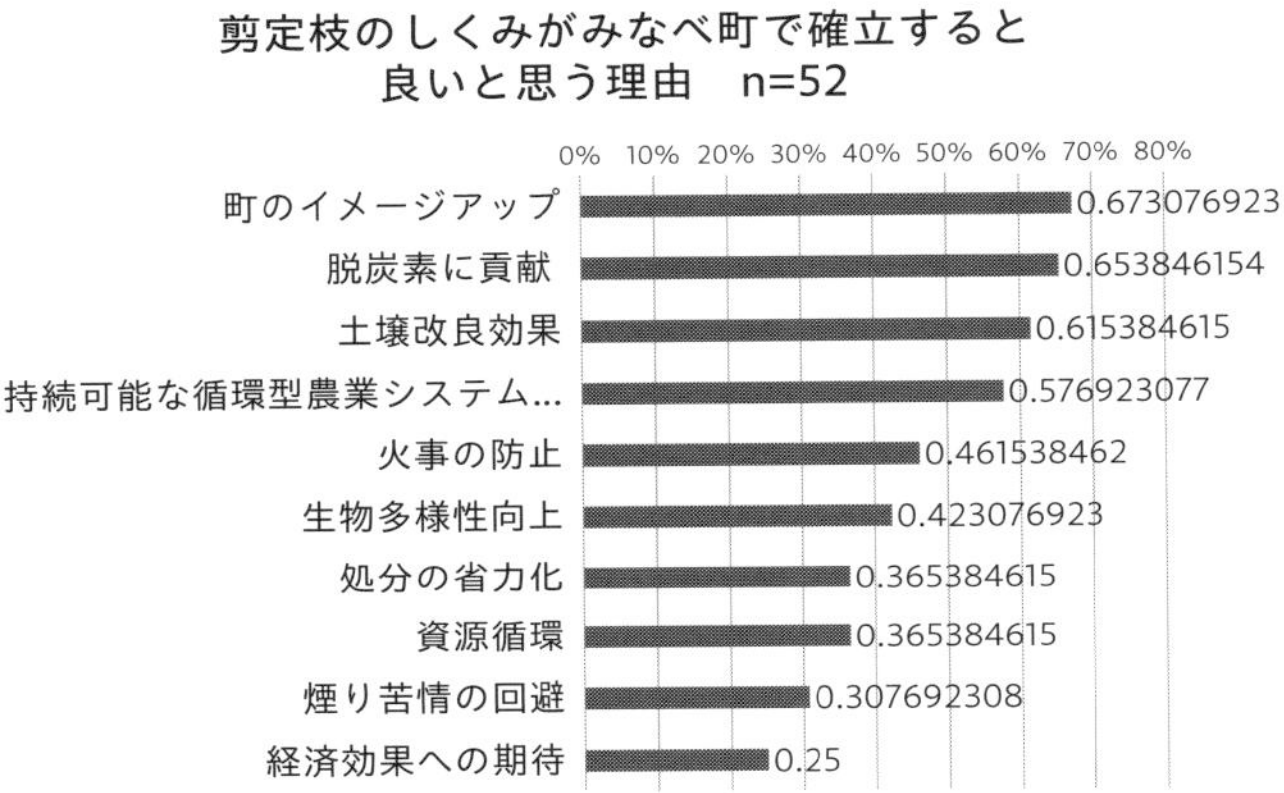

図3　バイオ炭に関する町民の意見
出典：筆者作成

簡易炭化器で製造した炭の工業分析（JIS M 8812、石炭及びコークス類－工業分析方法、水分、灰分、揮発分、固定炭素：固定炭素では炭化の進み具合）、pH測定（JIS K 1474、活性炭試験方法、7・11pH：炭化の進み具合や農地に施業する際のpH調製の指標）、かさ密度（日本バイオ炭普及会規格、6　かさ密度：農地に施業する際の量を把握）、蛍光X線による炭化物に含まれる元素分析（肥料成分の把握）等を行った。

5　みなべ町の未来

人が輝くみなべ町

将来像を描くにあたって、まずは二〇三〇年のあるべき姿を検討した。「みなべ町長期総合計画[★10]」（二〇二二年三月に作成した、二〇二六年までの後期基本計画）では、「海・山・川の恵みの中で人が輝く快適なまち」が掲げられている。既述のよ

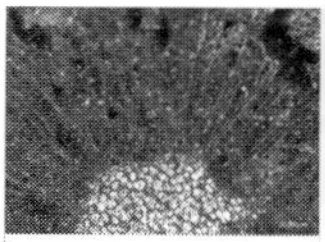

↑バイオ炭化された梅剪定枝の炭の断面写真

写真1　みなべ梅 wo 炭クラブ主催「第２回バイオ炭勉強会」（2024年２月12日）

うに、二〇二〇年一〇月に町民二〇〇〇人（回答者数八六六人）を対象に行ったアンケート調査によれば、「住み続けたい」が七四・九パーセントと前回（二〇一五年）調査に比べて三・七パーセント増えているものの、その理由の一つである「町に愛着がある」が前回四二・七パーセントから今回二六・三パーセントと大きく減っている。町は、ＳＤＧｓの取組や自治体ＳＤＧｓモデル事業を通じて、町民の参画をより一層推進し、行政との一体感を育むことによって、「町への愛着」を高めたいと考えている。

学習する組織みなべ町をめざして

どのようにすれば町民が主役となり、町の未来につながる取り組みを主体的に行い、輝く人が増え、町への愛着が増すのか。そこで、近年、企業に広まっている〝学習する組織〟という考え方に着目した。多くの企業でＶＵＣＡ時代においても、社会課題を解決し事業

＊10　みなべ町「第２次みなべ町長期総合計画（後期基本計画）」
https://www.town.minabe.lg.jp/tyousei/02/02/2022062000017.html

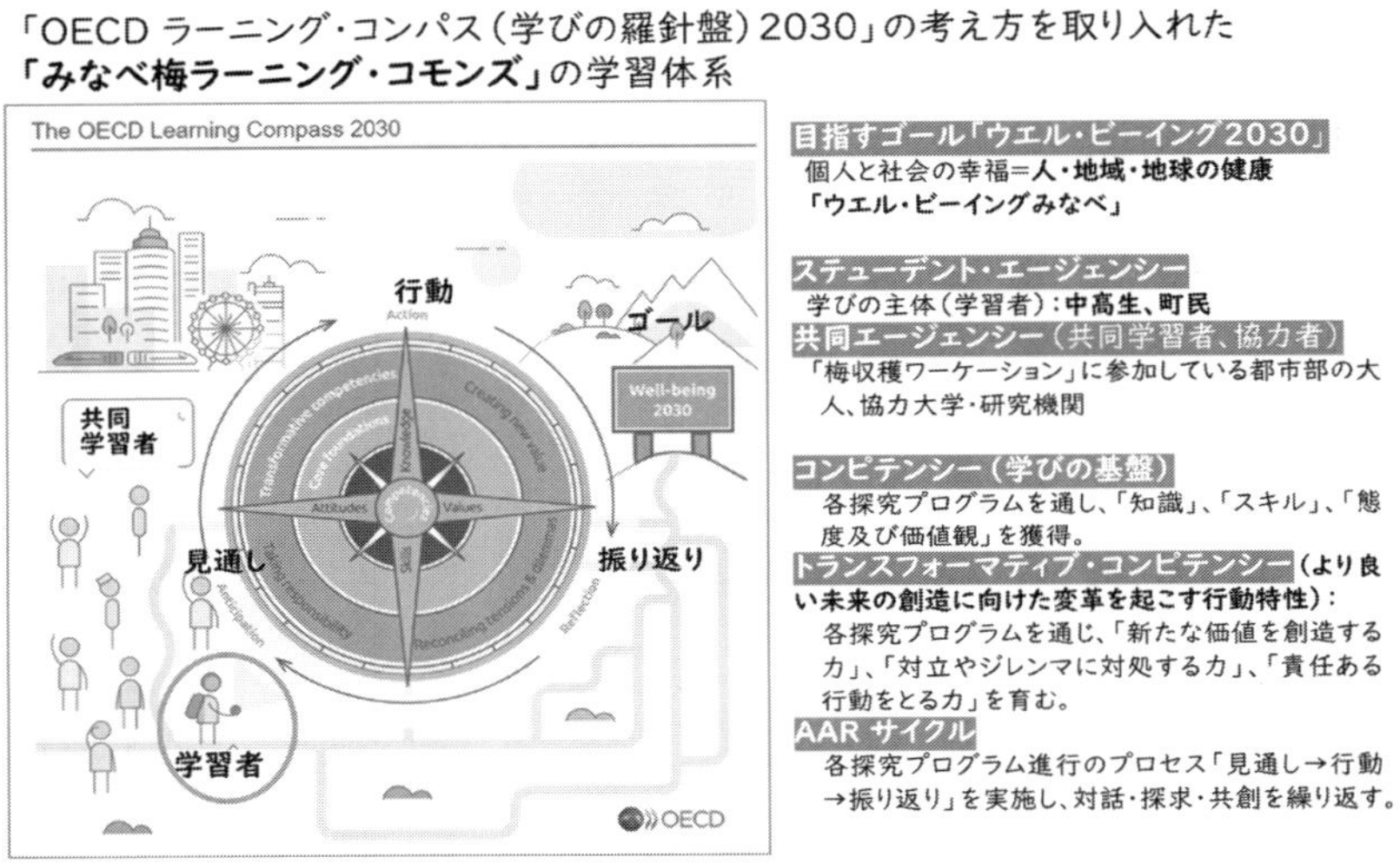
「OECD ラーニング・コンパス（学びの羅針盤）2030」の考え方を取り入れた
「みなべ梅ラーニング・コモンズ」の学習体系
The OECD Learning Compass 2030
行動
Action
ゴール
Well-being 2030
共同学習者
見通し
Anticipation
振り返り
Reflection
学習者
Transformative competencies
Creating new value
Core foundations
Knowledge
Attitudes
Values
Skills
Taking responsibility
Reconciling tensions & dilemmas
OECD
目指すゴール「ウエル・ビーイング2030」
個人と社会の幸福＝人・地域・地球の健康
「ウエル・ビーイングみなべ」
ステューデント・エージェンシー
学びの主体（学習者）：中高生、町民
共同エージェンシー（共同学習者、協力者）
「梅収穫ワーケーション」に参加している都市部の大人、協力大学・研究機関
コンピテンシー（学びの基盤）
各探究プログラムを通し、「知識」、「スキル」、「態度及び価値観」を獲得。
トランスフォーマティブ・コンピテンシー（より良い未来の創造に向けた変革を起こす行動特性）：
各探究プログラムを通じ、「新たな価値を創造する力」、「対立やジレンマに対処する力」、「責任ある行動をとる力」を育む。
AAR サイクル
各探究プログラム進行のプロセス「見通し→行動→振り返り」を実施し、対話・探求・共創を繰り返す。

図４　「みなべ梅ラーニングコモンズ」の考え方
出典：みなべ町 SDGs 未来都市プレゼンテーション資料より

を継続させていくために、組織のメンバー及びチームの能力と意識を伸ばし続ける組織への転換が進んでいる。人が輝くためには、町民が学び続けることが必要である。幸い、切磋琢磨して梅産業を成長させてきた土壌が同町にはある。町民が様々な課題を自ら考え、町内外の協力者と対話し、新たな価値を共創する〝学習する組織・みなべ町〟を実現することが、輝く人を育成し、町への愛着が増加し、持続可能なみなべ町のためには必要である。そのような学習の機会を創出したいと考え、「みなべ梅ラーニングコモンズ」を考案した。

「みなべ梅ラーニングコモンズ」の考え方は図４の通りである。町内の中高生や大人が学習者として参加者と対話し、関係人口である梅ワー参加者や研究機関と協働

し、地域の課題解決策を探究・共創する場（バーチャル、リアルのハイブリッド）である。

これは「ＯＥＣＤラーニングコンパス（学びの羅針盤）２０３０」[★11]の考え方を参考にしており、〝学習する組織・みなべ町〟を推進する拠点となる。なお、二〇三〇年の教育に求められている未来像を描いた、進化し続ける学習の枠組みである「ＯＥＣＤラーニングコンパス２０３０」は、「OECD Future of Education and Skills 2030 プロジェクト」[★12]により二〇一九年に開発された。ラーニングコンパスが提示するのは「学習の枠組み」である。学習者が二〇三〇年に活躍するために必要なコンピテンシーに関する幅広いビジョンを提示している。また、二〇三〇年のゴールはウエルビーイング（Well-Being）が設定されており、仕事、収入、住宅のような経済的要因に加え、ワーク・ライフ・バランスや教育、安全、生活の満足度、健康、市民活動、環境やコミュニティのような生活の質（Quality of life）に影響を与える要因が含まれるとしている。

一般的に、大学に設置されているラーニングコモンズは、情報通信環境が整い、自習やグループ学習用の家具や設備が用意され、相談係がいる開放的な学習空間を言う。ここでは、事業開

★11　文部科学省初等中等教育局教育課程課教育課程企画室「OECD　Future of Education and Skills 2030 プロジェクト」
https://www.oecd.org/education/2030/OECD-Education-2030-Position-Paper_Japanese.pdf

★12　OECD Future of Education and Skills 2030　https://www.oecd.org/education/2030-project/

始時には物理的なスペースは用意しないが、多世代の多様な人が集ってグループワークに取り組む機会という意味で使用している。

二〇二四年は、八つの探究テーマを取り上げる計画である。「梅で健康」をテーマに四つ、対象者は町内、都市部居住者、大学生など若い世代、中国と想定している。その他、持続可能な梅栽培に関してはバイオ炭、有機農業など環境配慮型栽培、そして生物多様性である。それぞれプロジェクトリーダーを決め、町民、役場職員、町外の専門家、および南部高校生も参加し、企画から試行まで行うとしている。

経済面の未来――グローバルな梅の里へ

日本一の梅の里から、「梅で健康」をキーワードに世界に梅を広めていきたい。そのために生産面では、圃場整地による作業効率の改善や、ICT、ロボット技術等スマート農業の導入による生産性の向上、梅の研究成果を活かした栽培法や、環境保全型農法による梅の品質の向上、若手U・Iターン者など次世代の担い手育成に取り組んでいく。販売面では、梅の健康・効能の普及とブランド力強化、梅や梅酒、世界農業遺産との親和性の高い中国での販促・輸出強化、梅の剪定枝のバイオ炭によるJクレジット化や環境保全型農法等環境価値の付加による販売促進を推進する計画である。

社会面の未来——関係人口が育む心身の健康・幸せ＝ウェルビーイング

人口は減っているが、二〇二二年より「梅収穫ワーケーション」を通じ、地域外の人たち、応援団（関係人口）が増えてきた。未来を担う子供から高齢者まで多世代の町民が地域外の人たちも参加して対話し、課題を探究し、解決策や新たな価値を共創する機会「みなべ梅ラーニングコモンズ」を設置し、学習する組織・みなべ町を実現していきたい。なお、同町の梅栽培の歴史（世界農業遺産）、梅農家や備長炭生産者の生き方や暮らしに共感し、首都圏の働く人、関西圏の大学や研究機関、教育団体など多くの協力者による共創体制が出来上がっている。一方、同町は梅のおかげで健康な町民が多い。その梅食を町民はもとより国内や海外に広める取り組みをさらに拡大していく。また、梅ワーを受け入れている農家の元気も増している。このような取り組みを通じて、町民が輝き、関係人口を増やし、共に地域を盛り上げ、町民の「町への愛着」を向上させていく考えである。

環境面の未来。サステナブルな梅栽培、森里川海の保全

町のCO2削減については、まずは梅の剪定枝のバイオ炭化によるCO2削減から取り組むこととした。併せて梅栽培における化学肥料や農薬の使用を減らすとともに、農薬や化学肥料を使用しない梅栽培を広めていく考えである。梅剪定枝のバイオ炭化については、脱炭素・循環経済・生物多様性の三つを同時追求する地域循環エコシステムの構築を通じた地域循環共生

圏の実現を目指すものとして、町内での仕組みを作りあげていく。無農薬・無化学肥料栽培とバイオ炭で環境保全の付加価値のある梅や加工製品の産出を行うとともに、炭素クレジットの販売も検討する。

梅の受粉を媒介するミツバチをシンボルに、蜜源の森づくりや、巣箱の設置などを行ってきた。今後は巣箱の稼働状況や、梅林の生物多様性の改善状況などを把握するとともに、薪炭林の森から里・川、そしてウミガメが産卵に来る海までのつながりを実践的に学び、流域単位での保全を図り、持続可能な森里川海連環を実現する。

これらの取り組みにより町のカーボンニュートラルの実現、脱炭素・自然共生・資源循環型のサステナブルな梅栽培・梅産業の実現への道を歩んでいく考えである。

「自治体SDGsモデル事業」

これらの考え方を表したのが図5である。テーマは「日本一の梅の里「みなべ梅ラーニングコモンズ」による人・地域・地球の健康増進」を掲げた。経済面の生産面では、DXによる梅栽培の効率化、環境配慮型栽培、法人化を推進する。販売面では海外への販路開拓、梅の健康機能ブランド化に取り組む。社会面では「梅収穫ワーケーション」に代表される都市部居住者による応援組織、関係人口の拡大に力をいれ、町民と応援団の協働・共創を進めていく。環境面では梅の剪定枝をバイオ炭にするしくみの構築や定量化、化学肥料や農薬に頼らない環境配

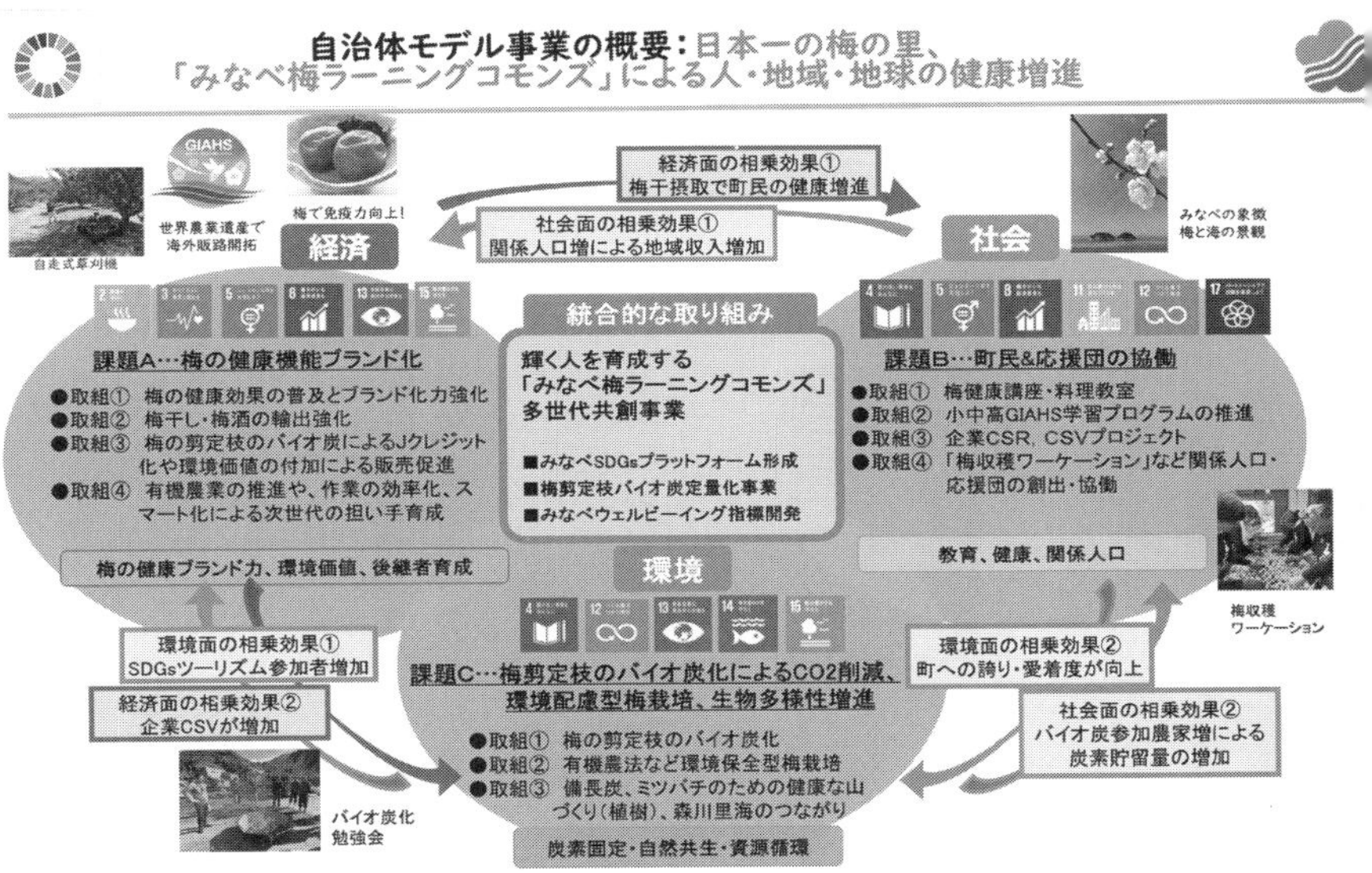

図5　みなべ町「自治体SDGsモデル事業」
出典：みなべ町SDGs未来都市プレゼンテーション資料より

慮型の梅栽培を推進していく取組である。

6　おわりに――世界農業遺産、SDGs未来都市の枠組みの活用

最後に、世界農業遺産や「SDGs未来都市」に選定されていない農山漁村に対して提案をしたい。みなべ町の事例で紹介したように、まずは地域の農林水産業や暮らしを世界農業遺産の五つの基準で明らかにする。次に、地域の応援団の存在を確認する。地域内のNPOや団体や、色々なテーマで地域に関わっている地域外の人（地域出身者で現在は都市に住む人や、地域の魅力に魅せられて通っている人など）の存在を明らかにする。そのうえで、「SDGs未来都市」フレームワークを

活用し、地域の課題、解決の方策、そして地域の未来像を、地元住民と関係人口（応援団）が協働して描き、その実現に向けた歩みを始めるという方法である。

農山村力×交流力でつむぐ幸せな地域社会

はじめにでも書いたように、筆者は『アグリ・コミュニティビジネス』（大和田 2011）にて、副題に「農山村力×交流力でつむぐ幸せな社会」と付けた。そこにしかない地域資源である〝農山村力〟と、都市生活者と農山村生活者の〝交流力〟を組み合わせ、地域の課題解決にビジネス発想で取り組む〝アグリ・コミュニティビジネス〟。何より重要なのは地域に利益がもたらされるとともに、関わっている人が〝幸せになる〟という点である。地域を豊かにしていこうという目標を共有し、その一歩一歩の実現をともにかみしめ、喜び合う関係。すなわち、この考えは、世界農業遺産の五つの基準で明らかになる地域固有の農山村力と、「ＳＤＧｓ未来都市」フレームワークで描き出した地域の未来像を、地元住民と関係人口（応援団）が協働して地域の未来を共創していくということである。梅農家は日々梅やミツバチやメジロに語り掛け、備長炭の製炭士は日々ウバメガシを択伐し窯の煙の匂いや色を確かめている。ここに都市部生活者や移住者がやってきて関わりを持ち始めている。人と人、人と自然とのつながりを取り戻し、それらの関係性、間（あいだ）にこそ、新しい価値がリジェネレイト、生まれてくるのではないだろうか。

なお、みなべ町の「ＳＤＧｓ未来都市」の計画は本年度から実施に移されるものである。引き続き、支援を続け、成果を挙げていけるよう尽力したい。

＊　本章の調査はＪＳＴ（科学技術振興機構）ＣＯＩ－Ｎｅｓｔ「炭素耕作によるカーボンネガティブへの挑戦」第５グループのメンバーとして、実施した調査・研究をもとにしている。また、みなべ町役場をはじめ、町民のみなさま、一般社団法人ウェルビーイング推進協議会、立命館大学日本バイオ炭研究センター、和歌山県工業技術センターのご協力に謝意を表したい。

column 03

元気になる地域

花戸 貴司

二十四年前、滋賀県の山あいにある診療所の医師が不在になり、とりあえず居ればいいと請《こ》われてやってきました。それまでは、大学病院、総合病院に勤務し、目の前の患者さんに高度な医療を届けるという使命感を持って仕事をしていました。田舎の診療所に赴任してからもその気持ちは変わらず、診療所に通えない人にも最高の医療を届けようと、訪問診療にも力を入れました。

診療所の外に出ていくことで、今までわからなかったことが見えてきました。それは、外来に来られる人は「患者」かもしれませんが、家に帰れば手先が器用なおじいちゃんや、野菜作りが上手なおばあちゃんだったり、地域に出ることでその人の違った一面が見えるようになりました。

血液検査の値だけでなく、なにを楽しみに日々を過ごしているのか、どのようなことを生きがいにしているかを知った方が、多面的に支えられることもわかるようになりました。たとえば、農作業をしながら友達同士でおしゃべりすることを楽しみにしている人がいれば、重い病気であっても「楽しそうですね」と一緒に笑うことで元気がでる。認知症で一人暮らしであっても、ご近所さんが訪ねて世間話をするだけで寂しさが紛れると明るい表情で話される。地域の中にいると、医療や介護の専門職だけでなく近所の人も共に関わられていることを知りました。そして、医療や介護とご近所さんの力がうまくつながることができれば、隙間なくその人を支えられるんじゃないかと考えるようになり、地域の民生委員さんや友達同士が集まる趣味のサークル、ボランティアさんや商工会が運営する移動販売、あるいは図書館や小学校の人達も地域を支える人たちなのだと気づいたのです。そのような地域の人々と共に、医療・介護の専門職という垣根を取っ払って活動をしてきました。

しかし、そのような時に突然現れたのがコロナ騒ぎです。感染対策という名のもとに三年以上にわたり外出できない、人と会えない生活が続き、心身がみるみる衰えていく人々を目の当たりにし「今、この地域で自分がやらなければならないこと」を強く考えました。そして、地域の若い人からお年寄りまでが楽しく集い、活動できる居場所をつくりたいとの思いから二〇二一年六月、診療所の敷地内にフィットネスジムをオープンしました。運動は一人ですることもできますが、ジムに来れば誰もが一緒に運動できる、おしゃべりもできます。そして二〇二三年六月には診療所の敷地内にレストランをオープンしました。広い窓から見える田園風景は居心地もよく、料理は地元農家さんの作ったお米や野菜を使い、管理栄養士がメニューを監修しています。ここでも食からの健康づくりはもちろん、誰かと一緒に出かける、おしゃべりしながら食べる、そんな楽しく過ごせるレストランを目指しています。私がこれらの施設を作った理由は二つあります。一つは地域のいろんな人が集まり、おしゃべりや活動できる新しい場所にしたいと思ったこと。もう一つはレストランに招待したい人がいたからです。

あーちゃんは生まれつき脳の病気があり、長く入院していました。当時、二歳のお姉ちゃんが会えるのは、集中治療室からレントゲンや手術室へと移動するわずかな時間だけでした。そして、あーちゃんが二歳になる少し前お姉ちゃんが言ったそうです、「なんで一緒に住めないの?」。当時、人工呼吸器や酸素をつけたまま家に帰れるかどうか悩んでおられたご両親は、この一言で「家に帰ろう」と決められたそうです。そして、私が在宅の主治医となり、あーちゃん一家とのお付き合いが始まりました。

あーちゃんが家に帰ってくると、お姉ちゃんはあーちゃんと一緒にお風呂に入り、ベッドで一緒に寝たり。「絵本を読んであげる」と隣で本を開きますが、まだ文字が読めないお姉ちゃんは、絵を見て自分でお話を作っていました。そんなことを繰り返しているうち「なんで一緒に保育園に通えへんの?」お姉ちゃんの新しい質問が始まりました。友達の妹や弟は保育園に通っているのに、あーちゃんが保育園に通えない理由を大人は誰一人として説明することはできません。そこで、ご両親はもちろん、市役所や保健所、園の先生や看護師さんに集まってもらい、あーちゃんがどうすれば通園できるかをくり返し話し合いました。一年半後、あーちゃんはこの地域ではじめて人工呼吸器をつけて保育園に通うこととなりました。園では「つくし組」の友達と一緒に過ごし、みんなとおでかけしたり、お昼寝の時間には一緒におやすみをするようにもなりました。あーちゃんが車いすを使い、機械がついていることも関係なく、身体を触ったり、話しかけたり、車いすを押したり、あーちゃんのために何かやらなくちゃと思ってくれるお友達が増えていきました。

病気に限らず、困りごとを抱えた人と出会った時、私たちは「この人に必要なモノやサービスはなんだろう?」と考えます。皆さんもご自身や家族に困ったことがあれば、スマホやパソコンで調べると心惹かれるものがあるかもしれません。しかし私が感じるのは医療や介護に限らず困った人の助けになるのはモノやサービスよりも人ではないかということです。つまり「この人に必要なモノ」ではなく「この人に必要なのは誰だろう?」と考えることの大切さです。困りごとが目の前に現れたとき、たとえその人自身や家族が解決できなくても、誰かに相談すればいい知恵がでてくるかもしれない。それは、医師や看護師、園の先生や市役所など専門の人だけではなく、ご近所さんや仲のいい友人かもしれません。課題が解決しなくても、話を聴いてくれる人がいるだけで受け入れられることも多いのです。

今、あーちゃんは一〇歳になり、人工呼吸器をつけながら学校に通っていますが、今度は違う問題に気づきました。それは、家族でお出かけをすると、公園や水族館に行くことはできますが、人工呼吸器を載せた大きな車いすに乗っていると気軽に食事をする場所に立ち寄ることができないのです。じつは、車いすや人工呼吸器をつけているご家族も肩身の狭い思いをされていたのです。レストランがオープンした六月、そんなあーちゃん一家をうちのレストランに招待しました。いつものランチの時間に皆さんと同じランチを提供しました。あーちゃんは、食事はおなかに穴をあけた胃瘻から流動食を注入していますが、デザートを味わうことはできます。お母さんが食べていた地元永源寺の政所《まんどころ》茶のパウンドケーキを口の中に入れてもらったときには「なんじゃこりゃ」って顔をしていましたが、冷たいアイスをほおばると、今度はにっこり笑っていました。車椅子の子も、お父さん、お母さん、そしてお姉ちゃんも皆と同じようにおでかけができる。花戸はもちろん皆にとって、とても嬉しいひとときでした。

障がいを抱えた人だけではなく高齢者も含め人が弱っていく原因は、病気以上に孤独であることが多いのも事実です。医療や介護といった一方向の支援だけではなく、地域コミュニティの中で暮らし、活動に参加して自分の役割があること、そして顔見知りの人同士が楽しく集い、おしゃべりしたり、笑ったり、身体を動かすことができる居場所の大切さを感じます。関わる人がそばにいて、地域コミュニティとつながっていれば、どんな困りごとでも大抵のことはなんとかなる。じつは医療や介護というものは、お金をだせばすぐに解決するようなモノを手に入れることではなく、時間をかけて、そばに寄り添ってくれる人をみつけコミュニティとつないでいくことだと思うようになりました。今、この地域でその人の病気だけを診るのではない、医師、看護師、薬剤師、介護のスタッフ、あるいは友人や地域とつなげる活動をしたい。そして、ここに来れば誰かとつながることができる、診療所がそんな場所になればと思っています。この地域には大きな病院はありませんが、地域の中には農作業をはじめとする活動の場だけではなく、集える場があり、生活の満足度も高い。そのような患者さんの姿を見ていると、患者さんに手をさしのべようと思っていた医療技術が役に立つのは、ごく一部分でしかないと気づきました。私が見ていた目の前の人々の健康の先には生活があり、さらには家族や地域のつながりがあったのです。生活をみることは医者の役割ではないと言ってしまうことも簡単ですが、にこやかに自宅で過ごしている人を見ていると、私にはそうは思えませんでした。

二〇二四年現在、永源寺地域は高齢化率が三五パーセントを超える少子高齢化の進んだ地域です。今、全国平均は二八パーセントですが、二〇四〇年には三五パーセントを超えると予想されています。見方を変えれば、永源寺地域は一五年後の未来の日本の姿であり、今、私達のやっていることは最先端の地域で最先端のことをやっているという自負があります。住み慣れた地域で暮らし続けられる安心感を提供する。そんな仕事をしながら私自身も元気をもらっています。

（はなと・たかし／東近江市永源寺診療所所長）

column 04

縮退／縮充は、誰が決めるのか？

松原 永季

筆者がいわゆる「むらづくり」支援に初めて関わったのは、二〇〇一年のことだった。阪神・淡路大震災の後、神戸市のまちづくり条例に基づく専門家派遣の仕組みを兵庫県も取り入れ、県下の被災地の復興まちづくりに活用していた。その仕組みを、兵庫県で言う多自然地域（市街化区域等の市街地を除く自然豊かな地域）の地域づくりにも援用しようとした最初の時期であった。はじめは中心市街地に、その後、但馬地方のある地区に派遣されたが、そこは出石町との町境近くの山間地で、四二世帯、人口七十数名の高齢化の進んだ集落であった。都市との交流を中心に各種のイベントを開催し、拠点整備を行い、県緑条例に基づく地区整備計画（多自然地域版地区計画のようなもの）を取りまとめた。地区リーダーの熱心な取組みもあり、活動は進展し、むらづくりの賞なども受賞した。しかし数年の活動の後、先行しすぎたリーダーと、それら活動に否定的だった一部住民との軋轢《あつれき》が表面化し、活動が一気に停滞してゆく様も見届けることになった。

一方、兵庫県では、この地区住民と知事との対話を直接的な契機として、平成二〇（二〇〇八）年から「小規模集落元気作戦」を開始する。これは「都市と集落のパートナーシップによる『持続可能な交流』モデルづくり」から「外部の知恵や力を取り入れながら集落の元気アップ」を目指す事業で、資金的にも人的にも、市町を介さずに県が直接、集落を支援する仕組みとして進められ、画期的なものであった。当初は「都市との交流」を中心に、集落単位で事業は進められたが、翌平成二一（二〇〇九）年から「ふるさと自立計画推進モデル事業」が実施され、統合前の旧小学校区を単位として「自ら考え、自ら行動する」「計画づくりや実践」「拠点整備」を支援するように、対象が広域化された。これは、総務省の定義する地域運営組織のあり方を、先行的に示すものであった。そして平成二二（二〇一〇）年からは「地域再生大作戦」と名称を変え「地域の自主的・主体的な取組による賑わいづくりや持続可能な地域づくりを総合的に支援」するものとなり、その支援メニューも多様化されるようになった（図１）。現在は、「持続可能な多自然地域プロジェクト」へと衣替えし、県が直接支援する体制から、県が市町を後方支援し市町が実施する体制へと移行するようになっている。「持続可能な生活圏」形成支援など、さらに広域的支援を行うほか、多くの支援メニューが引き継がれた。これら事業については、平成三〇（二〇一八）年度末までに、二七〇集落で事業実施されるに至っている。筆者もこの事業に継続的に関わることとなった。

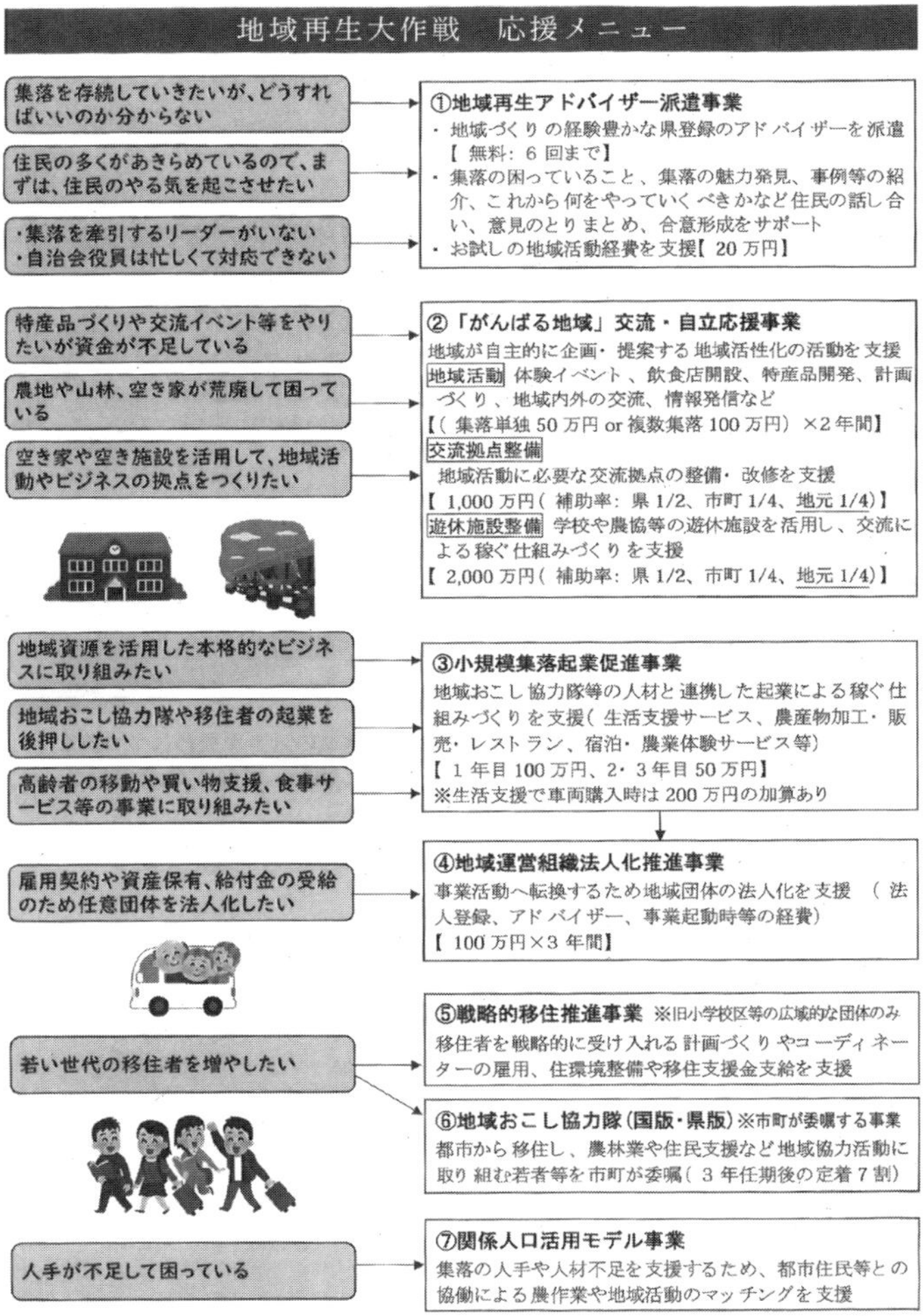
地域再生大作戦　応援メニュー
集落を存続していきたいが、どうすればいいのか分からない
住民の多くがあきらめているので、まずは、住民のやる気を起こさせたい
・集落を牽引するリーダーがいない
・自治会役員は忙しくて対応できない
①地域再生アドバイザー派遣事業
・地域づくりの経験豊かな県登録のアドバイザーを派遣【無料：6回まで】
・集落の困っていること、集落の魅力発見、事例等の紹介、これから何をやっていくべきかなど住民の話し合い、意見のとりまとめ、合意形成をサポート
・お試しの地域活動経費を支援【20万円】
特産品づくりや交流イベント等をやりたいが資金が不足している
農地や山林、空き家が荒廃して困っている
空き家や空き施設を活用して、地域活動やビジネスの拠点をつくりたい
②「がんばる地域」交流・自立応援事業
地域が自主的に企画・提案する地域活性化の活動を支援
地域活動 体験イベント、飲食店開設、特産品開発、計画づくり、地域内外の交流、情報発信など
【（集落単独50万円 or 複数集落100万円）×2年間】
交流拠点整備
地域活動に必要な交流拠点の整備・改修を支援
【1,000万円（補助率：県1/2、市町1/4、地元1/4）】
遊休施設整備 学校や農協等の遊休施設を活用し、交流による稼ぐ仕組みづくりを支援
【2,000万円（補助率：県1/2、市町1/4、地元1/4）】
地域資源を活用した本格的なビジネスに取り組みたい
地域おこし協力隊や移住者の起業を後押ししたい
高齢者の移動や買い物支援、食事サービス等の事業に取り組みたい
③小規模集落起業促進事業
地域おこし協力隊等の人材と連携した起業による稼ぐ仕組みづくりを支援（生活支援サービス、農産物加工・販売・レストラン、宿泊・農業体験サービス等）
【1年目100万円、2・3年目50万円】
※生活支援で車両購入時は200万円の加算あり
雇用契約や資産保有、給付金の受給のため任意団体を法人化したい
④地域運営組織法人化推進事業
事業活動へ転換するため地域団体の法人化を支援（法人登録、アドバイザー、事業起動時等の経費）
【100万円×3年間】
若い世代の移住者を増やしたい
⑤戦略的移住推進事業 ※旧小学校区等の広域的な団体のみ
移住者を戦略的に受け入れる計画づくりやコーディネーターの雇用、住環境整備や移住支援金支給を支援
⑥地域おこし協力隊（国版・県版）※市町が委嘱する事業
都市から移住し、農林業や住民支援など地域協力活動に取り組む若者等を市町が委嘱（3年任期後の定着7割）
人手が不足して困っている
⑦関係人口活用モデル事業
集落の人手や人材不足を支援するため、都市住民等との協働による農作業や地域活動のマッチングを支援

図１　地域再生大作戦で示された多様なメニュー
（「令和３年度　地域再生アドバイザー養成講座」資料より）

過疎化高齢化が進行する多自然地域での、この兵庫県の地域再生の取組みにおいては、数多くの知見や情報が蓄積された。そしてこの地域再生において、最も効果的で成果が示され、評価されてきたのが地域再生アドバイザー派遣（専門家派遣）の仕組みだった。地域再生に関連して一定の知識や経験があれば、地域再生アドバイザーへの登録が可能であり、現在七〇名程度の登録がある。しかしその中で実質的な成果をもち評価を受けたのは、後に「地域再生アドバイザー会議」の構成員となるわずか十名弱のアドバイザーであった。これらアドバイザーの専門分野は、都市計画、農村計画、建築、市民協働など様々であるが、共通して備えていたのは「住民との対話や合意形成、計画策定」に関する技術と知見であった。それは、コミュニケーション、ファシリテーションに関する技術を基礎としたものであり、それこそが「地域づくりの基本・根本」にあることが、取組みの中で明確化されたのだった。つまり、獣害対策や耕作放棄地対策、六次産業化やブランディング、営農組織立ち上げや特産品開発、子育てや高齢者福祉、観光開発等々の個別的テーマの専門性ではなく、「地域の中の話し合い」に関与でき、そして「地域の合意形成を支援する」ことが、地域再生に求められる最初の、そして中核的役割であることが、見出されたのだった。

一般的にアドバイザーといえば、それぞれの専門分野の豊富な知見に基づき、大所高所からの助言を行う立場のものを示すが、地域再生で成果を納めたアドバイザーは異なる。それぞれの専門分野の知見は有しつつ、地域住民と同じ目線に立ち、難しい行政用語を分かりやすく説明し、活動を共にして汗を流し、自分の主張よりは地域の意見を優先し、住民間の意見や対立を調整し取りまとめ、地域住民が納得できるような総意を抽き出す、というようなことを実践してきている。つまり地域主体とは別の立場で助言するのではなく、地域主体とともに考え、活動し、成果を導く姿勢を持っていたのである。地域再生大作戦の進展に伴い「伴走型支援」という言葉が使われるようになったのは、これらアドバイザーの取組み姿勢から導き出されたものであろう。そしてこの実践には、個別的活動の支援から計画づくりまで幅広いレベルがあるが、いずれにおいても「地域の意思決定を第三者の立場で支援」しているのである。

そして地域再生の取組みの主体は、根本的には各地域住民であるが、実態的には自治会や地区会、部落会などと呼ばれる地域の伝統的自治組織（以後、自治会等と記す）になることが多い。先進的な取組みはボランティアグループや任意の団体が実施する場合がほとんどだが、それでも自治会等との関係性は避けられない。過去に目にした事例でも、任意の団体と自治会等が対立した場合、活動実績や成果の如何に関わらず、最終的には後者が優位に立っている。自治体の立場からしても、いかにその活動が停滞したものであったとしても自治会等を無視することはできない。そして、例外はあるものの、自治会等の活動はあくまで、地域の日常的な維持管理や情報共有、親睦を中心としており、「地域の将来を考える」ということについては、経験も志向も体制もないのが一般である。そうした状況において、地域再生でまず求められるのは、先に示した「地域の意思決定を第三者の立場で支援」する役割であるのは、必然のように思える。

そして様々な地域再生の取組みが進んだこの十数年間で、兵庫県で「五〇戸以下、高齢化率四〇パーセント以上」と定義される小規模集落の数は、二四七（二〇〇八年）から八四六（二〇二二年）と三倍以上に増加している。これは、多自然地域の集落数の三分の一を占めるようになった。集落の無居住化が現実的に視野に入ったこの状況に対し、兵庫県では、令和四（二〇二二）年度に「小規模集落セーフティネットモデル」を示した（図2）。これは「今後、集落存続が危惧される集落を対象に、今後の進路（存続、むらおさめ、移転等）を話し合う場づくりを行い、住民進路を支援する様々なモデルづくり」をその内容としている。そして取組みの最初に設定されているのは、「住民の話し合いの場づくり」なのである。ここではこれまで示された地域再生の様々な事業のような前向きな活動や計画づくりではなく、集落の存廃まで含めた未来絵図を描くことが求められる。集落住民の誰もが未経験なこのような話し合いの場を、住民や住民が所属する自治会等だけに委ねることが、果たして可能であろうか。第三者の支援が不可欠ではないだろうか。

地域における「話し合いの場」において、（これまで触れたような意味での）アドバイザーが備えるべきコミュニケーションやファシリテーションの技術について、筆者は臨床心理学におけるカウンセリングの考え方を援用することが望ましいと考えている。カール・ロジャーズの「来談者中心のカウンセリング」におけるカウンセラーの基本的態度（「アクティブリスニング」「共感的理解」など）は、ファ

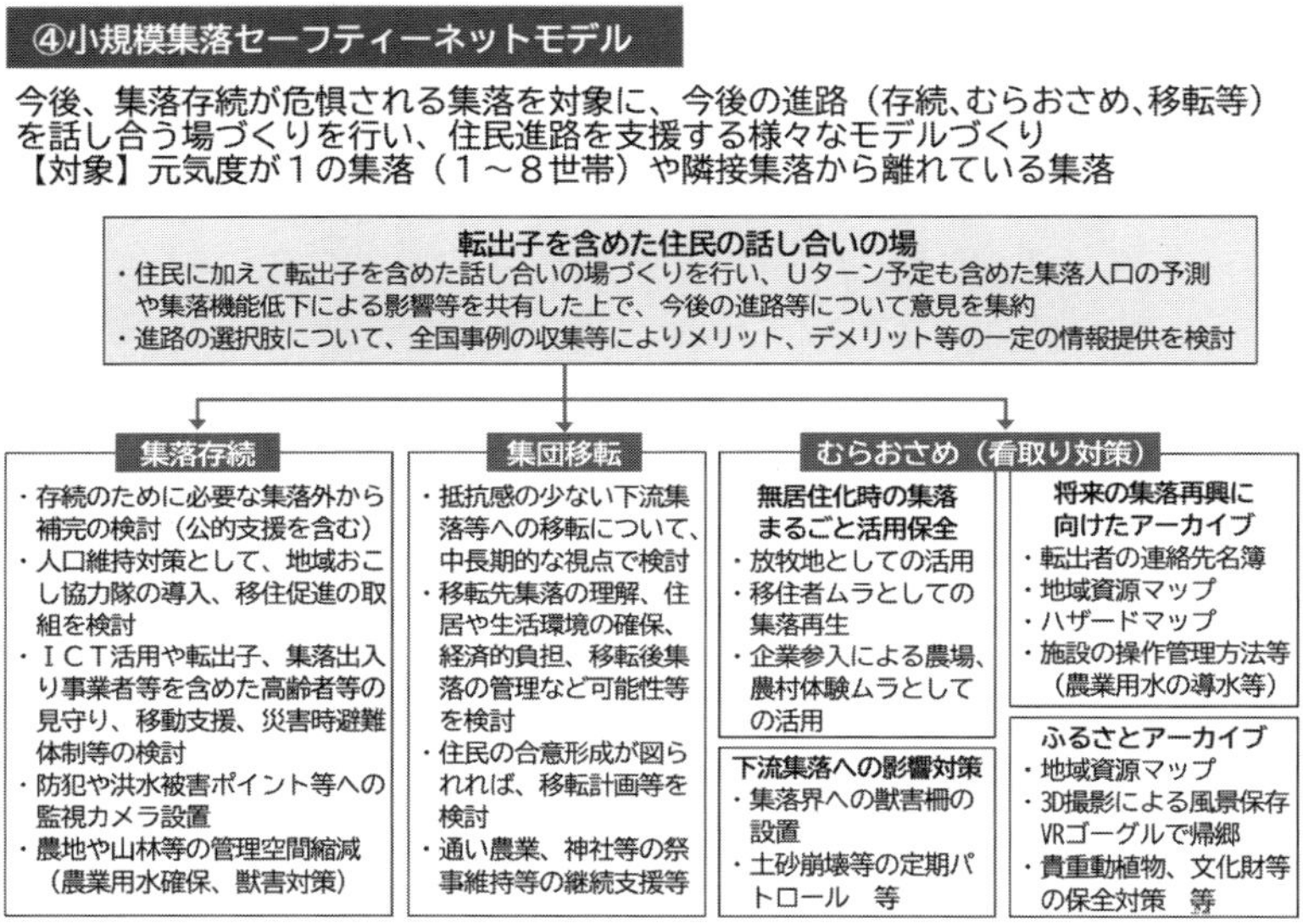
④小規模集落セーフティーネットモデル
今後、集落存続が危惧される集落を対象に、今後の進路（存続、むらおさめ、移転等）を話し合う場づくりを行い、住民進路を支援する様々なモデルづくり
【対象】元気度が１の集落（１～８世帯）や隣接集落から離れている集落
転出子を含めた住民の話し合いの場
・住民に加えて転出子を含めた話し合いの場づくりを行い、Uターン予定も含めた集落人口の予測や集落機能低下による影響等を共有した上で、今後の進路等について意見を集約
・進路の選択肢について、全国事例の収集等によりメリット、デメリット等の一定の情報提供を検討
集落存続
・存続のために必要な集落外から補完の検討（公的支援を含む）
・人口維持対策として、地域おこし協力隊の導入、移住促進の取組を検討
・ＩＣＴ活用や転出子、集落出入り事業者等を含めた高齢者等の見守り、移動支援、災害時避難体制等の検討
・防犯や洪水被害ポイント等への監視カメラ設置
・農地や山林等の管理空間縮減（農業用水確保、獣害対策）
集団移転
・抵抗感の少ない下流集落等への移転について、中長期的な視点で検討
・移転先集落の理解、住居や生活環境の確保、経済的負担、移転後集落の管理など可能性等を検討
・住民の合意形成が図られれば、移転計画等を検討
・通い農業、神社等の祭事維持等の継続支援等
むらおさめ（看取り対策）
無居住化時の集落まるごと活用保全
・放牧地としての活用
・移住者ムラとしての集落再生
・企業参入による農場、農村体験ムラとしての活用
下流集落への影響対策
・集落界への獣害柵の設置
・土砂崩壊等の定期パトロール　等
将来の集落再興に向けたアーカイブ
・転出者の連絡先名簿
・地域資源マップ
・ハザードマップ
・施設の操作管理方法等（農業用水の導水等）
ふるさとアーカイブ
・地域資源マップ
・3D撮影による風景保存VRゴーグルで帰郷
・貴重動植物、文化財等の保全対策　等

図２　小規模集落セーフティネットモデル
出典：「令和４年度　地域再生アドバイザー会議」資料

シリテーターが持つべき態度とほぼ同質のものであり、アドバイザーこそが備えるものであろう。そして集落の存廃まで含めた話し合いの場では、それまで培われてきた自治会等の伝統的な意思決定の場とは異なり、集落住民個々の意見が強く示され、多様な主体が際立ってくると想定される。地域での話し合いの場というものは、基本的に「多様な主体の集合体」が行うのであるが、この「際立ってきた多様な主体の集合体」をカウンセリングにおけるクライエント（来談者）に置き換えることで、「来談者中心のカウンセリング」に蓄積された技法や思想から重要な示唆が

与えられるように思われる。

そしてさらに、集落の縮退を視野に入れる場合には、人間における終末期医療を参考にすべきではないかとも考えている。終末期医療では、一般的に、「身体的ケア」「精神的ケア」「社会的ケア」が施されるという。それぞれ「痛みの緩和」「死や不安への寄り添い」「家族や社会制度への対応」などを意味する。集落の縮退においても、同様の対応を想定することが、支援を検討する立場から有効に思える。例えば医療福祉的対応の不足、耕作放棄地、整備不全の森林等の課題などの「痛みの緩和」集落縮退後の状況や住民自身の生活・財産のあり方などの「死や不安への寄り添い」住民の家族・親族〈相続人〉や集落維持に関する制度、共有財産の管理などの「家族や制度への対応」など。もちろん、現実には住民の状況により様々な対応すべき項目が現れるであろうし、それに対して杓子定規な制度の型を当てはめるだけでは、集落の住民が納得するような意思決定には至らないだろう。終末期医療における、終末期ケア専門士のような役割を持って寄り添うような第三者が必要かと思われる。そして、そのような人材は、先に触れた「カウンセリング的アプローチ」が可能な、地域再生アドバイザーのような職種の中に求めざるを得ないのではなかろうか。

居住の自由が基本的人権としてある以上、集落の縮退／縮充の方向性の決断には、集落の各住民の意思が第一に尊重されるべきものとしてある。総務省に定義されている、集落が備える生活扶助機能、生産補完機能、資源管理機能は、各住民の総意に基づいて成立しており、その行末を決めるのも各住民の総意に依る他はない。そして総意は話し合いの場からしか生まれ得ない。しかし先に触れたように、集落の将来に関わる事項を、単独で話し合い、納得できる結論に導ける自治会等は、さほど多くはないだろう。各集落住民にとって、これまでの経験にない話し合いを円滑に進めるには、第三者の役割が必要であり有効なはずだ。そのための人材が求められている。兵庫県では人材の必要性が確認され「地域再生アドバイザー養成講座」が開講されるに至った。ただ、小規模集落の数は増え続けている。人材は十分ではない。幅広い領域からの参加が必要だと考える。いずれ災害によって否応もなく、自らが住んできた場所の将来を考えざるを得ない状況になった被災地域の住民にとっても、そうした人材が有効な役割を果たすことは、十分に期待できるだろう。それは現在進行形の話でもある。

（まつばら・えいき／有限会社スタヂオ・カタリスト代表取締役）

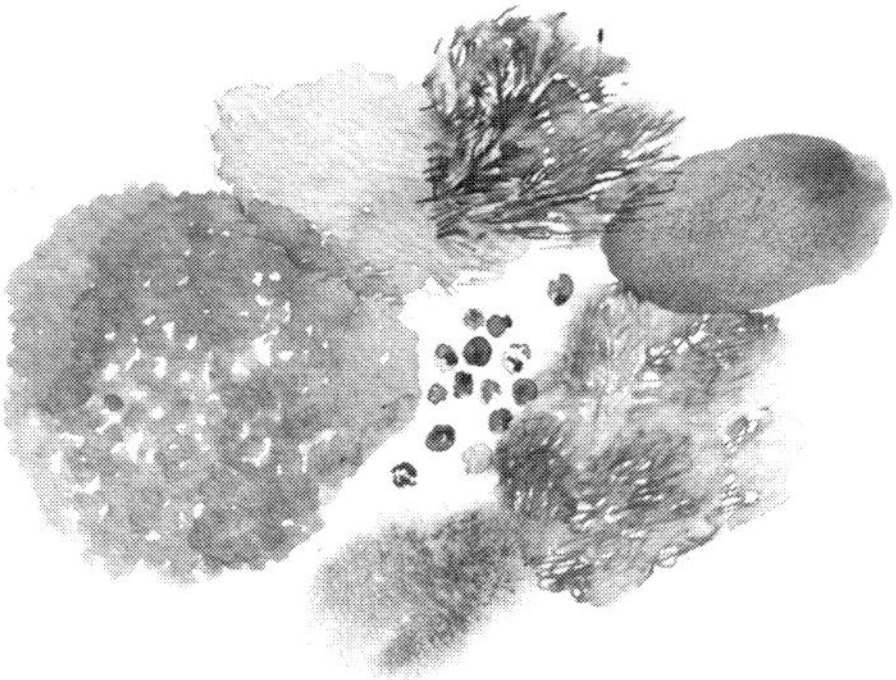

第3部

現代的な共同性／公共性の創造はいかにして可能か？

第7章

「異なる価値観の共存」を実現する生活空間の構築

髙田 光雄

1 はじめに

本章では、コミュニティおよびコミュニティ・デザインの概念について最低限の整理を行なった上で、コミュニティ・デザインの課題を「異なる価値観の共存」と位置付け、それを実現する生活空間構築の仕組みやプロセスについて、筆者らがこれまで行ってきた住まい・まちづくりの実践的研究を踏まえて論じている。なお、本章で扱う実践的研究は、主として京都市都心部をフィールドとしたものであり、個々の事例は特殊京都的であるとも理解できるが、その特殊性ゆえに見えてくる要素の個別具体的検討を通じて、普遍的示唆を得ようとしたものである。

2　コミュニティおよびコミュニティ・デザインの概念

わが国で「コミュニティ」という用語がよく使われるようになったのは、一九六〇年代の高度経済成長期である。当時、コミュニティという概念は、ポジティブな概念としても使用されていたが、第二次世界大戦時に大政翼賛会の末端組織の内部に形成され、戦争総動員体制を促進した隣組などを想起させる概念として敬遠されたり、楽観的、非科学的概念としてネガティブに捉えられたりすることもあった。例えば、マルクス主義歴史学者、羽仁五郎は、『都市の論理』（羽仁　1968）において、「コンミュニティ」という用語は「非論理的」「ユウトピア的」な「偽概念」であり、解決すべき問題をあいまいにするものとして痛烈に批判している。

とはいえ、地方から大都市に人口が集中、大都市圏に大量の住宅需要が発生し、住宅団地建設が急速に進行する中で、筆者が専攻する建築計画学、とりわけ住宅・住宅地計画分野では、「コミュニティ」は避けて通れない概念となっていった。住宅地計画論の権威、土肥博至は、『新建築学体系20　住宅地計画』（土肥　1985）において、コミュニティという概念は、「具体的な一定の空間領域に対応した社会集団」を指すものの極めて多義的であるとした上で、R・M・マッキーバー、F・H・テンニース、並びに、R・E・パークやE・W・バージェスに代表されるシカゴ学派などの諸説を紹介し、「近代的な」コミュニティが、「地域性・共同性・社会的相互作用」を内容とするノンフィジカルな概念およびその投影としてのフィジカルな概念であることを示している。

一方、現代のコミュニティ・デザイン（community design）に繋がる概念として、当時から、コミュニティ計画（community planning）という概念が存在していた。土肥は、コミュニティ計画の概念も同様に複雑であることを指摘した上で、一九七〇年代には、C・A・ペリーの「近隣住区理論」に代表される「生活空間の段階構成論」が発展、展開したものの、やがて、その閉鎖性に対する批判が強まり、一九八〇年代になると、重層的・開放的コミュニティの実現と直接的、間接的な住民参加の必要性が強調されるようになったと述べている。その後、新市街地だけでなく、既成市街地でもコミュニティ計画の必要性が論じられるようになるが、土肥は、逆に、両者に「本質的な差異はなくなった」と説明している。

因みに、わが国において、既成市街地のコミュニティ問題は、国民生活審議会調査部会コミュニティ問題小委員会の「コミュニティ——生活の場における人間性の回復」（一九六九年）あたりから、主としてノンフィジカルな問題として検討が深められたが、一九七〇年代後半ごろからは、その投影であるフィジカルな問題として、既成市街地の居住環境改善が議論されるようになった。「コミュニティ・デザイン」という建築雑誌の特集が組まれたのもそのころである（『建築文化』一九七六年五月号、彰国社）。当時、「コミュニティ・デザイン」は、居住環境改善の設計技術を意味する概念として用いられていたのである。

近年になって「コミュニティ・デザイン」という用語を多用し、自身もコミュニティデザイナーと称する山崎亮は、コミュニティ・デザインを「人がつながるしくみをつくること」（山崎 2012）とし、「デザインの力を使って、コミュニティがもつ課題解決力を高めるよう支援する」ソーシャルビジネスを意味する概念としても扱っている。[*1]

ところで、一九六〇年代後半から、行政や開発事業者が行う都市整備事業に対して地域住民が保全案や対案を提起する、いわゆる「まちづくり」活動が活発化し、アクション・リサーチを伴う「まちづくり」研究も盛んに行われるようになった。しかし、地域住民による「まちづくり」活動は時代とともに変化・多様化し、行政や事業者も「まちづくり」という用語を積極的に使うようになったため、「まちづくり」は極めて多義的な概念となった。『広辞苑』では、二〇〇八年に改訂された第六版で初めて「まちづくり」をとりあげ、古典用例、および、当時のこの言葉の使用状況をふまえて、「①町の家並み②行政が行う総合的な市街地の整備・開発。住民が主体となって行うものもいう」と説明している。

とはいえ、多くの「まちづくり研究」においては、「まちづくり」概念は、概ね「地域資源の共同的利用・管理に関わる活動」として扱われてきたと考えられ、その英語訳として「community development」「community design」「community management」などが使われ

＊1　studio-L ホームページより　https://studio-l.org/about/

てきた。ただし、「まちづくり」は特殊日本的活動であると理解して「machizukuri」と表記する海外の研究者も登場している。本章においては、「コミュニティ・デザイン」という用語を、この多義的な「まちづくり」に近い概念として、あえて厳密な定義を行わず使用する。

厳密な定義を行わないというのは、現代における「コミュニティ」概念や「コミュニティ・デザイン」概念が、むしろその「あいまいさ」に積極的意味を見出して使用されているからでもある。現代のコミュニティを多面的に論じてきた広井良典は、「個人―社会」「私―公」「市場―政府」といった二元論的枠組みを超えるのが「コミュニティという〝あいまい〟な存在」であることを『人口減少社会のデザイン』（広井 2019）の中で指摘している。

3 京都の「まちづくり」に学ぶコミュニティ・デザイン

前述の広井良典は、さらに同書の中で、コミュニティには、集団の中に個人が埋め込まれる「農村型コミュニティ」と、独立した個人がゆるくつながる「都市型コミュニティ」という異質な二者があり、かつ両者は人間にとっていずれも本質的で補完的なものであると述べている。「農村型」と「都市型」の関係は時代や地域によって変化する。広井は、現在の日本社会は大きな〝関係性の組み換え〟の時代にあるという認識を示し、都市化が進行しても高度経済成長期までは〝都市の中のムラ社会〟が作られ、農村型の関係性はそれなりの好循環を保つことができたが、人口減少社会を迎えると「集団を超えて個人と個人がつながる」都市型の関係性を育てていくことが最大課題となったと述べているのである。

前節冒頭で述べたように、住宅・住宅地計画分野でコミュニティが盛んに議論されるようになったのは、農村から都市への大規模な人口移動が進んだ高度経済成長期であった。広井の解釈に従えば、そこでのコミュニティ計画の目標は都市に農村型コミュニティを作ることであったと言える。当時筆者は、住宅団地計画や住宅地計画研究の現場で議論されるコミュニティ論に強い違和感を覚えていた。その最も大きな理由は、まさに、都市に農村型コミュニティを作ることへの違和感であった。そもそも、京都で生まれ育った筆者から見れば、京都のような歴史都市では、近代以前から都市型コミュニティの蓄積はあり、近代化の中で都市型コミュニティが生まれたわけでも、コミュニティが農村型から都市型に変化したわけでもなかった。地域によっては、都市に農村型コミュニティを作るのでも、農村型コミュニティを都市型コミュニティに移行させるのでもなく、歴史都市のコミュニティに学び、それを継承・発展させる選択がありえたはずである。この選択の可能性は〝関係性の組み換え〟の時代である現代においても同様である。以下では、歴史都市京都で継承されてきた都市型コミュニティの諸側面に着目してその現代的意義を探ってみたい。

目まぐるしく変化する歴史の中で、多様な人々が流入し、高密度な環境の中で都市生活を営んできた京都の町の生活文化は、結論から言えば、「異なる価値観の共存」のための知恵の集積であった。この生活文化は、フィジカルには京町家という建物やそれらがつくる町並み景観に投影されてきた。筆者は、京町家の保全・継承の論拠が、京町家という建物やそれらがつくる町並み景観の文化的価値だけにあるのではなく、むしろ、より本質的には、そこで展開されてきた生活文化の現代的価値とその継承・発展の重要性にあると考えてきた。また、京町家が育んできた生活文化には、京町家単体で継承されてきたもの、即ち、家の生活文化だけでなく、京町家がつくる地域生活空間で継承されてきたもの、即ち、町の生活文化が含まれることを確認してきた。特に、町の生活文化は、一般の伝統建築物における生活文化の議論にはない、連担して両側町などの地域生活空間を構成する京町家独特のものであり、その存在は、家の生活文化との関係を含めて強く認識しておかなければならない。家の生活文化と町の生活文化は、入れ子構造になっており、相互に補完し合う関係にあると考えられる。

境界のデザイン作法、つまり、「通り庇《ひさし》」の高さを揃え、家の横には家を建て、「けらば」を重ね、庭の横には庭を作る、というような「連担」のルールを継承した京町家が支えてきた京都の町の生活文化は、「打ち水」や「門掃《かどは》き」から年中行事や冠婚葬祭に至るまで「異なる価値観の共存」のための知恵の集積であった（図1）。それらは、その時々の権力者の定めた規制ではなく、商工業の発達に伴い台頭してきた町衆による地域生活空間の共同的管理活動、いわば、コミュニティ・デザイン活動の結果生まれたものであった。京都におけるこうした活動の起源には諸説があるが、応仁・文明の乱（一四六七〜一四七七年）後の京都の復興が大きく関わってい

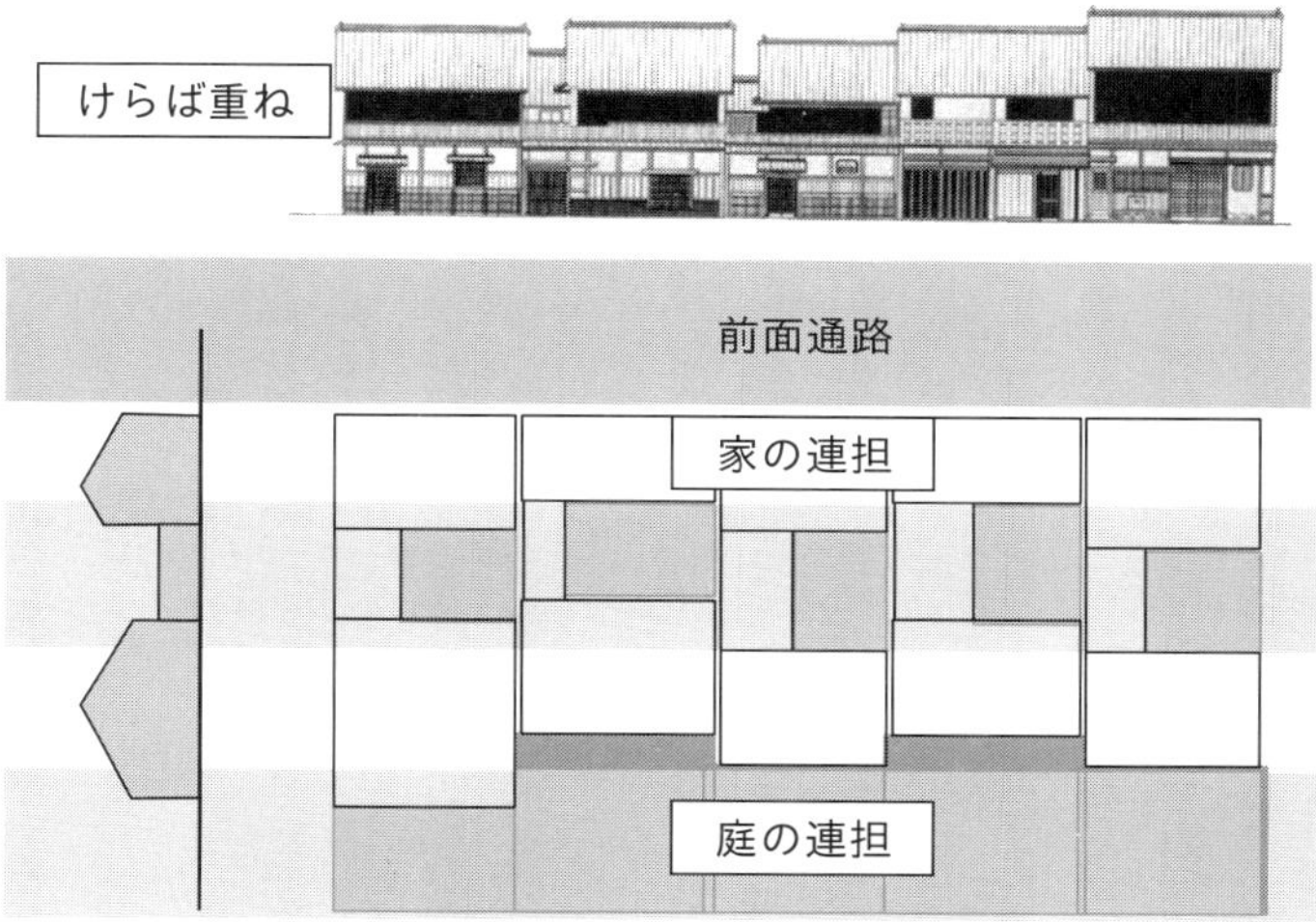

図１　京町家における「連担」のルール

たことは明らかであろう。戦乱の続く極限的状況の中で、都市生活や生業を再建、維持していけたのは、町衆の力と共同的活動があったからに他ならない。こうした活動は、その後も激しく変化する歴史の中で継続・発展し、現代のお町内や元学区の活動にも引き継がれてきたと考えられる。京都のコミュニティ力が強いと言われるのは、この歴史的蓄積の反映であろう。

この経緯を踏まえると、少なくとも町の生活文化継承の視点から京町家の保全・継承を考えるとき、コミュニティ・デザイン活動との関係を考慮するのは当然ということになる。逆に、町の生活文化は、コミュニティ力の向上やコミュニティ・デザイン活動の活性化がなければ継承や発展は難しくなる可能性もある。したがって、京町家の保全・継承には、コミュニティ・デザインの視点が必要で、個々の町家所有者の努力と行政による町家所有者への働きかけだけでなく、コミュニティ・デザイン活動支援を通じての町の生活文化の継承、発展を図るというアプローチが求められることになる。以下では、今後展開が期待される京町家の保全・継承に向けたコミュニティ・デザインの「課題」「仕組み」「プロセス」について私見を述べてみたい。

4　コミュニティ・デザインの課題——異なる価値観の共存

前節で、京都の町の生活文化を「異なる価値観の共存」のための知恵の集積であると述べた。ここで、異なる価値観の「共存」とは、異なる価値観を持つ者同士が互いの存在を認め合うことである。その上で、何らかの意思決定に際して、両者あるいは片方が歩み寄ることを価値の「調整」と言うことにしたい。また、時には、異なる価値観の者同士が協議をし、何らかの新たな価値を発見することもあると考えられる。これを価値の「共有」と呼ぶことにしたい。さらに、価値共有が生まれるプロセスを「価値共有過程」と言うことにしたい。「異なる価値観の共存」は、伝統的なまちの持続の原理であるとともに、多様な価値観の人々が集積する現代都市においては、コミュニティ・デザインの最大の課題であるということができる。

とはいえ、そもそも、原理的には、異なる価値観の人々が民主的方法により社会的意思決定を行うことなど不可能であることが、K・J・アローやA・センなどによって、厳密に論証されている。いわゆる社会選択理論（social choice theory）である。筆者自身も、さまざまな近隣紛争から建築紛争、景観紛争、阪神・淡路大震災や東日本大震災の復興計画の現場などで、異なる価値観の共存が極めて困難だということは痛感してきた。

しかし、可能性が全くゼロかというと、必ずしもそうではない。そのことを実感したのは、例えば、阪神・淡路大震災後の復興まちづくりの現場であった。震災後、神戸市だけでも百を超えるまちづくり協議会が立ち上がった。そのほとんどは、筆者の分類では「価値調整型」協議会であった。分かりやすく言うと、価値観の対立によって言い争いの場になっていった協議会である。同席するのが居た堪れない協議会も珍しくなく、中には、調整役の方が本当に消耗され、疲れ果ててまちから出て行かれた地区もあった。

ただ、そうではない協議会がごく少数存在していた。これが「価値共有型」協議会である。そこでは、関係権利者の利害調整ではなく、まちの将来像が熱心に議論されていた。調べてみると、それらのまちでは、震災前から何らかのコミュニティ・デザイン活動が行われ、住民同士がお互いの価値観の違いを認め合っていることが議論のベースとなっていた。また、議論されている内容が現在や過去の話ではないことも重要であった。価値観の異なる人々が現在や過去の話をすると価値観の違いが一層際立つだけである。これに対して、未来の話は、価値観が異なる者同士が自由に議論できる唯一のテーマなのである。異なる価値観を認め合った上でまちの将来像を協議すると、場合によっては「価値共有過程」が生まれることが実証されたのである。なお、これは、現在や過去の価値を扱うわけではないので、必ずしも社会選択理論に矛盾するものではない。

筆者は、一九九〇年代半ばに起こった京都都心部のマンション紛争の中でも同様の経験をした。その紛争は、京都のマンション紛争史に残る激しいものであったが、地域住民は、単なる反対運動が必ずしもいい結果をもたらさないことに気付き、専門家の支援を得て「姉小路界隈を考える会」を設立、文化的活動を展開しながら住民自らが地域資源を知るための取り組みを開始した。分譲マンション建設は、一九九六年、異例の白紙撤回となったが、会の活動は拡大され、積極的な文化情報発信も行われるようになった。

その後、紛争地の土地利用について、地域全体の価値を高める賃貸物件として検討を再開する動きが生まれ、一九九九年一月、「パートナーシップのまちづくり」につながる「地域共生の土地利用検討会」が、(財)京都市景観・まちづくりセンターを事務局として設立され、筆者はその取りまとめ役を担当することになった。この検討会では、「長期的に地域社会に受け入れられる事業であること」、「事業主側の採算がとれる事業であること」という二点を前提に地域住民、開発事業者、外部の専門家などが参加し、入居者像や低層部の機能とともに、「まちのかたち」に合致した建物の形態が議論された。「スケルトン・インフィル方式」のマンションにおけるスケルトン設計への周辺住民参加である。当初は高さを低くすることのみに議論が集中したが、大きなかたまりを細かく分けること、隙間を空けることなどの重要性が徐々に話題となり、さらに、計画敷地の北側や東側の町で住民の多くが大事にしている低層の町並みを守るためには、当該敷地の土地利用はどうあらねばならないか、という議論に至った。相隣関係の利害の調整、つまり「価値の調整」を超えて、地域全体の「価値の共有」の議論に発展したわけである（図2）。

二四ヶ月にわたる議論を重ねた末、二〇〇〇年一二月に店舗併存賃貸マンション「アーバネックス三条」の基本計画が策定された。竣工後も、地域の住民とマンション住民との交流会が何度か開催され、新旧住民を含めたコミュニティ・デザインのあり方が模索されてきた。なお、この経験は、「京都市都心部のまちなみ保全・再生に係る審議会」による二〇〇二年の提言やこれを基礎とする京都市都心部の建築ルール（二〇〇三年ルール）に反映され、さらには、二〇〇七年の「新景観政策」（二〇〇七年ルール）にも影響を与えた。

この実践的研究によって分かったことは、「価値共有過程」の好循環が生まれた背景として、異なる価値観の複数の主体の共存が、かえって問題解決の幅を広げ、協議の促進に繋がったことである。ここでも具体的な協議に入る前に十分時間をかけて異なる価値観の「共存の感性」を磨くこと、その上で、過去や現代の問題ではなく、「まちの将来像」について「熟議（deliberation）」を行うことの重要性が確認された。

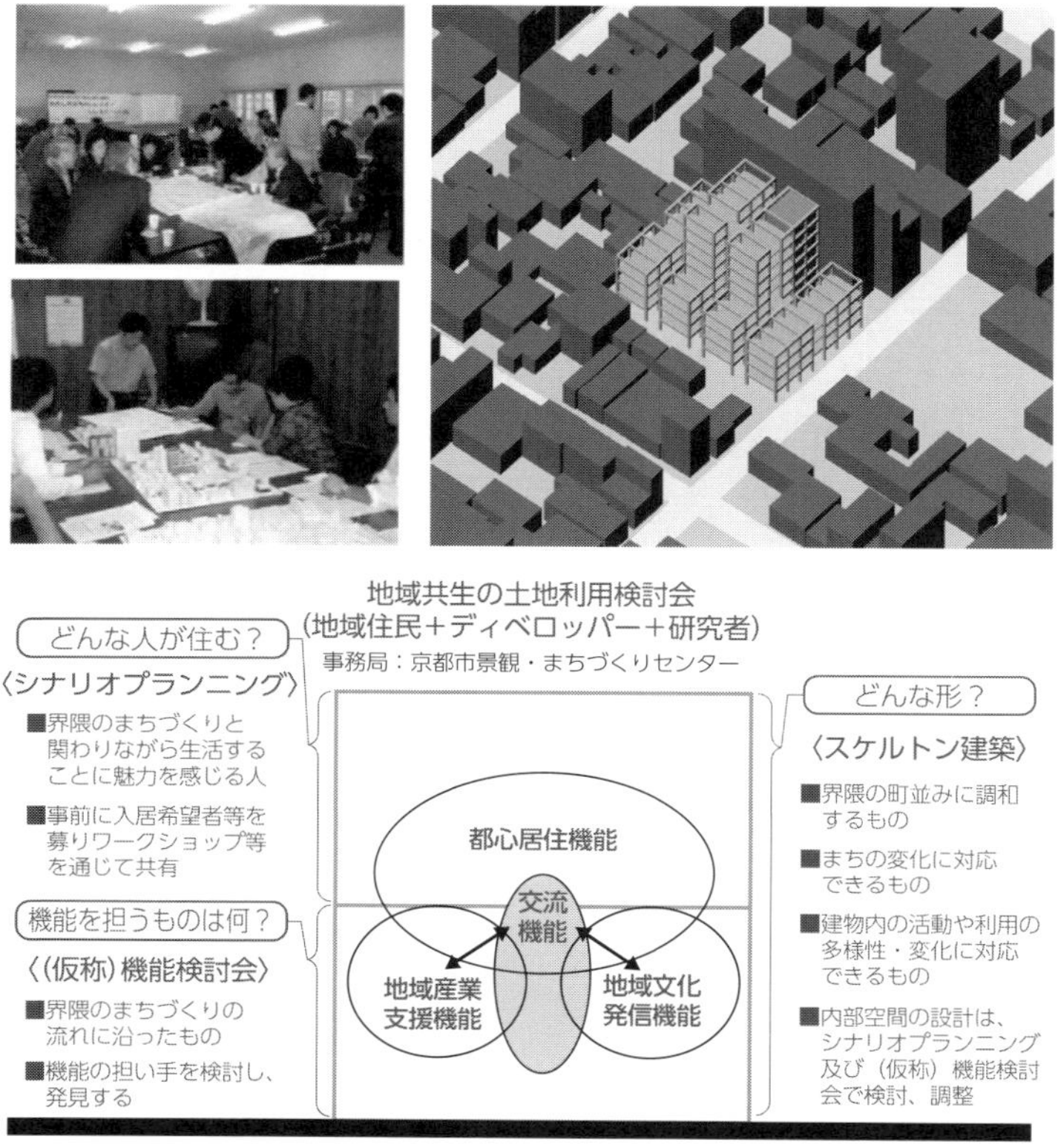

図２　地域共生の土地利用検討会
（京都市中京区）

5　コミュニティ・デザインの仕組み――タイトでオープンなコモンズ

生活空間の共同的利用・管理活動は、イングランドやウエールズの放牧地の共同的利用・管理システムを意味する「コモンズ」(commons)によくたとえられる。コモンズをめぐる議論はこれまで延々と続いていて、「コモンズ」「コモンズ論」などと呼ばれてきた。膨大な研究成果があるが、そのきっかけの一つを作ったのは、アメリカの科学誌『サイエンス』に掲載されたG・ハーディンの「コモンズの悲劇(The Tragedy of Commons)」(一九六八年)であった。

ハーディンの主張は、放牧地では各牧夫が自らの利益を最大化するため過度の放牧が起こり、結局は資源の枯渇を招くというものであった。共同的問題解決の本質的困難性の指摘でもあり、例えば、現在の地球環境問題を考えると、なるほどとうなずける気もする。

しかし、コモンズ論を少し紐解くと、ハーディンの主張には不十分な点があることがわかる。そもそも、放牧地は誰でも自由にアクセスできる(open access)土地ではない。厳しい掟のもとに管理されている土地こそが本来のコモンズなのである。また、地球環境問題はグローバル・コモンズ(global commons)と言われるコモンズ概念に関わり、ローカル・コモンズ(local commons)と言われるコモンズ概念に当たる放牧地とただちには同一視できない。

E・オストロムは、膨大な調査研究に基づき、悲劇が起こらない持続可能なローカル・コモンズの条件を明らかにした。さらに、多くの研究者たちが、共有地の管理システムを多面的に検討してきた。その成果をまちづくりに適用する試みも行われてきた。都市空間をコモンズと考え、その共同管理のしくみについてコモンズ論を手がかりに考えるのである。

ここでは、特に地域資源の利用・管理の主体と方法に着目したい。多くの研究者の指摘を総合すると、「タイト」で「クローズド」なコモンズでは悲劇が起こりにくい。ここで「タイト」とは厳格な資源利用・管理ルールが存在すること、「クローズド」とは、地域内の決まった人たちだけが地域資源を利用・管理することである。伝統的な都市空間の利用・管理システム、例えば、近世の京都における両側町単位の自治組織は、町式目と呼ばれるルールをもったタイトでクローズドなコモンズであった。

では、このシステムで現代の都市空間の利用・管理もうまく行われるのかというと、実はそうではない。京都の都心部では、マンション紛争や景観紛争など、地域の共同的利用・管理システムだけでは解決できない都市問題を数多く経験してきた。さらに、少子高齢社会の進行によって地域運営の担い手の継承も困難になっている。

しかし、よく調べてみると、失敗しているのは「クローズド」なコモンズで、必ずしも共同的利用・管理システムの全否定とはいえない。仮に、「タイト」なルールはそのままで「オープン」なコモンズが構想できれば、問題が解決できるかもしれない。熱帯雨林やサンゴ礁の共同管理に世界中の人や組織が参加しているように、地域内だけでなく、地域外の人たちが、ルールを共有し、リスクを背負って、地域資源の利用・管理に参加するしくみを考えるのである（図3）。

当然のことながら、外部の支援者は地域の人たちとは価値観が異なる。しかし、異なる価値観の共存を認め合わざるを得ない状況が、原理主義を排し、閉塞的状況を突破する原動力となることを、われわれは、阪神・淡路大震災の復興や「地域共生の土地利用検討会」の実践的研究などから既に学んできた。さらに、異なる価値観の共存を認め合う素地が生まれれば、住民と企業と行政の連携である「パートナーシップ（partnership）」や、異なる地域の住民組織同士の連携である「コミュニティネットワーク（community network）」も進めやすくなる。こうなると、ポジティブなサーキットが回り始める。こう「タイト」で「オープン」なコモンズは、異な

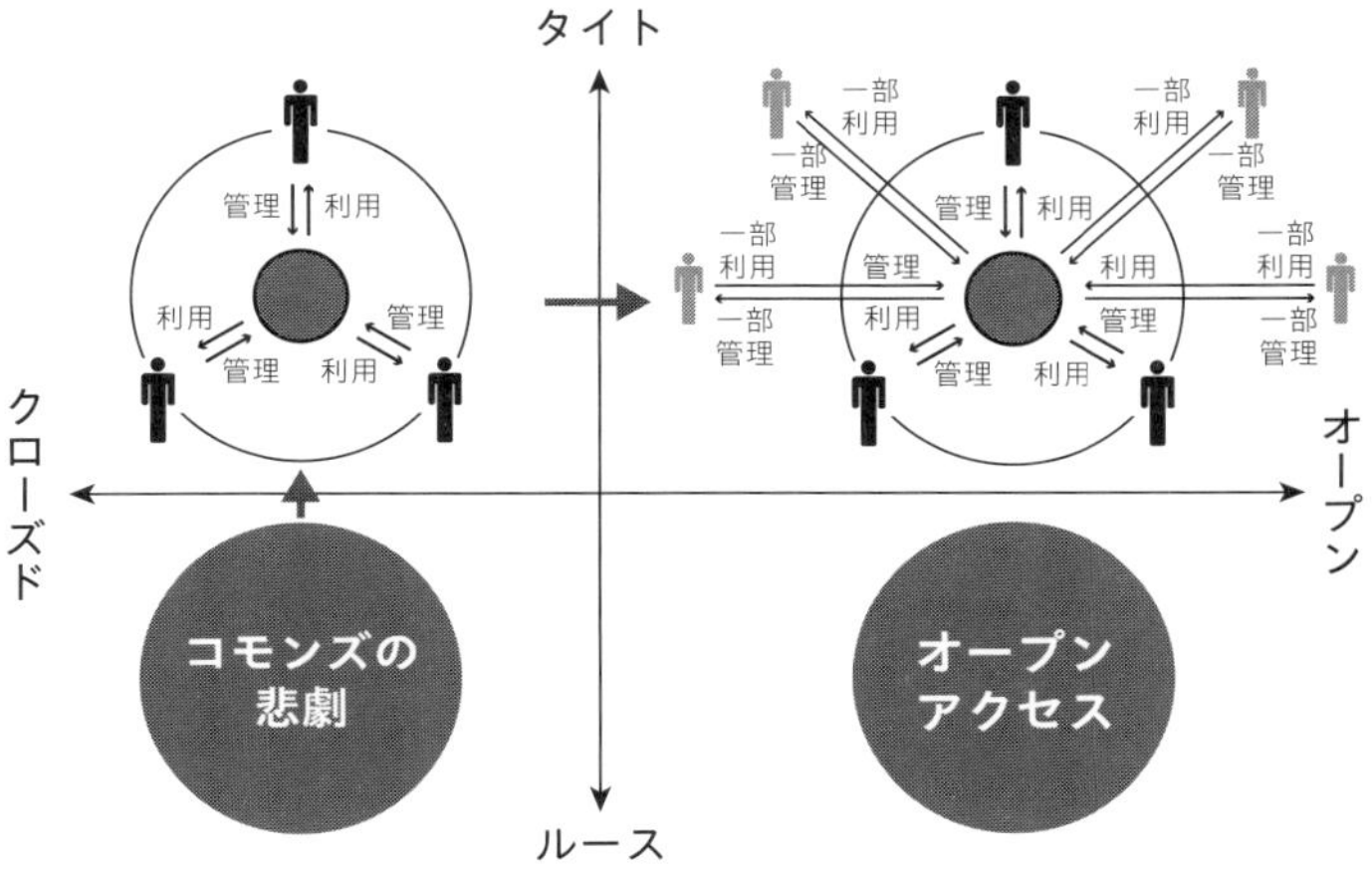

図3　タイトでオープンなコモンズ

る価値観の共存をめざす「まちづくり」の基礎である。「異なる価値観の共存」を重視し、町の生活文化を含めた京町家の保全・継承を進めるに当たってはこうした視点からの取り組みが期待されるのである。

6　コミュニティ・デザインのプロセス——シナリオ・アプローチ

本章で筆者は、現代のコミュニティ・デザインの最大課題は「異なる価値観の共存」である、と述べてきた。しかし、異なる価値観を持つ住民による協議の現場で、何らかの意思決定を行うことは、実際には、前述の社会選択理論を持ち出すまでもなく不可能に近い。意思決定の方法自体を見直さなければ、「異なる価値観の共存」など、絵に描いた餅に過ぎないのである。

見直しの対象は、具体的には「計画」という方法である。plan や planning の訳語としての「計画」は、「目的達成のための手段の組織的配列」のことで、二〇世紀、とりわけ第二次世界大戦後に、様々な分野で広く普及した。この方法では、目的が重要で、出来上がり図をまず描く。次に、それをどのように達成するかを論理的に考えて実行する。これが「計画」なのである。

異なる価値観の共存を前提とするなら、まず、出来上がり図を描くことを見直さなければならない。その方法を、「シナリオ・アプローチ」と名付け、さまざまなコミュニティ・デザインの現場で適用を試みてきた。「シナリオ・アプローチ」では、目的を一つに決めない。「複数のシナリオ」を作ることが「シナリオ・アプローチ」の第一のポイントである。次に、「漸次的な意思決定」。何回も、何回もやり直しながら、最終的なシナリオを実現しようとする。これがシナリオ・アプローチの第二のポイントである(図4)。

複数のシナリオを描き、一つの出来上がり図を描かない。できる限り離れた可能性を複数考えることが大事である。そして、それを一気に達成しようとはしない。これは、将来世代に最大限の選択肢を残す意味もある。どうしても今決めないといけないことだけを今決める。現世代が大きなお世話をするのではなく、今決めなくていいことは全て可能性を残す。ここが二〇世紀型「計画」論とは決定的に違うところである。その後、残された最大限の可能性を追求していくのである。また、こうした考え方は、「予測困難な環境変化に対して、しなやかに対応する力」を意味するレジリエンス(resilience)の概念にも通じる(図5)。

以下では、京都市上京区の「堀川団地」再生におけるシナリオ・アプローチの適用事例を概観したい(図6)。「堀川団

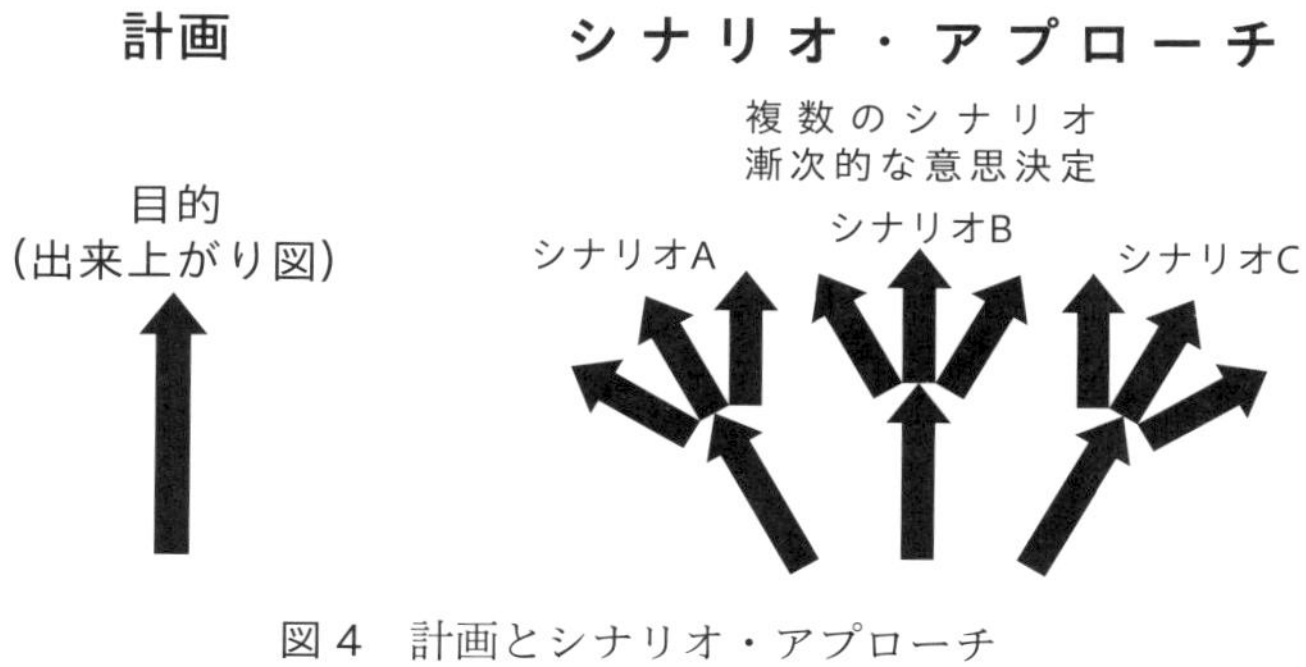

図4　計画とシナリオ・アプローチ

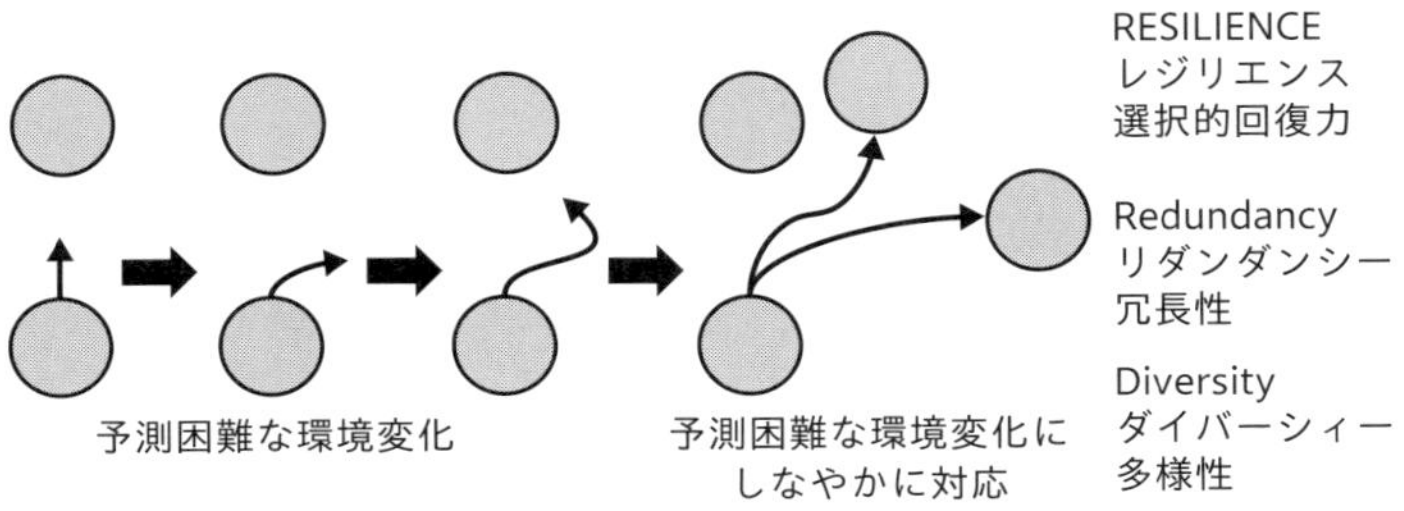

図５　レジリエンス

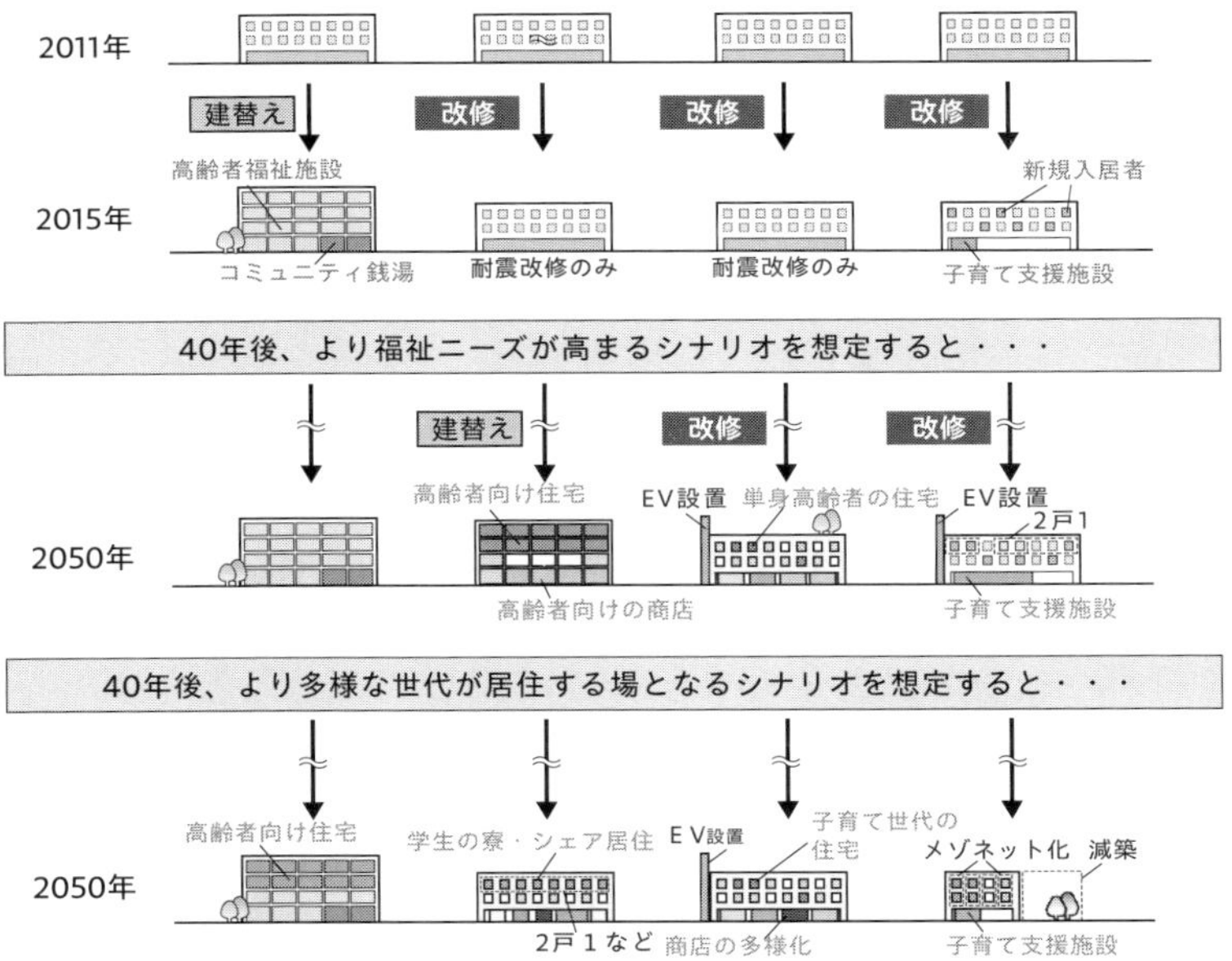

図６　堀川団地再生におけるシナリオ・アプローチの適用例
（京都市上京区）

地」は、椹木町団地、下立売団地、出水団地（第1〜第3）、上長者町団地の六棟からなる。戦前、この一帯は「堀川京極」とよばれ、二五〇軒あまりの商店が軒を連ねる市内有数の繁華街であった。しかし、第二次世界大戦の終り頃に、空襲の被害を減らすための防火帯に指定されると、商店や住宅は強制疎開を余儀なくされた。終戦後、この土地が広幅員の堀川通りに生まれ変わった。また、堀川通りの用地とならなかった西側の民有地に、堀川団地が建設された。

堀川団地のなかでもっとも古い出水団地が建設された一九五〇年は、公営住宅法が生まれる前年で、住宅金融公庫法が施行された年であった。京都府住宅協会（現・京都府住宅供給公社）は、住宅難解消と堀川商店街の復興をめざして、住宅金融公庫の資金を元に、買収した土地に、六棟の店舗併存集合住宅を建設した。住戸には都市ガスや水洗便所など、当時の最新設備が用意され、文化的な近代アパートとして人気を博した。

堀川団地は、もともとこのあたりにあった京町家を継承するいわば「立体京町家」であった。一階は店舗併用住宅、二、三階も通りとの関係を重視した準接地型住宅で、二階のテラスでは地蔵盆も行われた。京町家と同様、最大限の風通しを確保する平面計画で、通り土間にはなっていないものの、通り庭のような空間も確保されていた。住戸内の間仕切りは、竹小舞を下地とした土壁で、天井や押し入れの内側まで左官仕上げが施されていた。

しかし、この堀川団地も築四〇年を過ぎた頃から、老朽化を理由に建て替えの動きが活発化していく。一九九〇（平成二）年頃から、空き家の補充を停止するものの、一階の商店については定期借家制度を活用した補充を再開するなど、建て替えに向けた結論がでないまま推移してきた。耐震性能の問題から本格的に建替えの気運が高まった二〇〇九年に、京都府によって「堀川団地まちづくり懇話会」が設置され、筆者は縁あってその座長を務めた。

このとき懇話会が出した提言は三つあった。一つめは、必ずしも全面建て替えではなく、改修を視野に入れた再生をすること。二つめは、地域のまちづくりと連携した再生をすること。三つめは、出来上がり図をあえて描かずに多様なシナリオを可能にすること、すなわち、「シナリオ・アプローチ」の採用であった。

地域のまちづくりと連携した再生においては、その地域にすでに定着しているコミュニティを無視することはできない。特に京都のまちは市民自治の歴史も古く、それらが複層的に重なりあっている。

京都市都心部では、通りの両側の土地所有者が集まってエリアマネジメントを行う江戸時代の自治組織である「町（ちょう）」という単位が現代もコミュニティの最小単位として機能している。また、一八六九（明治二）年に、全国に先駆けて、複数の「町」が番組小学校をつくった単位である「元学区」も、重要な自治活動の単位となっている。元学区は、現在の小学校区とは必ずしも一致しないが、人々の帰属意識の対象であり、国勢調査などの「統計区」ともなっている。

町と元学区は、入れ子構造になっていて、いずれも現代のコミュニティ組織として機能している。堀川団地の場合、六棟が五つの町に分かれ、待賢学区と聚落学区という二つの元学区が直接関係している。一町一棟ではないことが意思決定を複雑にし、元学区間の考え方の違いが再生計画の実現を左右することになる。さらに、商店街の活動を考える場合は、堀川通の東側、つまり「洛中」側の元学区を含めた京都独特の商習慣にも配慮しなければならない。複雑な京都のコミュニティを整理するだけでも、このプロジェクトの難しさが読み取れる。しかし、これらを考慮しなければ、歴史都市のコミュニティ・デザインは成立しない。

これらの調整を行いながら二〇一〇年に「まちづくり協議会」が発足、京都府、京都府住宅供給公社に、大学研究者やさまざまな専門家が加わって、懇話会提案の具体化が進められた。二〇一四年に再生事業第一期を終えた堀川団地では、耐震改修や、住居部分の改修にとどまらず、まちづくりと連携した多様なコンテンツを盛り込みながら、地域全体を再生する機運が生み出され、その後も、多様な経緯の中で再生事業が重ねられている。

ところで、シナリオ（scenario）を使った意思決定は、他にも多様な分野で実践されてきた。これらをマクロシナリオとミクロシナリオの二つに整理してみよう。マクロシナリオでは、例えば、多国籍企業のロイヤル・ダッチ・シェル（Royal Dutch Shell）の実践が有名である。同社では、第二次世界大戦時に米軍が戦略を立てるのに使ったシナリオを経営に応用してきた。社内にシナリオライターを抱え、例えば、世界のどこでどんな紛争が起こるか、どこで飢饉が発生するか、資源・エネルギーの供給はどう変動するかなどを、データに基づいて予測し、未来シナリオを作成した上で、例えば、ビジュアルな映像に加工して経営会議で議論する。同社のノウハウの一部は、数年前に出された書籍でも公開されている。

一方、ミクロシナリオは、例えば、心理学や教育学で使われてきた人生脚本である。心理療法の分野では、患者にこれまでの人生を脚本に描いてもらい治療に役立ててきた。教育分野では、ストローム夫妻の社会教育プログラムが知られている。参加者が書いた自身の人生脚本を世代間交流に活用した例などが報告されている。その他、社会学分野などで、インタビューで人の生き様を聞き取り、シナリオに描くというライフヒストリー法などが開発されている。

コミュニティ・デザインにおけるシナリオ・アプローチは、マクロシナリオとミクロシナリオを組み合わせて、地域住民が参加するさまざまなコミュニティ・デザインのワークショップに活用したものである。マクロシナリオも、ミクロシナリオも、既に多くの研究や実践があり、既知の方法であるが、これまで、必ずしも、この二つを組み合わせるという発想はなかった。シナリオ・アプローチでは、第一に、マクロシナリオとしての複数の「まちのシナリオ」をつくる。第二に、それぞれの「まちのシナリオ」に沿って、ミクロシナリオとしての「個人のシナリオ」を参加者全員がつくる。その上で、第三に、「まちの将来像」について議論を行う。これが、異なる価値観の共存を前提とした意思決定手法の概要である。筆者らは、一九九〇年代から続けてきた京都市内各所の密集市街地再生プロジェクトや明舞団地や男山団地などの団地再生プロジェクトの実践的研究の中で、この手法の可能性とともに、多様な課題を確認してきた。今後は、こうした課題を丁寧に解きながら、シナリオ・アプローチが、「計画」に代わる「普通」の意思決定方法となることを期待している。

第8章 共同性を育む文化的実践とは？

弘本 由香里

1 はじめに

人と人が会うこと、人と人が交わることを制限する、新型コロナウイルスのパンデミックに対して、世界各地でとられた措置は、国レベルでも、コミュニティレベルでも、組織レベルでも、個人レベルでも、さまざまな議論を巻き起こした。

家族や親しい人の看取りにも弔いにも立ち会えない、それは人間が人間であることを否定することではないかという根源的な問いや、他者とのコミュニケーションを制限することは民主主義の根幹にかかわる権利の侵害ではないかといった問いが、国や地域の成り立ちの違いによる幅を持ちつつ立ち上がっていった。

図らずも多くの市民に、さまざまな痛みとともに、グローバルな世界とローカルな暮らしの足元をつなぐ視点をもたらした、文化を巡る議論であり、象徴的な出来事として記憶に新しい。ここでいう文化とは、人間が他者を必要とする社会的存在であること、共同性を獲得することによって社会を発展させてきたという前提とともにある。文化心理学を専門とする内田由紀子は、文化について次のように説明している。

人は長い歴史の中で、集団を作って生活をしてきた。集団生活の中でこころの働きを進化させてきたといっても過言ではない。円滑に生活を維持し、互いの命を守り合うために、何らかの「意味」や「価値」を集団の中で共有してきた。(中略)また、次世代に自分たちが育んだ価値や規範を伝えることを通じて、文化を持続的に発展させることを可能にした。(中略)今を生きる私たちのこころや知能の働きは「文化」からの恩恵なしにはあり得ず、したがって私たちのこころはすでに文化的産物であるといえる(内田 2021: 20)。

言うまでもなく文化の概念は幅広い。自然への適応のあり方や、規範などを形づくる精神の構造や、象徴的な意味の解釈など、学問的にもさまざまな捉え方がなされてきたが、私は何よりも生活者自身が、個々の人生の歩みから文化について考えることが重要と思っている。私自身は、文化とは生活をタテ(時間軸)・ヨコ(空間軸)に貫く横断的な概念と考え、一言でいえば人と人・人と環境が取り持つ関係性のあり方であり、生きることの矛盾や葛藤を共有し乗り越えていくために欠かせない営みであり、広い意味での表現であると捉えている。

2 前提そのものの揺らぎ

グローバル化が引き起こしたコロナ禍は、人間存在の前提としての共同性や文化とは何かを問い直す機会となったといってもよいが、グローバル化が引き起こしているのはコロナ禍だけではない。改めて思い起こしておきたいのは、コロナ禍以前から共同性の揺らぎが盛んに議論されていたことだ。

私が所属する大阪ガスネットワーク株式会社 エネルギー・文化研究所（以下、CEL）[*1]は、一九八六年に設立され、中長期的な視座で、社会の動き、未来のあり姿を捉え、社内外への情報発信を行ってきた。コロナ禍前の二〇一六年には、大きな社会変動の中で、コミュニティをどう位置付け直していくのかという問題意識のもと、研究員間で議論を交わした。論点となった再構築のドライバーをいくつか挙げると、つながり過ぎる世界がむしろ脆弱性を高めていること。国という単位自体がグローバルには小さすぎ、ローカルには大きすぎ、国家そのものの存在感が弱くなっていること。民主主義の機能不全が起きていること。その背景に格差の拡大や固定化があること。生活単位の個人化が進み、社会的孤立が深刻化していることなどである。

また、コロナ禍前のほぼ同時期に、日本学術会議が編集協力している『学術の動向』二〇一七年九月号でも「コミュニティを問い直す――社会関係資本の光と影」が特集された。

企画の趣旨はおおよそ次のように語られている。社会の多領域的な再編が進み、人と人のつながりの重要性が多様な学術分野でも認識される一方、個人化や格差拡大が進み、テロの頻発やナショナリズムの台頭も目立つ。文化や宗教、国家を越える連帯やネットワークの理念が厳しい挑戦にさらされている状況下で、望ましいつながりとはどのような形で構想され得るのか（町村・山田　2017: 7）。

同特集の中で、社会学者の友枝敏雄は、「社会関係資本から21世紀のコミュニティと社会へ」として次のような指摘をしている（友枝　2017: 8-12）。ポイントを要約すると、

・戦後の日本の社会学では、コミュニティを取り上げる際に、都市化の趨勢を前提にしていた。

・少子化と高齢化の趨勢はコミュニティの存立を危うくし、「共同体（村落共同体）」と「コミュニティ（都市コミュニティ）」という概念上の違いを無効化してしまうほどの勢いで進んでいる。

・社会関係資本とは「個人間のつながり、すなわち社会的ネットワーク、およびそこから

＊1　大阪ガスネットワーク株式会社 エネルギー・文化研究所の概要についてはウェブサイトを参照のこと（二〇二二年三月までの名称は、大阪ガス株式会社 エネルギー・文化研究所）。https://www.og-cel.jp/

生じる互恵性と信頼性の規範」（Putnam 2000）。地域社会における人々の結合や連帯を捉えようとして悪戦苦闘していた時に登場してきたのが、社会関係資本という使い勝手のよい概念だった。

・第一の近代が経済成長によって（生産された）「富を分配する社会」であったのに対して、第二の近代は（認知された）リスクを分配する社会になった（Beck 1986）。

・グローバル化と個人化という趨勢のとどまることのない進行が、これまでとは異なる人間の結合もしくはネットワークを創出しているからこそ、社会関係資本の重要性は増している。

・人々の多様性を前提にして成立する、グローバルな市民権に裏打ちされたものとして、市民のネットワークが構築されなければならない。

と論じられている。工業化社会を支えた第一の近代から、生み出されたリスクに向き合う第二の近代へ移行する、社会の構造的な変化は不可避なものとして、グローバル化や個人化と一体で進んでおり、だからこそ、新たな共同性を媒介することのできる社会関係資本の開拓が必要なのだと読み取れる。リスク社会とされる第二の近代は、再帰的な近代ともいわれる。再帰的・再帰性とは、簡単に言えば反省や内省をともなう循環的な思考と行動のあり方を指す。学問的には幅広い議論が展開されているが、[*2] ここでは第一の近代に起因する、個人化やグローバル化が引き起こす問題群に、どう向き合っていくかが問われているという捉え方をしておく。

コロナ禍前から議論されているこれらの指摘は、コロナ禍中も、現在も基本的に変わっていない。ベックは、再帰的な近代における「個人化」は無秩序化とは異なり、やがて「自己文化」が生起し、個人の選択を起点にした新たな共同性や準政治システムが、よい意味で社会を動かす力を持つという（今枝 2009: 319-323）、理想的な見方を示しているが、今、現実に目を向けると、状況は楽観できない。しかし、希望は捨てたくない。本章では、反省や内省をともなう循環的な思考と行動のプロセスに着目し、「再帰性」をキーワードに、共同性を育む文化的実践とは何なのかを考えていきたい。

3　共同性は崩壊しているのか？

ここで視点を再び、コロナ禍で巻き起こった議論に戻してみよう。それは、世界各地で同時多発的に再帰的な問いが立ち上がった、歴史的な出来事だったともいえる。その際の再帰的な

＊2　野村一夫『リフレクション――社会学的な感受性へ』（一九九四年、文化書房博文社）第一章　反省的知識の系譜（2）リフレクションの系譜を参照。

問いとは、果たして、何に根ざし、何に対して行われたものだったろうか。

第一の近代から第二の近代への、再帰性に重なる問いとして生起したケースもあるだろう。あるいは、近代よりもずっと深い、人間の生死や共同性の根源への再帰的な問いとして生起したケースもあるだろう。例えば、歴史的に市民的公共性の基盤が鍛えられている国や地域では、前者と後者の両面が一体的に問われ、社会的なイシューとして共有されたが、日本では両者が別々の問題として扱われ、トータルな社会的イシューとして共有されてこなかった。

この違いをどう見るか。単純に日本では第一の近代化が欧米に遅れていた分、第二の近代化も遅れているのではないか、という見方があるかもしれない。一方で、そもそも第一の近代のあり方自体が、社会に十分根付いておらず、異なる文脈や喪失感のなかで生きているのではないかという見方もあるかもしれない。

私の記憶は、高度経済成長期に始まる。第一の近代の象徴ともいえる、山間部の集落を飲み込んで設けられた水力発電のためのダムと変電所、そこで働く大人たちの姿が原風景の一つだ。続く記憶の風景は、原爆の被害の跡が残る広島のデルタ地帯に広がる密集市街地での人々の営み。一方で、工業化を急ぐために埋め立てられ消えていく干潟、土砂を供給し住宅地化され失われていく山々、子ども心に生産や成長と破壊や喪失が裏腹の関係にあり、痛みや矛盾をはらんでいることを思い知らされた。

そして、どの地域でも戦前・戦中を生きた人々の内面には、戦争から受けた深い傷があることを感じずにはいられなかった。それはときとして、一億総中流という成長の物語からも置き去りにされ、自尊感情を得ることができないまま、自死やDVや失踪などの秘められた出来事につながっていることにも気づかされた。これに対するいわゆるこころのケアや、社会的イシューとしての再帰的な問いはほとんど行われてこなかった。こうした、表向きにはみえざるものの存在を含め、問題を単純に第一の近代から第二の近代へという物語に回収して納得するのではなく、こころの奥底で蓋をし、あるいは外側におしやられているものにも、注意深く目を向けていく必要があるのではないかと思えてならない。

中野重好は、「地域社会における共同性」に関する考察の中で、地域社会学が何を見落としてきたかを批判的に検討し五つの問題点を抽出している（中野 2003: 78-80）。現代社会の共同性を考える上で手がかりになるもので、以下に要点を抜粋し紹介する。

・第一に、日本の地域社会学は「村落共同体の解体」「コミュニティの衰退」を繰り返し議論してきたが、それに代わる共同性の形成、成立、創造の過程を研究することを軽視してきた。

・第二に、「他人性を前提とする共同性」の重要性を見落としてきた。（中略）他人性と共同性のアンビバレントな関係を前提とすれば、他人性のなかで、どう共同性がなりたっているのかが問題とされなければならない。

・第三に、共同性に関する研究の視野が、対面的な、直接的な共同性に限定されてきた。（中略）「見えざる共同性」の具体的な様相を探究してこなかった。
・第四に、私的領域に限定されがちな共同性観から脱却する必要がある。（中略）共同性を私的領域に限定させてきたために、共同性と公共性のつながりを見逃してきた。
・第五に、共同性を支える社会的な「仕組み」や「仕掛け」を議論してこなかった。「創り出される共同性」が重要であるとすれば、それが生み出される仕組みやそれを維持する仕掛けの研究が重要となる。

上記の指摘は、地域社会学の議論を念頭に行われているものだが、前節の再帰的近代を議論する際にも、欠かせない論点である。さらに言えば、そもそも社会学の枠の中だけで議論することに限界があり、市民や多分野の専門家に開かれていなければ意味がないことは、言うまでもない。事実、共同性の創造に関わる多分野の多彩なアクターによる実践は、無数といってよいほど生まれている。

4　再帰性を内包した文化的実践へ

カルチュラル・コンピテンシー

ここまで見てきたように、社会の構造的な変化が起きているのは確かであり、本質的な意味でこれからの社会を支える共同性のあり方を不断に問い続け鍛えていく、再帰性を内包した文化的実践が求められていることもまた確かであろう。

ドイツの文化政策の研究で知られる秋野有紀は、ドイツでは「文化とは表現すること」で、自分の人生を発展させていくものであり、それを可能にするための「自由」も極めて重視されるとし、その背景と特性について次のように語っている。「ワイマール憲法に「芸術の自由」を規定するに至った当初の文化国家の理想、戦前の全体主義を鋭く批判した一九六八年の学生運動、そこで提起された過去の文化理解への反省。また、現代の社会状況とも無縁ではありません。（中略）グローバル化が進んだ一九九〇年代以降、移民や難民、社会的「弱者」と呼ばれるマイノリティの人々の居場所を社会の中にどう作るかという問題意識が高まりました」としたうえで、具体的な政策の現れとして「ドイツの地域社会において「ミュージアム（博物館・美術館）」が、重要な社会的インフラの一つに位置付けられているのも、そうした発想から理解できます」という（秋野　2022: 110-113）。

これらのミュージアムには、言語や年齢や障害の有無を越えて多様な人が集い、「フェアミットラー（Vermittler　媒介者）」と呼ばれる専門職が介在し、異なるものの間の対話を導き出す方法論が提供されている（秋野　2022: 112）。また、そうした方法論とともに、多文化化・多層化する社会で、文化的な生活やコミュニティの主体的な形成のために、住民が獲得を目指す力として「カルチュラル・コンピテンシー」という概念が模索され、位置付けられてきたという。[*3] 一般的に「リテラシー」が理解力の意で用いられるのに対して、「コンピテンシー」は思考に基づく汎用力・実践力といった意で用いられている。文化分権主義と草の根民主主義とともに実現されている、ドイツにおける文化的実践は、再帰的近代における共同性を支える取り組みでもあることが見て取れる。

歴史実践というアプローチ

日本に目を転じてみよう。実は、私も仕事柄、文化政策の推進や、博物館の計画や運営に関わることがある。現場では、市民との協働に積極的な博物館活動やアートフェスティバル等は数多く見られるようになったが、そこに市民的公共性に基づく、政策的な位置づけや、自律性を担保するための、不断の再帰的な問いがあるかといえば、残念ながら心もとない。

では、日本の地域社会における文化的実践には、再帰的な問いがまったく不在なのかと言えば、そんなことはないと返答したい。いわば無数ともいえる小さな取り組みが、個人や文化的コモンズを起点にしながら続々と生起し、再帰的な経験として蓄積され、場合によっては世代を越えて共有され活かされている。[4]そのようなアプローチのなかに、日本における歴史実践（doing history）を捉えることができるだろう。

民俗学者の菅豊は、「歴史実践は地域や時代、そして専門家／非専門家といったアクターの属性を越えて普遍的に行われる行為であり、現象である。それは単なる「過去の回顧」ではない。「過去との対話を通じて現在の現実世界を創造する行為」なのである」という（二〇一六年九月一〇日、現代民俗学会第三三回研究会案内文から）。具体的には、「それは博物館、図書館、文書館（MLA; Museum, Library, Archives）における活動はもちろんのこと、歴史を感じさせる史跡や建造物、歴史ドラマやアニメなどの映像、お年寄りの昔話を聞くこと、自分のルーツ探しなども含めて、すべて歴史実践としてとらえることができる」（松村 2020）。遡れば、近年批判も含めて再評価が相次ぐ、柳田國男や宮本常一といった民俗学者の実践や、それに呼応した姫田忠義の映像による民俗の記録[5]、その薫陶を受けた小倉美惠子・由井英によるローカルな知の

＊3　日本文化政策学会員向けに発信された書籍案内で、花井優太・鷲尾和彦編『カルチュラル・コンピテンシー（『tattva 別冊』）』（二〇二二年、ブートレグ）に関する秋野有紀による記述より。

＊4　佐々木秀彦『文化的コモンズ 文化施設がつくる交響圏』（二〇二四年、みすず書房）を参照のこと。

＊5　姫田忠義は日本の基層文化を記録・研究するため、一九七六年に民族文化映像研究所を設立（活動は一九六〇年代から）。一一九本の映画作品と一五〇本余のビデオ作品を製作した。

プラットフォームづくりと連動した映画製作[*6]なども歴史実践の流れの一つといえるだろう。

さらに、菅は、近年、欧米の歴史研究で注目されているパブリック・ヒストリー（public history）の動向に注目し、「米国では一九七〇年代以降、公共部門の活動や政策と、歴史学や民俗学、考古学などの歴史系人文学とが連動して、狭義のパブリック・ヒストリーが勃興した。それは一九九〇年代以降、専門化した学問の社会的孤立が問題視されるなか、社会や市民に資する歴史（学）、そして市民によって考究される歴史（学）という広義のパブリック・ヒストリーとして発展した。「歴史」は、もはや学者の独占物ではない」という（二〇一六年九月一〇日、現代民俗学会第三三回研究会案内文から）。

パブリック・ヒストリーの現在は、雑多で信憑性に欠ける歴史認識や、歴史修正主義や、フェイクニュースを生み出す温床を作っているという側面もあるだろうが、それでもデジタル技術を活用したパブリック・ヒストリーが拓く場に、これからの社会の希望を感じる（松村 2020）。デジタル技術の発展とともに、再帰的近代における新たな共同性を切り拓くうえでも、計り知れない可能性を宿す沃野として広がっていることもまた事実である。そこで重要なのは、やはり市民的公共性を涵養する、終わりなき問いと対話の回路が開かれているかどうかであろう。

写真実践というアプローチ

自ら写真家としての表現活動を行うとともに、「写真実践」という独自の方法論を構築している、吉成哲平のアプローチも興味深い。一九九〇年代生まれの吉成は、被爆地である長崎の戦後や、復帰前後の沖縄を撮り続けた、写真家・東松照明（一九三〇〜二〇一二年）の思考の軌跡と足どりを追い、作品が撮影された場所を訪ね、そこに身を置き撮影する、再帰的な体験と分析を通して、表現への深い理解の試みと問いを重ねている。

「東松が「私性」から「公性」へと拓いていった「写真実践」は、彼が復帰前後の沖縄の現実と真摯に向き合う中で生み出していった表現として、その表現の受け取り手自身の「私性」を触発することで、更に彼ら彼女たちが自らの表現を「公性」へと拓いていくという、いわば力動的なプロセスとして展開していくと言えるのではないだろうか」（吉成 2024: 33）という。

吉成の実践について、三好恵真子は「次世代へと受け継がれていくこと――「ポスト体験時代」の記憶の継承に向けて」と題し、次のように解説している。「写真家の表現活動の足跡を「写真実践」から分析する意義は、見えない未来を見据えながら、過去のその時点において人々がどのように葛藤しつつ生活しているのかという、彼らが直面した現実について、プロスペクティブな視点から、いつか写真を目にする未来世代へと託されているという、その撮影表現への深い理解である。すなわちそれは、「結果の権力というべき「強い歴史」の効果」によって「で

＊6　小倉美惠子・由井英は、二〇〇六年にささらプロダクションを設立。『オオカミの護符』『ものがたりをめぐる物語』等の映画製作、HomeTownNote 運営ほか、活動内容についてはウェブサイトを参照のこと。
https://sasala-pro.com/

きごとを観察し、追跡し、裁断する危険」に対し常に反省的である必要があるとする社会学者の佐藤健二氏が示唆する「歴史内在的な理解[★7]」とも響き合うものである」（三好 2024: ix）。

表現の足跡を追う実践が持つ、時代を越えていく記憶の継承の可能性を物語るものでもあり、同時に文化的実践に欠かせない態度とは何かを鋭く問いかけるものでもある。

5 一つの実践は何を物語るのか

自らの実践に目を向ける

さて、改めて自らに目を向けてみよう。無数に生まれているといってよい文化的実践の一つに、私の実践も連なっていることに気づかされる。私は、高度経済成長期の日本の地方都市が抱え込んだ矛盾を原風景として生まれ育った。一九八〇年代に大学で美術を学ぶ選択をしたのは、広義の表現の在り方、人が表現することの意味を、人が生きることの矛盾や痛みとの関係性の中で捉えることに興味を持ったからだ。バブル経済崩壊前後、縁あって戦前の住宅の近代化と戦後の住宅・まちづくりとともにあった住宅建築専門誌の終末期の編集に携わり、そこで得たネットワークから、CELの研究活動を通して、都市居住文化やコミュニティ・デザイン、住宅政策や文化政策に関わるようになった。その間、阪神・淡路大震災で住まいを失い、大阪に移り住んだことを機に、戦災で多くを失った大阪の居住文化を見直す仕事に携わったことからも、計り知れない示唆を得てきた。

そうした歩みの延長線上で、二〇〇〇年前後から、大阪・上町台地界隈での実践を続けている。きっかけは、本書の共著者の一人でもある髙田光雄が当時座長を務めていた、上町台地上の歴史ある病院の建て替えにともなう住宅団地開発に関わる研究会に参加したことだった。同プロジェクトは、国の行財政改革の影響で事業手法の変更が余儀なくされ、研究会の成果は活かされなかったのだが、そこで議論された周辺地域のアクターやまちづくりの拠点をつなぐ、コミュニティ・ネットワークという考え方が、その後に立ち上げられたネットワーク組織「上町台地からまちを考える会」での学びや出会いを経て、自らの研究活動の中にも引き継がれていくこととなった。活動の当初から再帰性を内包する文化的実践を意図していたわけではないが、二〇年余を経て、再帰性というキーワードが徐々に現れて来たように感じている。

多様性と再帰性のフィールド

まず、フィールドとしての上町台地界隈が持つ意味について簡単に振り返っておきたい。上町台地は、地形的にも歴史的にも大阪の背骨というべき場所である。大阪城付近を北端に、大阪市内中心部を南北に貫く洪積台地で、古くは海の中に突き出した半島状の陸地だった。地政

＊7　佐藤健二『歴史社会学の作法――戦後社会科学批判』（二〇〇一年、岩波書店）より。

学的に内外を結ぶ政治・経済の拠点として、古代には四天王寺や難波宮が、中世から近世にかけては本願寺や大坂城、寺町が築かれるなど、日本史を裏付ける資源が集積している。また、熊野・伊勢あるいは四国に至る巡礼の発着地として、衆生の往来を受け止める場でもあった。近世には台地の西に開かれた商都大坂の輪郭を際立たせ、多様な知を惹きつけ文化を揺籃するバッファーゾーンとしての役割を発揮した。近代に入ると、大阪城を核に軍都が形成され、砲兵工廠を中心に工都としての繁栄を牽引した。各地から労働者を集め、台地の東や南や北に広がる田園地帯も「大大阪」に組み込まれていった。台地上には多くの学校や医療・福祉施設等も集積している。激しい戦災も被ったが、現在も都心居住の人気を集めるエリアである。大阪ガスの実験集合住宅NEXT21[*8]も、この台地の中心部に立地している。

これらの歴史の転変は、上町台地が日本屈指の時間的・空間的多様性を内包した地域であるということを物語っている。俯瞰すれば、古代から現代へ、一直線に発展したわけではなく、再帰的な変化を循環させながら生き続けてきた地域であることもわかる。

現在に目を向ければ、高齢化や世帯の小規模化、マンション居住者の急増などを背景に、潜在する居住者の孤立化や、災害リスクの広がり、地域自治活動の担い手のひっ迫、伝統的な行事等の継承の難しさなど、他地域と共通する課題の数々が見られる。

一方で、多様な地域資源を再生・活用する動きも目立つ。例えば、空堀界隈に集積する戦災を免れた長屋等の再生、玉造界隈の伝統野菜・玉造黒門越瓜《しろうり》の復興、寺院や神社を舞台にした文化活動やコミュニティ・サポート、新たなまつりの数々も生まれている。また、コリアタウンでの多文化共生の取り組みや、困難を抱える次世代と社会を接続する学習支援をはじめ多彩な人的交流も見られる。

多様性と再帰性という、これからの社会を形づくっていく上で不可避の要素を、履歴としてふんだんに宿していることが、フィールドとしての上町台地界隈の最大の特徴である。多様性の切り口の多さは、他地域への波及の可能性の大きさを表し、地域に埋め込まれた再帰的な変化の足跡は過去に遡って学ぶ手がかりとなる（地図1）。

U－CoRoプロジェクト――地域資源を媒介に

この上町台地界隈をフィールドに、コミュニティ・デザイン研究の一環として、二〇〇七年から実践を重ねてきたのが、U－CoRoプロジェクトと名付けている取り組みである。[*9] 上記のとおり、上町台地界隈というフィールドは、複数の区にまたがり、多様性に富んだコミュニティを内包している。おのずとこの実践で想定する共同性は、小さなコミュニティ単位の閉

＊8　大阪ガス実験集合住宅NEXT21の概要についてはウェブサイトを参照のこと。https://www.osakagas.co.jp/company/efforts/next21/

＊9　U－CoRoプロジェクト（第1ステップ、第2ステップ）の詳細、発行物等についてはウェブサイトを参照のこと。https://www.og-cel.jp/project/ucoro/index.html

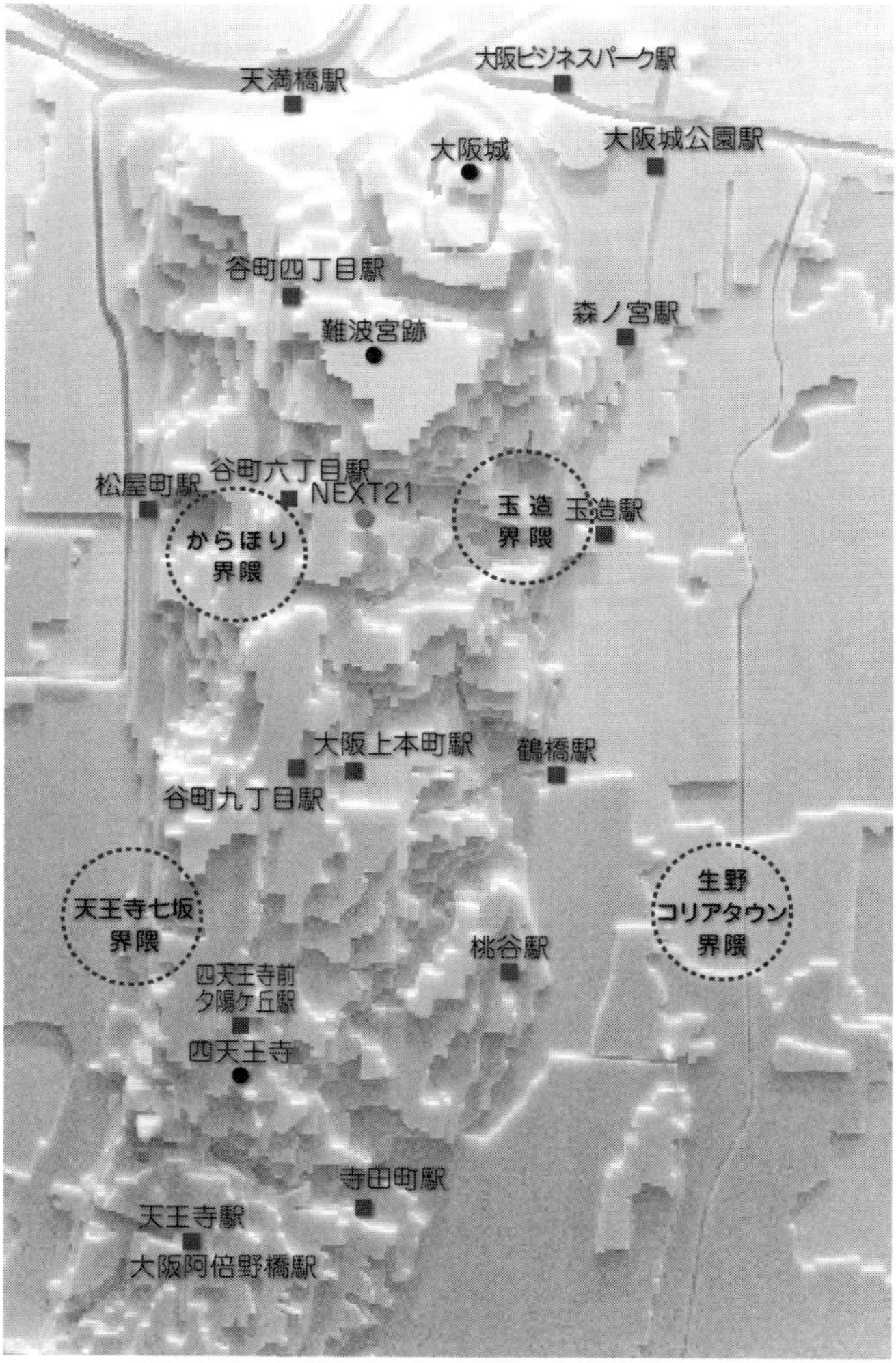

地図１　上町台地界隈*10

じた共同性ではなく、複数のコミュニティにまたがる開かれた共同性ということになる。

二〇〇七年〜二〇一二年の第1ステップでは、人と人、人とまちをつなぐためのコンテンツの発掘と共有を重視し、二〇一三年〜現在（二〇二四年）に至る第2ステップでは、過去・現在・未来を貫くコンテクストの共創と共有に力を注いできた。その際、現在・過去・未来を貫くインターフェイスとなり、異なる者の関係性を起動する可能性を持つ、地域資源（地域の特性を物語る、自然、建築・街並み、生業、産物、人・組織、祭事、風習など）の役割に注目した。これらの地域資源を活かすことによって、地域の方々と緩やかに連携し、個人の記憶と集合的な記憶の接続や、知の共同化を意識したコミュニケーション・ツールや場づくりの試行を重ねてきた。

実践のスタイルとして、編集という手法を積極的に用いている。私自身が、かつて編集の仕事に携わったことによって、さまざまな知に触発された経験に根ざしていると同時に、編集によって通常は出会うこともなかったであろう対象が、同じ媒体上で共存し、相互の意識変容や協働のきっかけをつくることができるという実感が、最も大きな動機でもある。以下に、第1ステップと第2ステップの取り組みの概要を簡単に紹介しておこう。

＊10　U−CoRoプロジェクトで製作した上町台地の立体模型。土地の起伏は強調して表現している。

第1ステップ――コンテンツの発掘と共有

U－CoRoプロジェクト第1ステップ（二〇〇七年～二〇一二年）では、上町台地に立地する大阪ガス実験集合住宅NEXT21の一階にウィンドウ展示コーナーを設け、地域の物語としてのコンテンツを、同プロジェクト・ワーキングをハブに、地域の方々とともに創り上げ、伝えていくプロセスを通して、人々の交流を促し、新たな関係性を紡いでいく実践を重ねた。四つの基本テーマ、①地域文化の再発見、②多世代・多文化共生、③減災文化の創造、④自然・環境の再生を軸に、「まつり」「子どもと遊び」「いのちをまもる智恵」「伝統野菜」「コミュニティグリーン」「ものづくり」「水の縁」など、一五の物語としてのコンテンツを地域の方々とともに展開した。

波及効果として、地域の幅広いまちづくり活動の中に、減災への取り組みをはじめ、新たな気づきやネットワークを活かした実践が連鎖的に生まれていく動きが見られた。

第2ステップ――コンテクストの共創と共有

U－CoRoプロジェクト第2ステップ（二〇一三年～二〇二四年）では、第1ステップで築いた関係性を基盤に、地域の方々の記憶・体験と、博物館・図書館や個人の元で眠っている資料等を掘り起し、重ね合わせ、過去・現在・未来を貫くコンテクストを捉え直す試みを軸に据えている。ミクロな紙媒体「上町台地 今昔タイムズ」を発行し、地域の協力者による掲示や配布によって、手から手へ、街角のミクロな関係性を媒介する性格を付与している。

第1ステップから第2ステップへの大きな枠組みの変化は、NEXT21からまちなかへ、ミクロな発信場所の多極化・分散化を図ることによって、よりリアルな生活の場への接近を意図していることである。と同時に、重層する歴史の中で地域に埋め込まれてきた再帰的な思考と変化の軌跡に学ぶために、歴史と今を結び、コンテクストの共創に力を注いでいる。連続的な視野の中で地域と自他の関係性を認識できたとき、改めて自尊感情や他者への気づきとともに、再帰的な問いが立ち上がり、価値の発展的な継承や課題の共有や、ともに未来を展望する力が湧いてくるのではないかとの思いがある。

こうした考えのもとに、「上町台地 今昔タイムズ」を梃子《てこ》に、四層の取り組みを展開してきた。①「上町台地 今昔タイムズ」による、過去・現在・未来、暮らし（記憶・体験）と歴史資料の接続、②「上町台地 今昔フォーラム」による、市民の知と専門家の知の水平な接続と視点・論点・情報共有の場づくり、③「上町台地 今昔フォーラム ドキュメント」による、資料・証言・知見の記録と社会へのフィードバック、④地野菜・玉造黒門越瓜〝ツルつなぎ〟プロジェクトによる、分野や立場を横断する共感の土壌づくり。①〜④が連動することによって、地域住民（新旧）、地域活動団体（地縁型・テーマ型）、地域商業者・企業、社寺、学校・幼稚園、研究者・専門家、メディア、博物館・図書館、行政、他地域住民、他地域活動団体等、多様な属性と背景を持つプレイヤーが対等に出会い交わる関係性が現れるよう働きかけている。

表１ 「上町台地 今昔タイムズ」タイトル一覧

号数	号名	タイトル
1	2013 年秋・冬号	鉄道史から垣間見える、近現代・大阪での都市拡大
2	2014 年春・夏号	浪花の町衆が親しんできた 近郊の豊かな自然と雄大な景観
3	2014 年秋・冬号	なじみ・行きつけ・御用達　百貨店・商店街との思い出から垣間見る 暮らしとつながりの変化
4	2015 年春・夏号	文画人・堤楢次郎が見つめた大阪 上町台地をかたどった水辺の風景と土地の記憶
5	2015 年秋・冬号	思い出の映画館と身近なまちの戦前・戦後
6	2016 年春・夏号	昔も今もなにわ名物 「玉造黒門越瓜（たまつくりくろもんしろうり）」物語
7	2016 年秋・冬号	伝説の生玉人形とたどる　ものづくりと文化の原風景
8	2017 年春・夏号	有為転変、世情によりそい願いを映し よみがえるお地蔵さんとまちの暮らしの縁起
9	2017 年秋・冬号	はじまりは上町台地 “知”を運ぶ本のまち・大阪の軌跡をたどる
10	2018 年春・夏号	稀代のなにわ名所案内人　暁 鐘成と再びめぐる上町台地 食が結ぶ高低・聖俗交わりの風土
11	2018 年秋・冬号	足下に眠る“上町台地バレー” まちづくりの魁（さきがけ）・ものづくりの都が姿を現す
12	2019 年春・夏号	上町台地から見はるかす　博覧会“百年の計”で築いた大阪とは
13	2019 年秋・冬号	“超時空遺産”上町台地 博覧会時代 モダン大阪に煌めいた若き才能たちの光跡
14	2020 年春・夏号	上町台地から想いを馳せる、“共”の知としての災害史と文化
15	2020 年秋・冬号	遥かなる社会福祉の源流から、激動の近代を支えた社会事業の奔流へ、その先へ…
16	2021 年春・夏号	聖と俗のあわいで安寧を願う　上町台地相撲パノラマ
17	2021 年秋・冬号	“相聞（あひぎこえ）”の台地を旅する 言葉の力で呼び覚ます歌枕のコスモロジー
18	2022 年春夏秋冬号	再生の物語を求めて　台地の門前から今に続く語りの世界
19	2023 年春夏秋冬号	かの国文・民俗学者にして歌人　折口信夫＝釋迢空を生んだ “野生”の都市・大阪と上町台地をゆく
20	2024 年春夏秋冬号	その眺め、上町台地曼荼羅さながら 『上方』に刻まれた、まちの相貌と魂を次代へ

「上町台地 今昔タイムズ」は、約一〇年余に渡って二〇号まで発行してきた。第一号〜第二〇号まで、可視化したコンテクストとしての編集テーマは、表に記載のとおりである（表1）[*11]。

新たな共同性へ、再帰する地蔵尊

ここでは一例として、第8号「有為転変、世情によりそい願いを映し　よみがえるお地蔵さんとまちの暮らしの縁起」を取り上げ、過去と現在を結ぶ編集を通して、未来に向けてどのような視座を得たかをざっと振り返ってみたい（写真1・2）。

江戸時代以来、町家・長屋と路地で構成された町として発展してきた大阪では、町内各所に地蔵尊が祀られてきた。それは、人の出入りが著しい大都市にあって、新住民を迎え入れ、コミュニティをゆるやかに結合し、新たに出会い生き合う人々が規範を共有していくための文化的な装置として機能した。明治の初期には、近代化を理由に地蔵祭（地蔵盆）が禁止され、路傍の地蔵尊の撤去を命じられた受難の時代もあったが、路地奥の地蔵尊はしたたかに生き残り、やがて地蔵祭（地蔵盆）も復活した。

実は、まちなかの地蔵尊の多くは、長い年月のうちに祀られる場所を転々としている。とき

---

*11 「上町台地 今昔タイムズ」の企画・編集は、U－CoRoプロジェクト・ワーキング（CEL弘本由香里、B-train 橋本護・小倉昌美を中心に）による。バックナンバーはウェブサイトで公開している。https://www.og-cel.jp/proje

写真1　「上町台地今昔タイムズ」Vol. 8（1面）

U-CoRo STEP II UEMACHIDAICHI KONJAKU TIMES Vol.8.2017

上町台地 今昔タイムズ 第8号 2

路地の奥で息を吹き返すお地蔵さん

織田作之助が描いた風景、受難の時代を越えて

文明開化の到来は、お地蔵さん受難の時代の幕開けともなりました。明治5（1872）年の大阪府令で、地蔵祭が禁止され、路傍のお地蔵さんの撤去も命じられました。しかし、路地裏のお地蔵さんは生き残り、やがて地蔵祭（地蔵盆）も復活していったのです。受難の時代をしたたかに生き抜いた、路地の地蔵や盆踊りの情景を、織田作之助は小説の背景にある重要な風土として描いています。『夫婦善哉』では、路地の中の盆踊りで三味線を弾く蝶子の姿と内面が、聖俗綾なす原風景に重なります。

地蔵祭紙行燈のイラストは『上方』32号（1933年）より

…やはり暑い日だった。／十日目、ちょうど地蔵盆で、路地にも盆踊りがあり、…（『夫婦善哉』）

曲り角の陽から生国魂神社の北門が見えたり、入口に地蔵を祠つている路地があったり、…（『アド・バルーン』）

現在も、からほり界隈に残る地蔵がある路地。

有為転変、世情によりそい願いを映し よみがえるお地蔵さんとまちの暮らしの縁起

新しい縁を結ぶ 地蔵祭の再起動

現在を生きる人々の願い、コミュニティの再生へ

忘れられても再び思い起こされ、排斥されてもまたよみがえり、お地蔵さんは人々の暮らしの傍らにあり続け、時代の心を映す鏡のような存在です。今、路地の奥では高齢化が進み、新しいマンションに移り住んできた人々と、古くからこの地に暮らす人々の縁を結ぶのも容易なことではありません。お地蔵さん苦難の時代ともいえますが、一方で、お地蔵さんが新たな縁づくりを担っている例が、上町台地のあちこちに見られます。錫杖を手に東奔西走の謂れは、現在を生きる人々の願いそのものです。

将軍地蔵尊

からほり界隈

路地のつながりを感じながら地蔵盆のナイトツアー

日時 8月23日夕方から
場所 からほり界隈（中央区谷町6、上本町西1・2ほか）
主な内容 この界隈で約7カ所の地蔵盆を数人のグループで巡る。通訳解説付きの外国人対象のツアーも実施。

からほり界隈では、毎年、小規模ながら十数カ所で地蔵盆が行われています。この地蔵盆を8月23日の夜に約7か所お参りするツアーを地元の有志が2013年から実施。見学だけでなく、地元の方の数珠繰りやご詠歌、盆踊りなどにも積極的に参加しています。

路地に招かれる貴重な体験！

「お参りしてくださいね」と声がかかる。いつもは閉ざされている路地がオープンになり、外部の人も中に入っていける。からほり周辺の地蔵盆の夜は、あちこちに提灯のあかりがともる幻想的な趣き。そのなかをお地蔵さんを訪ね歩くのはとても貴重な体験。

外国の人も興味を示す地蔵盆

私自身、子どもの頃は毎年、友だちと地蔵盆を回った。お菓子をもらうだけでなく、多くのことを地域の人から教わったと思う。ツアーは外国人の知人が日本文化としての地蔵盆をより深く知りたいと言ったのが発端。外国の人の目にも独特の祭に見えているようだ。

五条小学校

地域の人の心を集めて将軍地蔵の子ども盆踊り

日時 8月23・24日夕方から
場所 盆踊りは五条小学校運動場、地蔵は同校西門前（天王寺区上本町8）
主な内容 小学校の校庭で盆踊り大会を二晩にわたり開催。子どもたちへのお菓子の配布やお守りの授与など。

この将軍地蔵尊は、聖徳太子に師と仰がれた日羅公の仏化身。災害除けや子どもの守護を願い1843（天保14）年に大坂城の玉造口に建立されたという。明治になって小宮町に移転したが空襲で被災。1953（昭和28）年に五条小学校西門前に移された。

五条小学校の西門向かいに安置されている将軍地蔵尊。毎年の地蔵盆では、五条小学校の運動場で「子ども盆踊り大会」が開催されます。付近の10を越える町会の協力による運営で、かき氷やたこ焼きなどの屋台も出て、両日ともに何百人もの人出で賑わいます。

縁ある人たちの思いとともに

平成15（2003）年にお地蔵さんの覆い屋を新練したが、これは世話人たちの熱意があったからできたこと。お地蔵さんを囲む活動が、いろいろな地域の団体をつないでいる。盆踊りも大賑わいで、地蔵盆の関連では市内でも有数規模になってきている。

一心寺

「まちの広場」に人が集う地蔵盆フェスティバル

日時 8月24日夕方から（23日前夜祭）
場所 一心寺（天王寺区逢阪2）
主な内容 23日は前夜祭として人形芝居公演、24日はお守りの授与、境内での縁日や大念の数珠繰り、盆踊りなど。

骨仏で知られる一心寺の境内で2007年から始められた地蔵盆。フェスティバルの名のとおり、誰でもが参加できるお祭です。当日は、入口で屋台で使えるお楽しみ券とお守りをもらい境内に。多彩な催しで子どもたちに楽しい夏の一日を提供しています。

大きな輪の数珠繰りは、子どもたちに意外に人気。

誰もに開かれた新しい祭を！

お寺には「まちの広場」としての意味がある。そこで、地蔵盆を誰もが参加できる「フェスティバル」にしようと考えた。一心寺にやってきた子には、お清めをしてお守り札を渡す。境内には舞台と楽しい縁日。そこでは盆踊りや数珠繰り。どの子も心底うれしそうに見える。

一心寺的な多世代交流の場

屋台は手作り感満載で、ボランティアのお兄さん、お姉さんたちがやっている。知らない同士だけど、大人が親しく接してくれるのを子どもたちは本当に楽しんでいる。これも一心寺的な関わりのつくり方。前夜祭の人形芝居も好評で、今後も続けていきたい。

地蔵祭の今

東上町 方除《ほうよけ》地蔵尊

地蔵祭の復活から子らのふるさとづくりを

日時 8月23日夕方から
場所 東上町公園（天王寺区東上町）
主な内容 方除（ほうよけ）地蔵尊の前の公園いっぱいに屋台のテントが並ぶ。子どもにはお菓子配布とお楽しみ抽選会など。

2006年夏から地域の町会を中心に、廃れていた地蔵祭を復活。新住民の増加が著しいこの地域で、子どもも大人も楽しめるお祭を企画・運営しています。焼きそば、焼き肉、射的、輪投げ、綿菓子など多彩な屋台が並ぶ公園に、この日は多くの家族連れが訪れます。

未来に向け、祭で輪を広げたい

地域の子どもたちに、夏の日の思い出を残してあげたい。やがて、ここがみんなの素晴らしいふるさとになるように、という思いが地蔵祭復活の第一の理由。こうした地域行事を通じて、新しい住民の方とのつながりづくりを進め、人の輪を広げていきたい。

子どもたちも自然な様子で地蔵尊に手を合わせる。

地域の未来を見据えながら！

今、この地域ではマンションが増え、子どもの数は増加している。その一方で戸建て住民の高齢化はますます進んでいるようだ。先の見通しがなかなかつきにくいのが現状だが、未来を見据えながら、こうした地域行事をしっかりと受け継いでいきたい。

延命山 日限《ひぎり》地蔵院

地域の人たちと連携しより賑わいのあるお祭に

日時 8月23・24日夕方から
場所 日限地蔵院（中央区釣鐘町2）
主な内容 両日は本尊の開帳と子どもへのお菓子配布、通りに露天屋台が出るほか、かき氷、綿菓子、ジュース・アイスコーヒーのふるまいも。

8月23、24日に行われる日限地蔵院の大祭・地蔵盆には、付近の親子連れが大勢お参りします。地域の方が、かき氷や飲み物などを準備し、訪れる人に無料で提供。通りには屋台も出て、この一画には、夏の終わりの夜店を思わせる風情が漂います。

地域に支えられて続く地蔵盆

この地蔵院は平素から地域に支えられる存在。毎年の地蔵盆の大祭でも、地域の方によるふるまいもあり、オフィス街の人たちもやって来て、都会の真ん中で不思議な雰囲気を楽しんでいる。今後は、できれば盆踊りなども復活させて、より活気に溢れた祭にしたい。

※参考文献：田野登『大阪のお地蔵さん』（渓水社、1994年）／ 『地蔵祭と地蔵尊の由来』（『上方』32、34、36号、1933年）

写真２ 「上町台地今昔タイムズ」Vol. 8（２面）

には水害で流され、火事や戦災で焼け出され、インフラの建設や再開発で移設され、ある時は埋められ、また掘り出され、盗まれることもあれば、預けられ、拾われ、譲られ、そしてまた祀られと、すさまじい流浪を経験している場合も多い。忘れられても、排斥されても、またよみがえり、人間の身勝手さや時代を苛《さいな》む痛みや悩みや混乱を一身に受け止めてくれているかのようだ。最後の一人まで救うという、地蔵尊ならではの傷だらけの融通無碍《ゆうずうむげ》な姿でもある。

近年、少子高齢化が進み、地蔵尊が寺に預けられる例や、旧来のコミュニティや個人による地蔵祭（地蔵盆）の開催が途絶える例も増えている。一方、人口回帰が目立つ都心部では、新旧住民の関係づくりの悩みを地蔵尊に託して、新たな地蔵祭（地蔵盆）を育て上げている例も複数見られる。

その一つに、天王寺区五条地区の「将軍地蔵の子ども盆踊り」がある。由緒あるこの地蔵尊も、この地域に安住していたわけではなく、天保時代、明治期、戦後と、場所を転々としている。流浪の履歴は、流動性の高い地域での新住民受容の象徴とみなすこともできる。移り住んできたまちを故郷だと思ってほしいとの願いを込めて、地蔵祭（地蔵盆）の夜、背景に超高層マンションが聳え立つ小学校の校庭を会場に、年齢も性別も居住歴も障害の有無等にも拘わらず、新旧住民が気兼ねなく参加できる盆踊りが盛大に開催されている。地蔵尊の保存会と多くの地域団体が連携して行われるもので、夏のひとときをともに歓び、記憶に刻む機会となっている。閉じたコミュニティではなく、流動性や他者性に開かれた共同性が感受できる。

「上町台地 今昔タイムズ」では、同様の志向を持つ複数の取り組みを取材し伝えるとともに、関係者と交流できるフォーラムを開催し、コミュニティを越えて知を共有する回路を拓《ひら》く、共同性への橋渡しを目指した。百人近い人がホールに集まり、高齢化による継続の危機を訴え知恵を求める声、それに対する応答、さらにフリーライドから一歩踏み出して何か役に立ちたいという若い新住民の意思表明もあった。他地域での小学校との連携によるまちなかの地蔵尊の悉皆調査の取り組みも紹介されるなど、現場の担い手の想いと、担い手予備軍の想いや具体的なノウハウを共有する場ともなった。

もちろん、地蔵尊があれば共同性が起動するなどと単純な主張をしたいわけではない。重要なのは、地域で活かされている資源の背景とそれを支えている人、とりまいている多様な人、見えていない人の存在や関係性にも目を向け、過去と現在と未来をつなぐコンテクストを読み取り発展的に共有することである。

6　おわりに――市民的公共性の土壌を耕す

社会の構造的な変化とともに、新たな共同性を育む再帰性を内包した文化的実践が必要との見取り図のもと、自らの実践を振り返った。上町台地界隈の実践に関わるようになって二〇年余、「上町台地 今昔タイムズ」を発行して一〇年余になるが、本章を執筆することで、この間、私の考え方も少しずつ変化していることに気づかされた。

もっとも大きく変わってきたのは、効果や成果の捉え方や感じ方かもしれない。かつては、対象とする地域の方々の変化を把握しようとしがちだったが、それは主客をはき違えてしまっているのではないかと思い至った。むしろ逆に、自分自身の認識世界の変化に目を向けたほうが、大切なことは何かが浮かび上がってくると思うようになった。

U－CoRoプロジェクトと称して、ウィンドウ展示を五年間行い、続いて「上町台地 今昔タイムズ」を一〇年余に渡って発行することができたのは、大きな方向性を共有してきたワーキングの存在とともに、何者かも知れぬ私たちを受け入れ、耳を傾け、毎号毎号のテーマに深く関心を寄せてくださり、協力を惜しまれなかった、地域の方々のキャパシティがあってこそだった。自ら周囲の学校に配布してくださる方や、観光ボランティア仲間で資料として活用してくださる方、お店や社務所や自宅の門前に掲示してくださる方や、取材先を紹介してくださる方などなど、さまざまな形で文化的実践の主体や媒介者となってくださった。

歴史的なコンテクストの発掘や記述に当たっては、付け焼刃で間違いを犯していないだろうかとの恐れや不安もあるが、要所要所で専門家の力を借りながら、アマチュアだからこそ可能なアプローチがあることもまた実感している。いわゆる庶民文化史の広大なフィールドには、ほとんどといってよいほど専門家の手が届いておらず、市民自らが記録に留めなければ、歴史からすっぱりと消えてしまうのだということも、この間の取り組みを通じて痛感してきた。また、町人学者の系譜に連なるような、在野の研究者の方々のライフワークの蓄積にも大いに支えていただいている。

前節で紹介した、地蔵尊と地蔵祭（地蔵盆）の新たな展開にも窺《うかが》えるように、激しく流動してきた都市の中で、形を変えながらも人々とともにあり続けているものの中には、市民的公共性を形づくっていくうえでの、重要なヒントが隠されている。こうした資源が潜在している土壌に目を向け、地層を掘り下げ、再帰的な問いとともに活かしていくことが、文化的実践に求められていることの一つだと思う。一連のプロセスを通して新たな共同性の土壌を耕し、市民的公共性を媒介する沃野《よくや》としていきたい。

第9章

共同性と公共性を架橋するには

前田 昌弘

1 共同性の変容――文化を担う「私たち」とは誰か？

コミュニティ・デザインと文化のせめぎあい

そこに住んでいる人たちが中心となり、地域ごとの文化を、外の世界との関わりのなかで変化させながらも守り、育てていく。このような営みはコミュニティ・デザインの重要な柱の一つである。ここでひとまず、「共同性」を、ある地域や特定の集団で「私たちのもの」として共有されている何かだとしよう。そして、「公共性」を、より広域な地域、あるいは社会一般で「みんなのもの」として共有されている何かだとする。その際、「共同性」と「公共性」、あるいは「私たちのもの」と「みんなのもの」のあいだには常にある種の緊張関係が潜んでいる。例えば、「私たち」のものだと思っているものが、自分たちと異質な他者やいがみあっている他者を含む「みんな」のものだと言われたとしよう。そのとき、それまで見えなかった緊張が、強い違和感や抵抗感となって立ち現れてくることは想像に難《かた》くないであろう。

歴史学者・文明批評家テリー・イーグルトンは、文化が思想や政治との関係でどのような形をとるかということについて論じている（イーグルトン 2006）。文化概念の派生体には、①規範としての文化、②生活様式としての文化、③芸術としての文化がある。また、文化は普遍性、地域・時代の超越性、メジャー性がある「大文字の文化」（CULTURE）と、個別性、エスニック性、マイナー性がある「小文字の文化」（culture）に区別されるという。さらに、文化は本来的に「反文明的」であり、「反資本主義的」な姿勢を持っており、負の側面、暗い側面、抑圧的な側面を併せ持つ。イーグルトンによると近代化とは、文化からの解放、反文化的な運動である。そして近代とは、辺境の「小文字の文化」の世界が西洋近代の「大文字の文化」によって制圧され、均質化していった時代である。

現代のコミュニティ・デザインの現場においてもイーグルトンが言う異なるスケールの文化のせめぎあいが常に起きており、それはしばしば関係者間の葛藤や対立を引き起こしている。文化が均質化しないよう、共同性と公共性に折り合いをつけ、両者のあいだを架橋する。これはまさにコミュニティ・デザインの難問である。なぜなら、先の例からも明らかなように、共同性を公共性によって包み込むといった、共同性構築の素朴延長線上に公共性が実現するわけではないからである。

文化の「下からの力」と主体性の問題

インド生まれの人類学者アルジュン・アパデュライは、グローバリゼーションやポストコロニアリズムの研究者として知られる。私はインドと文化的共通点が少なくないスリランカを長年研究のフィールドとしてきたこともあってか、在地の人々の考え方、ものの感じ方に対する彼の理解の仕方には共感するところが少なくない。アパデュライは、人や物の移動が激しくなった現在、文化は特定の場所だけでは捉えられないと言う（アパデュライ 2004）。かつては、ある地域や場所に固有の文化があって、それを突き詰めて研究していけばよいという前提があった。しかし、現代ではそのような古典的方法はほとんど意味をなさなくなっているという。人類学、民俗学、そして私のバックグラウンドである建築学においても自明視されてきたローカリティそのものが失われ、変容しつつあるということだ。

アパデュライは、グローバリゼーションが進むと、ローカルな変容が世界中で不均等に起きて、文化はさらに多様になっていくと主張する。それはイーグルトンが懸念した、西洋近代的な文化概念が広まっていき世界が均質化するという見方とは対照的である。アパデュライはさらに、西洋近代的な資本主義や市民社会の波に抗《あらが》い、それ自体を逆に飲み込み変質させていく、文化がもつ「下からの力」を肯定的に捉え、称賛している（アパデュライ 2004）。

それでは現代の日本の地域社会に目を向けたとき、そこにアパデュライが言うような「下からの力」があるのかと問われると、かなり心もとない。と言うのも都市部に住む人々のあいだの関係はますます希薄になっており、また、地方では人口減少、高齢化が進み、そもそも文化の担い手となる人々の存在が地域から見えづらくなっているからだ。要するに、コミュニティ・デザインの基盤と信じられてきた「共同性」（＝私たちの文化、小文字の文化）そのものがいまや実感しづらいものとなってしまっているのだ。このように共同性という基盤自体がぐらついているとすれば、その公共性との架橋について従来の延長で議論しようとしても上滑りしていく。ならばいっそ共同性の変容を前提として、文化を担う「私たち」とは誰かという問いに立ち戻ってはどうだろうか。そして、私たちという存在やその主体性そのものをどのように捉えられるかということについての新しい見方を模索し、その可能性について考えてみたい。

2　ポスト・ヒューマンな公共性——人と環境のやりとりからみる

私たち人間の主体性を、近代以降の啓蒙主義にみられる人間本位、技術優位の思想とは異なる発想にもとづいて捉えていく立場は近年、ポスト・ヒューマニズムと言われる。ポスト・ヒューマニズムでは主体性が人間以外の存在にも開かれ、人間と環境が対等な関係として捉えられる。それはしばしば非人間の「行為主体性」（agency）の問題として議論される。思えば、自然災害の多発も環境問題の深刻化も、その根本には人間が技術によって環境を自在にコントロールできるという発想があった。ところが、それは人間の思い上がりであったことは近年の状況をみれば明らかである。また、例えば空き家問題にしても、その根本的な原因は住宅ストックが既に十分あるにもかかわらず、人間本位、目先の利益優先で、いまだにスクラップ・アンド・ビルドを繰り返してきたことにある。これらの問題群は「人新世」とも近年呼ばれるように、人の営みの痕跡である人工物が地球の地表面を覆い尽くし、それらの影響を抜きにして人間という存在の存続も考えられないという思想と通底している。このような議論を踏まえ、公共性についても人と環境の関わりという視点から問い直すことがいまや不可欠となっている。

トランザクショナリズム

トランザクショナリズムとは、人と環境をそれぞれ独立したものとして捉えることに警告を発し、人と環境を互いに意味も定義も依存し合った不可分なものとして一元論的に捉えていこうとする思想である。トランザクショナリズムは人間と非人間（自然、環境）を対等なものとして捉えるという点でポスト・ヒューマニズムと根っこは同じである。たとえば教育学者・哲学者ジョン・デューイは、人間も有機体の一つであるという立場をとったダーウィンの進化論に刺激を受け、人と環境のトランザクションから生まれる主体的な市民像（公衆）について論じている（デューイ 2014）。この思想は様々な学問分野で論じられており、建築学の分野でも、心理学者シーモア・ワップナーが発展させたトランザクション概念を日本の建築計画学者が取り入れ、人の心理から建築、環境を捉える議論を深めていったという経緯がある。

トランザクショナリズムという思想の背景には、「環境決定主義」や「技術決定主義」への抵抗がある。環境決定主義とは、人間の行動や性質が、気候や風土といった環境の条件に起因するという考え方である。歴史上、このような発想が権力側の利益に都合が良いように用いられ、ある人種や民族の優位性を主張する自文化中心主義の根拠になってきた。また、近代以降は、いわゆる近代家父長制、パターナリズムの台頭により、環境が技術へと置き換えられ、技術決定主義が、人間の効率的管理のための概念的装置となっていった（村田 2023）。

このように決定主義は常に権力側、管理側の論理によって強められてきたわけだが、他方で弱い立場にある人、周縁化された人ほど、環境とのトランザクショナルな関係によって、その人らしい生き方や暮らしが何とか保たれていることがままある。例えば、自然災害による被災地で倒壊しかけた建物に住みつづける人や、災害時の避難が困難である密集市街地の路地奥に独りで暮らすお年寄り。そういった人たちの住まいや生き方に出会った時、その場所だからこそ、その人らしくいられる、生きていけるという環境とのわかちがたい関係があることを痛感する。近代都市計画は、技術決定主義にもとづき、そのような場所ごとの人と環境のトランザクショナルな関係を断ち切ることで拡大していったのである。

進歩的分人主義

分人主義とは、人はそれぞれ独立した個人として存在し、個として互いに結び付いているという西洋近代由来の人間観に異を唱え、人々の人格を様々なもののやりとりを通じて関係付けられた結び目のようなものとして捉えるという考え方である。個人に対応する「individual」には分割不可能（in-dividual）な一貫した人格としての「私」が含意されている。これに対して分人では、「私」の中にも関係性に応じて複数の人格が存在している。身体としての私はひとつだが、人格という意味での私は、分割可能（dividual）であり複数性を帯びている。南アジアやオセアニアは「分人」的な人の在り方が顕著な社会であると言われている。たしかに、私もスリランカの人たちと長く付き合っていて、そのことを感じることが少なくない。それと、日本の社会はおしなべて個人よりも周囲との関係や場の空気が優先されがちという意味で分人という考え方に馴染みやすい。作家の平野啓一郎は、分人の視点から、日本社会の生きづらさから逃れるための「私」の捉え方を提案している（平野 2012）。

アパデュライもまた、グローバルなフローの中でやりとりされる金融商品とそこでの人間の扱われ方について分人の視点から分析している（アパデュライ 2020）。彼は、少数の人々が自分の利益獲得のために他の人たちを「食い物」にして分人化していくような在り方のことを、「捕食性分人主義」と呼んで批判する。それに対して、他者との関係につきまとう不確実性に賭け、そこから生まれる連帯により全体が豊かさを享受するような人々の在り方を「進歩的分人主義」と言って奨励している。

このように分人主義では、集団のまとまりではなく、人々の間でやりとりされている「何か」

を介して私という主体、さらには社会の全体性（＝公共性）が生まれていくと捉えられている。それは言い換えると、「私たち」（共同体、集団）の一部としての「私」は、「みんな」（公共、社会）によって「私たち」ごと包み込まれる必要はないということである。「私たち」と「みんな」、それぞれとのやりとりから生まれる「私」はどちらも対等な「私」なのである。そして、「進歩的分人主義」（アパデュライ　2020）に倣えば、そのやりとりとは、社会が不確実な状況において他者を信頼し、その状況に賭けることによって拡大していく。これはデューイが理想として描いた、個別的で私的なトランザクションに対しても人々が関心を寄せ、時にそこに対峙することで育まれる主体的な市民像（公衆）（デューイ　2014）にも通じている。

ANTと「近代の憲法」

哲学者・人類学者ブルーノ・ラトゥールもまた、人以外のものも人と同様に行為者性を持った主体（アクター）として捉えている。そして、多様なアクターがお互いを介して社会というネットワークを構成しているという世界の見方を、アクターネットワーク論（ANT：Actor Network Theory）として示している（ラトゥール　2019）。ラトゥールによると近代主義は、理念的には人と自然、社会と環境、心と身体といったふうに世界のあらゆるものを二元論的に分けて捉えるのだが、現実には、そうやって分けられたものが無制限に結び付いていき、複雑でハイブリッドなネットワークを構成しているという（ラトゥール　2008）。

ラトゥールが「近代の憲法」と呼ぶこの現象は、「分けられたけれど結び付いている」とも言えるが、むしろ、「分けられたからこそ結びついている」というのが正しいだろう。すなわち、分けられたからこそ、それまであった様々な制限が解除され、新たな結び付きが次々に生まれていったのである。世界各地の儀礼や生活文化には様々な制約や禁忌が埋め込まれている。それらは、人々が自分たちとは異なる存在や自然の脅威と共存するための知恵であり、場所ごとに様々なものが媒介となって、人と環境との関係が調整されてきた。近代とはそういった場所ごとの媒介や関係性を捨象し、人と環境のトランザクショナルな関係を解除していく企てであった。それによって獲得された自由があったのも確かである。

しかし、近代化のなかで物質主義、とりわけ環境決定主義、技術決定主義が広く浸透すると、地域ごとの文化を担う人々の存在や主体性も必然的に解体されていく。これではアパデュライがいうような、「小さな文化」の担い手が、「大きな文化」に制圧、侵食されているようでいて、実はその状況をむしろ利用して新しい文化をつくっていく、というようなことが起きようがない。ただ、それも一面的な見方なのかもしれない。現に、地方の先進的な地域づくり、コミュニティ・デザインの現場では、ローカルとグローバル、ソーシャルとビジネスがハイブリッドし、ユニークな取り組みが生まれている。それは条件さえ整えば、この、どのようにでも結びつく世界では思い切った関係の組み換えが可能だということを示している。

それにしても、文化を突き動かす「下からの力」はなぜこれほどまでに減退してしまったのだろうか。日本においてまちづくりは、一九六〇－七〇年代に大資本による開発にともなう公害問題や文化の破壊に対する市民の抵抗運動として始まった。その後、行政主導の都市計画への住民参加や、住民を含む多主体の連携・協働へと成熟しつつある。時代の変化に伴い、当初のような激しい対立はたしかに少なくなった。しかし、今もまちづくりが異なる文化がせめぎあう場所であることは変わらない。かつて見られたようなわかりやすい対立の構図がなくなったからこそ、環境や文化の問題がみえづらくなっているのかもしれない。そのような状況だからこそ、文化のせめぎ合いを意識的に記述する企てが必要となってくるのではないだろうか。

3　文化のせめぎあいを記述する試み

筆者が近年行ってきた、文化のせめぎあいを記述することを通じて地域のまちづくりにおける当事者の主体性に働きかけるという実践的研究の試みについて紹介する。

瀬戸内海の港町・牛窓

古くから瀬戸内海の交通の要所であった岡山県南東部の港町、牛窓。背後の山や眼前の島々が強風から港や街を守ってくれるため、風や潮を利用して航行していた時代、牛窓の港は航行に有利な条件となるまで待機するのに適していた（写真１）。

江戸時代、牛窓は、上関・蒲刈・鞆の浦・室津・明石・兵庫といった瀬戸内の港町と並んで

写真１　牛窓の街と瀬戸内海（阿弥陀山の中腹より望む）

写真２　牛窓しおまち唐琴通りの街並み

朝鮮通信使の主要な寄港地となり、岡山藩の外交拠点となった。船材を扱い豪商となった材木商は造船業や醸造業に進出し、牛窓の街は繁栄する。かつてのメインストリートである「牛窓しおまち唐琴通り」（以下、唐琴通り）（写真2）には今も、商家の屋敷や町家が軒を連ねる街並みが残り、朝鮮通信使ゆかりの井戸や社、港周辺の遊郭跡、洋風建築などが点在する。秋には牛窓神社の祭礼が執り行われ、船形の上に華麗な装飾をあしらっただんじりが各町から出され、港町の文化や旦那衆の活気が今でも垣間見られる。

しかし、明治二三（一八九〇）年に山陽鉄道（現・JR山陽本線）が開通し、県内の鉄道網の整備が進む。輸送手段が海上交通から陸上交通へと変わっていくに伴い、牛窓の港の機能は薄れ、造船業などの産業も衰退していく。昭和二〇～三〇年代まで木造機帆船の時代は続いたが、昭和四〇年代に入ると造船不況、小型船の材料の変化（FRP化）等により木造船の需要が落ち込み、牛窓の造船業の衰退に追い打ちをかける。

昭和三〇年代以降、全国でレジャーブームが起き、牛窓でも積極的なリゾート開発が行われる。「日本のエーゲ海・牛窓」をキャッチフレーズとして、リゾートホテル、ペンション、ヨットハーバーなどの施設が相次いで建設される。また、街を盛り上げる数々のイベントが官民挙げて行われた。なかでも昭和五九年に始まった牛窓国際芸術祭は、瀬戸内国際芸術祭（平成二二年開始）に四半世紀先立つ、アートによる地域活性化の嚆矢《こうし》である。しかもそれが地域の一篤志家（地元の豪商である西服部家・服部恒雄氏）の手によって継続開催されたのであった（平成四年まで）。観光客で賑わった牛窓であったが、レジャーブームが去ると下降線をたどり、バブル期を境に街から賑わいが失われていく。

昭和三〇年代まで、現在の唐琴通り沿いには店舗が立ち並び、「牛窓千軒」と言われるほどの賑わいをみせ、近隣の地域からも買い物客が訪れたという。しかし、昭和四〇年代に入ると急激に過疎化が進み、平成一二年、牛窓は過疎地域に指定される。半世紀のあいだに人口が約五六パーセント減少し（昭和四五年五二四三人、平成二一年三二〇一人、令和二年二三〇〇人）、高齢者比率は約三五パーセント増加している（昭和四〇年一一・〇パーセント、平成二二年三五・六パーセント、令和二年四六・三パーセント）。

私が牛窓に通いはじめた二〇一四年頃、唐琴通りには店舗が数えるほどしかなく、老朽化して放置された空き家や空き地が目立っていた。一方、二〇一二年頃から、牛窓に都市部から移り住む人たちが増えてきた。彼らは唐琴通り沿いの空き家となった木造家屋を地元の人の協力を得ながら取得し、自らの手で改修し、また、そこで仕事を起こし、地域の社会活動にも参加している。カフェ、パン屋、美容室、木工等の工房兼店舗等、小さいながらもユニークな店舗が徐々に増えている。また、朝鮮通信使の迎賓施設の跡に建てられた邸宅をギャラリーとして改修した御茶屋跡、旧牛窓診療所（瀬戸内市に合併する以前は牛窓町立病院）を「文芸的な公共施設」というコンセプトでリノベーションした複合施設・牛窓テレモークなど、移住者や次の世代の手によって、かつて地域の拠点であった空間が継承されている。

「牛窓がたり」——活動の背後にある価値観に触れる

牛窓テレモークの二階の一室を私の研究室で借り、岡山市内に事務所を構え、牛窓テレモークの改修設計にも関わった建築士・片岡八重子さんと共同で、牛窓ラボ（ushimado.labo 以下、ラボ）という活動を立ち上げた。ラボを拠点として、地元の人たちと連携しながら牛窓の地域について調べ、牛窓のまちの将来について模索している。このような活動を始めた動機としてはまず、私自身が牛窓のまちの魅力に惹かれたということが大きい。加えて、過疎化・高齢化が進むまちで、人々が地域の縮退をどのように受け止め、文化を再創造していけるか、共に考えてみたいと思ったからである。ラボには、唐琴通り沿いの街並み保全、移住者等による空き家の住み継ぎに関しての調査・支援活動など、幾つか柱となる活動がある。「牛窓がたり」は、それらの活動の一つであり、まちづくりのプレイヤーたちの語りを通じて牛窓の意識化しづらい魅力を探るというものである。

牛窓は小さな街だが、まちづくりに関わる多彩なプレーヤーが揃っている。ただ、一致団結して何かをやるという雰囲気はあまりなく、それぞれが独自の活動をしているという印象が強い。それは、様々な人が行き交っていた港町に特有の、他者に対して関心を持つが、過度な干渉はしないという文化の現れであるとも言われる。ただ、昨今の街の衰退を考えたとき、プレイヤーたちがお互いのことを知り、つながる仕組みは不可欠である。そのような認識はプレイヤーのあいだにもあったようで、瀬戸内市の職員として牛窓で移住・定住促進やまちなか再生

写真３　『牛窓がたり』第１～３号書影

を担当してきた松井隆明さんとも話し、ゆるやかなつながりづくりの第一歩として始まったのが「牛窓がたり」である。

「牛窓がたり」では、まずはプレイヤーの話にじっくりと耳を傾けようということで、プレイヤーへのインタビューを行い、それを記事にまとめた冊子『牛窓がたり』（第1～3号）を発行している（写真３）。これまで取り上げた計一二組のプレイヤーの肩書は様々で、地元の地域活性化団体の代表、ミュージシャン、カフェオーナー、ギャラリーオーナー、アートデザイナー、映像作家、ゲストハウス経営者、元地域おこし協力隊員、集落支援員、焙煎家、木工作家、ペンション経営者、観光協会副会長、信用金庫職員、写真家などである。活動・事業の内容も多彩で、牛窓の生活文化の発掘・継承、御当地ソングの作成、牛窓テレモークの運営、唐琴通り沿いの空き家を使ったアートイベント（牛窓クラフトさんぽ）、港町・牛窓を題材にした観察映画の撮影、空き家改修ＤＩＹワークショップ、地産地消と食育、地域に開いた木工スタジオ、牛窓のＰＲムービーの制作、まちづくり活動の金融支援、牛窓の自然を体験できる場所の整備といったものがある。

『牛窓がたり』が想定する読者は、不特定多数の人たちというよりは、牛窓の住民やまちづくりに関わる人たちである。読者を限定したメディアだからこそ、『牛窓がたり』では、各プレイヤーがなぜ現在の活動に至ったかといったことについてもかなり丁寧に話を聞いている。その人の活動についてはよく知られていても、その人のバックグラウンドについては意外と知られていないということが多いからである。そこの掘り下げを行うことで、その人が大事にしていることや牛窓の街に感じている魅力に触れることができるのではないかと考えたのである。例えば、牛窓を移住先として選んだ理由や活動を始めた経緯を聞くなかで出てきた「ちょっと寂しいが心地よい風景」、「おせっかいだがシャイな牛窓の人たち」、「牛窓特有のゆったりとした時間の流れ」といった牛窓の街に対する人それぞれの感性を表す言葉は、そのどれもが牛窓の環境と呼応することで、その人が感じる「心地よさ」を表している。そういった、プレイヤーそれぞれのトランザクショナルな関係を表しているとも言える感性、価値観に触れる機会は、同じ地域で活動するプレイヤーの間でも意外と少ない。

写真４　「牛窓読書会」の様子

「牛窓読書会」
――「語り」について会話する

『牛窓がたり』を使った、「牛窓読書会」という集まりを企画してきた。「牛窓読書会」では、プレイヤーどうしの対話とそれを通じた牛窓の街への認識を深めるための工夫をしている。具体的には、以下に述べるように、心理療法等で知られるリフレクティングプロセス、すなわち「会話についての会話」（矢原 2016）を取り入れている。

　読書会では毎回四組の「語り手」（プレイヤー）を囲み「読み手」（参加者）が複数のテーブルにわかれ、ＳＴＥＰ１：「語り手」についての『牛窓がたり』の記事を全員がその場で読み込む、ＳＴＥＰ２：「読み手」が記事の「語り」について感想を述べ合う（その間、語り手は読み手どうしの会話に口を挟まない）、ＳＴＥＰ３：「語り手」が読み手の感想やコメントに応答する、という流れで進む（写真４）。ＳＴＥＰ１〜３が終わると聞き手はテーブルを移動し、さらに、このサイクルを数回繰り返し、最後に各テーブルで行われた会話の内容を全体で共有する。

他者の「語り」にじっくりと耳を傾け、他者の視点を介在させることで、自分自身や自分の街に対して新たな認識や発見が生まれるのではないか。そんなことを期待しつつ「牛窓読書会」では、自由な対話の場であるために、「いち個人として参加し、他者と対等に接する」、「相手の意見を無下《むげ》に否定しない」という最低限のルールだけを定めている。

読書会はこれまで計三回開催し、延べ五〇名が参加した。読書会での会話において共通の関心となったトピックには、例えば、「牛窓の魅力や牛窓の人に対する印象」、「外からくる人と地元住民の考え方の違い」、「地元住民と移住者のコミュニケーション」、「牛窓の現状や将来について」等があった。特に、地元住民と「外の人」の関係については関心が集まっていた。これには、「語り手」に外の人が多く、そこに「聞き手」として地元住民や外の人が加わるという読書会参加者の構成や、近年みられる牛窓への移住者の増加、牛窓の港町としての風土が影響していると考えられる。ここでいう「外の人」は、非在住者や牛窓への通勤者、移住者等を指すが、明確な定義をもたない。港町である牛窓はそもそも移住者が多く、現在の住民も数世代遡ればほとんどが「外の人」である。「語り」についての会話を通じて、「語り手」と「聞き

聞き手 A：例えば都会から来られた方っていうのは、この町どうにかせにゃいけんな？みてえなスタンスで来るわけですね。もともと地元にいた人間からすると、そんな上から目線で…何もしてくれんでええ、ほっといてくれってやっぱ思うわけですよね。その温度差を埋め合わすのって大事じゃないかと思いますね。人が思う活性化と、元々いる人たちが思う活性化って違うと思うんです。うまいことしていかないと結局、（活動を）立ち上げちゃ消え、立ち上げちゃ消えってことがやっぱ起きると思うんですよね。

聞き手 B：結局、今足りないこと、例えば人口が減ってる、過疎化になってる、高齢化になってる、そういうマイナスっていうか、…っていうのは誰の目にもついて…、いわゆる住み心地というか、人情があって住み心地が良いとかいう部分は全く評価されない。で、なんとかせにゃということをね。そこのミスマッチが大変だなと思いますね。僕が戻ったときも、ここで住んで、ここはいいとこなんや、ここに住んで暮らしてええねんっていう自信がどうしたらまた起こるかということを考えていましたね。

語り手 C：おっしゃる通りでね。僕は例えば、てんころ庵（＊地域の高齢者が集うサロン）に出入りするようなおばあさん達を見てると安心するんですよ。いわゆるおひとりで暮らしてる方、80 代、90 代で暮らされてる方が多いんですけど。大丈夫じゃんって。結構楽しそうに、よくあそこで寄り合って、お互いが家族みたいに気にしあって、で、悲惨な感じが全く無いっていうか。

聞き手 B：それもある。

聞き手 A：確かに。

語り手 C：僕にとってはロールモデルというか、自分が歳とった時にこんな風に歳が重ねられればオッケーっていう。あと釣りをしてるおじさんたちもやっぱり僕にとってはお手本なんですよ。こんな風に毎日好きなことやって、楽しく暮らせればもう、それでオッケーだなって。

聞き手 B：寄りあう場があって…。

語り手 C：はい、すごく思うんですね。だから僕からするとあんまり変わってほしくないんですね、牛窓。この、今が最高っていうか、今がいいっていう風に思うんですよね。ただまあ、問題は、本当に人がいなくなっちゃうと地域として継続できないだろうから、適度に人が住むっていうことは大事だと思うんですけど。だからといって、それこそ活性化ってことを元に例えば大きい施設ができちゃったりとかして、何て言うか、すごく、今と違ってしまうようになってしまったら、むしろ魅力が失われてしまうというか。だから、どうしたらこう、壊さずに、今の感じを壊さずに、継続できるか。その辺りがうまくいくとみんなハッピーなのかなっていう感じがするんですよね。

図１　「牛窓読書会」での会話の例１
「高齢化・過疎化が進む街の現状」への向き合い方

語り手 D：牛窓で言うと、（地元の人と移住者は）混ざりきってないと僕は思ってて。ていうのが隣の人が誰かわからないような、まだ出会ってそんなに間もないんですけど、やっぱりその人の思想がわからないので不安になるというか、警戒しちゃう。グッと近くなってその人のことがわかれば、それが僕と正反対な側にいたとしても、そういう人なんだなってわかれば安心できるんですけど。やっぱりコミュニケーションが取れてないんで、混ざってない。混ざるって別にぐちゃぐちゃにミックスされるんじゃなくて、点と点がいっぱいバアっとあっていいんですよ。それがちゃんと個として、みんながあの人こういう人だよねっていうのがわかっていけばいいなと。わからない人もたくさんいてもいいんですけど。

聞き手 E：インスタ（Instagram）で毎日発信を見させてもらってるけど、なんか意外にお会いすることがないですね、F さん（＊牛窓に最近移住してきた人物）に。

語り手 D：結構僕会います。お店に来てくれてるのかな。

聞き手 E：わかんない。会ってるけど、たぶん認識してないから。その辺が混ざり合ってないですね。

語り手 D：そうそう、SNS では知ってるけどリアルでは混ざってなかったりするので。

聞き手 E:なんか意外にないですよね、きっかけが。私も本当に、ここにおられる方とか、もっと話すきっかけがあればなって思いながら、でも一歩踏み込むタイミングがなくて。

語り手 D：そういう町の集まりとか僕も行かないし、彼（＊語り手 D の友人）もあんまり行かなくて、だから逆に来たほうがいいんだろうなっていうので今回も参加させてもらったりしてるんですけどね。なんかね、もともと牛窓の人ってあんまり行かないですよ。G さん（他の語り手）とかも（記事に）書いてますけど、隣町にはあんまり興味ないよぐらいな。そんな感じなので混ざり合いにくいね、なんとなく。

聞き手 E：混ざろうとする人に対する抵抗感みたいなのは意外になくないですか？

語り手 D：それはないっす。来られたらウェルカム。でも自分からは行かない。

聞き手 E：一歩踏み出す勇気があるかどうかっていう･･･外の者が。

語り手 D:結構おせっかいなぐらい人のことを気にしてるんです。なんですけど結構シャイな人がめちゃめちゃ多いから自分からは行かない。（友人を指して）あの人もああ見えてめちゃめちゃシャイですからね。僕もあれですよ、人と人との繋がりっていうのが大切なのはわかってるんですけど、牛窓の町民性か、人と結びつくことにちょっと拒否感があるんですよ。

図２　「牛窓読書会」での会話の例２
「おせっかいだがシャイな人が多い地域性」を踏まえた関わり方

手」それぞれの視点や街への認識に対する理解が深まっていく。例えば、「高齢化・過疎化が進む街の現状」への向き合い方（図1）、「おせっかいだがシャイな人が多い地域性」を踏まえた関わり方（図2）といった事柄が、地域内外の視点を通じて深められている。また、牛窓読書会という場があることについて、「近くで活動しているのに意外と交流がなかった人と知り合えた」、「その人の知らなかった一面から牛窓について深く知ることができた」といった感想が寄せられた。

「語り」の収集と編集、共有のサイクルを語り手たちとともに回していくことで、語り手は自分とまちの関係について新たな気づきを得て、語りを進化させていく。「牛窓読書会」ではそのようなことを期待しつつも押し付けにはならないような場づくりを意識している。行政（瀬戸内市）の方でも、官民連携まちなか再生推進事業という、国の補助金を使った事業が動いており、ゆるやかなつながりの具体的な仕組みとして、「牛窓まちなかエリアプラットフォーム」を立ち上げた。そのような行政主導の取り組みの中でも「牛窓読書会」が、組織・体制づくりやビジョン作成をより効果的に進めていくための場として位置付けられている。

素朴な興味関心からはじめた「牛窓がたり」および「牛窓読書会」の活動が、計画づくりの実務に活用されることで、活動が実践と連動しながらさらに展開していく可能性を持ち始めた。一方で、このことは活動を通じて見出された共同性、私たちの文化が、牛窓地域全体の公共性、みんなの文化に取り込まれ、場合によっては利用されるかもしれないということも意味する。

そういった危うさはあるにせよ、文化のせめぎあいを伴いながらも、共同性と公共性を架橋するための第一歩を踏み出したことは確かである。

4 「私」の表現が共同性と公共性をつなぐ

文化を「公正」に記述する

「牛窓がたり」と「牛窓読書会」では、牛窓の文化をプレイヤーのバックグラウンドや現場のせめぎあいも含めて記述することを試みてきた。改めて振り返ってみると、その行為は、記述する主体のずれを伴いながら変遷していることに気がつく。すなわち、記述の主体には少なくとも、①現場のアクターとして書く（牛窓のまちづくりのアクターとして筆者らラボのメンバーが書く）、②現場のアクターと一緒に書く（牛窓のまちづくりのプレイヤーとやりとりしながら『牛窓がたり』の記事を作成する）、③書いたものがアクターとなる（「牛窓読書会」で『牛窓がたり』に書かれた「語り」が次の会話の起点となる）という三つがあり、記述の主体は一貫していない。

このような主体のズレは、当初から漠然と意図していたところもあるが、どちらかというと現場との関わりのなかで結果的に生じたものであり、文化を記述するということに「重層性」（multiplicity）と「再帰性」（reflectivity）をもたらしている。「重層性」とは、同じ対象を複数の主体が異なるレベルで書くということであり、「再帰性」とは、書かれたものを顧みながら自己や他者に対する認識を深めるということである。

このような記述にはどのような意味があるだろうか。文化を記述する、といった時に、そこには常に、文化を誰がどのように書くのかという記述の「正しさ」をめぐる問題がつきまとう。それは、書く人と書かれる人の非対称な関係性、あるいは書くことをめぐる力の偏りを考慮して、言葉を発しづらい存在や言葉にしづらい価値を取りこぼさないということを含め、記述における「公正さ」をいかに担保するかという問題である。

記述の「重層性」は、単一の主体による一方的な記述に終始せず、記述を開くという点で、記述の「正しさ」を担保する条件の一つであると考えられる。ただし、その正しさとはあくまで、それが書かれた時点のものであり、状況が変化すると、その正しさを基準とする価値観も変化する。「再帰性」は、そのような移ろいやすい価値に対して常に自覚的になり、一度きりの記述で終わらず、記述について省みる場を設けることを求める。ある時点での正しさを相対化する視点を確保するという意味で、再帰性は重層性とともに記述の正しさを担保する条件である。

このようにして文化の記述を他者に開くことで、私たちはどのような関係を地域の環境と取り結んできたのかということが他者の視点から問い直され、ひいてはこの地域に関わろうとする「私たち」とはどのような主体なのかということが意識化される。ここでいう他者には、人間以外の存在や過去の自分も含まれる。環境もまた主体であり、分人の構成要素なのである。

このような記述の積み重ねによって、文化を担う人々の主体性が育まれていく。そして、そこに「公正さ」を担保しようとし続けることが、記述を「私たち」にとどまらず「みんな」(=公共)に開かれたものにしていくのではないだろうか。

表現の欲望と深い感情の動きに訴える[*1]

ところで、「文化を守る」、あるいは「文化を変える」といった時、それは誰の、どういう力によるのだろうか。これが「私たちの文化だ」といった途端、そうでないもの、オーセンティックではないと「私たち」がみなすものを排除するという作用が生じてしまう。本章では、文化の記述を開くことの可能性について考えてきた。それは、文化が、アパデュライがいう人々の「下からの力」を含む、市民の色々な作用に対して常に開かれ、ある意味では「管理しない」という状態をつくる企てでもある。しかし、政治や経済がもつ公権力のようなものによって文化があっという間に変わってしまうということはままある。公権力がやってきたとき、その状況に利用されながらも利用することで文化を守るといった巧みな動きは、人々の側に相応の構えがないと起こり得ない。また、人々の側からも、文化について「それを守って何になるのか、何のメ

＊1　ここでの議論は、本稿の準備段階で実施した、本書の共著者でもある川中大輔氏、弘本由香里氏との対話がベースとなっている（前田・川中・弘本　2023)。

リットがあるのか」、「そのようなものは断ち切って、新しいものをつくっていくべきだ」といった意見が出てくる場合もある。そのような意見が支配的な空気感に文化を守ろうとする動きが負けてしまうということもあるだろう。

したがって、やはり、人々によって文化を守ったり変えたりするために、それを担おうとする人々の側の主体性が十分に醸成されている必要がある。その際、ポスト・ヒューマニズムの思想を踏まえ、環境も含めた様々なアクターやそのせめぎあいを「私」という存在から記述するところから考えてみるのはどうだろうか。本章で提起してきたことは、文化を語る意味や価値を、「規範」や「生活様式」といった集団や社会に関わるものとしてだけではなく、「私」の「表現」（イーグルトンの分類に倣えば「芸術」）という個別的なものから捉えるということでもある。これまでまちづくりの「主流」を自認してきた建築・都市計画学系の議論では、一般性や客観性を求める工学の一分野ということもあってか、まちづくりにおける「私」の存在や文化の「表現」としての側面は、個別的で主観的なものとして軽視されてきたというか、ほとんど考慮されてこなかった。

その人と環境のトランザクショナルな関係には、「私」というものが最もよく表れる。「私」にとっての地域の価値や心地よさは、全ての人には受け入れられないかもしれないし、人によっては不快なものでさえあるかもしれない。しかし、それらは万人受けしないからこそ固有なのであって、均質化された心地よさやわかりやすい表現にとりこまれてしまうと、その意味はたちまち失われてしまう。そうやって地域が個性を失うことは、文化的な観点のみならず、経済的な観点からみても明らかな損失である。文化を守る、変えるという営みは、そういった、人それぞれがもつ個別的な価値や漠然とした心地よさを認め合うことの積み重ね、繰り返しなのではないだろうか。

まちづくりやコミュニティ・デザインの現場において「私」というものが表れるためには、表現したいという欲望やその原動力となる深い感情の動きに訴えかけていくことが必要であり、そのための工夫をする余地がコミュニティ・デザインの世界にはまだまだ残されている。これまでの日本のまちづくりでは「共同性」や「公共性」を所与としてそれらに「私」を従わせる、あるいは他者との関係よりも優先されがちな「個人」という単位を起点とする空気が支配的になっていなかっただろうか。そうではなく、「私」を起点として、「私」が結び目となり、文化にアプローチすることも十分に考えられるし、そのことが共同性と公共性を架橋する一つの有効な方法になるはずである。

column 05

ルーズプレイス
——目的から自由になる、もうひとつのコミュニティ論

アサダ ワタル

はじめに——公共性が宿るとき

現代的な共同性、あるいは公共性の創造はいかにして可能か。このテーマの裏では「分断の時代」が進行中だ。異なる意見・価値観を持つもの同士が対立し、その対立が政治的にも利用され、同じ国・同じ街に住んでいても共通感覚を欠いた状態でかろうじて共存する。あるいは無関心。互いに関心を向けず、自分の近しい人だけで世界が閉じてゆく。多様性が大事！ 社会包摂を学ぼう。他者に想像力を持て……。それらは道徳として拡げられても、自らが逡巡しながら引き受けてゆく「倫理」として身体化することは、容易ではないだろう。

それならば一緒に考え、汗を流せる仲間がほしいと、筆者ならまず考えてみる。そこで周りを見渡せばさまざまなコミュニティが溢れている。市民活動サークル、趣味の集い、勉強会、いきつけの喫茶店仲間。しかし、集

うことそのものに公共性が即宿るかと言えばそうではない。大切なのは「他者に開かれているか」ではないか。この場合の「他者」とは端的にはそのコミュニティに所属していない人を指すがその範囲は広い。遠い地に存在したり、一見共通性を見出せない属性を持っていたり、あるいは時間軸を超えて死者、であったりも含むだろう。そういったこの場を超越した存在にまで語りかける「問い」がその共同(協働)から発現しているかということが含意され、公共性という言葉が色味を帯びる。

「問い」の共同体。そのようなワードが降りてくる。そこでの試行錯誤の過程で縦横斜めと紡がれてきた問いがそこに集うメンバーの属性を溶かし——私(たち)は何者かと問われ——水平化をもたらすコミュニティのあり方だ。問いに答えることが大事なのではなく、問いを前にして人々がこれまで立ってきた拠り所(年齢、性別、家族、地域、職業、専門性など)を手放し、各々が何かしらの目的を持ってこの場に来ていること——アソシエーション的特性——をも忘れてしまうような何か。つまり、問いの共同体の前で人は存在証明の「無力さ」を取り戻す。「できることが増える」のではなく、「できないことを味わう」にこそ、公共性が宿るのではないか?

誰も呼ばない、一人だけの「住み開き」

二〇〇九年頃に「住み開き」というコンセプトを提唱した。自宅の一部を、好きなことをきっかけに他者や地域に無理なく開く活動を指す。二〇〇〇年代後半、友人たちと大阪市北区のマンションを借りてホームパーティーを開催する中で、この考え方は生まれた。もともとは、筆者の専門である音楽や現代美術など表現活動を通じたコミュニティづくりとして始めた活動だった。面白かった。ライブハウスやギャラリー、劇場などと違って、自宅という制約を逆手にとって立ち上がるコミュニケーションに美的なまなざしを向けた。しかし、メディアや諸分野から注目されるうちに状況は変わってゆく。自宅を活用したコミュニティづくりを行う人たちを訪ね歩き、取材を重ね書籍[*1]を出版する中で、空き家の利活用や高齢者の居場所づくり、子育てサロンの運営など、地域の課題解決のための活動にまで捉え方が広がった。それはとてもいいことであると思ってきたが、その一方でまったく別のことも感じてきた。課題解決型の発想、つまり「目的」から語られることで、そこで起きている些細な遣り取りやふるまいに対する味わい方、言葉にし難いが大切なことが脱色されてゆく事態に危機感を持ったのだ。

この複雑な思いに応じてくださったのは、二〇二〇年の緊急事態宣言下における、ある住み開き実践者の行動と言葉だった。石川県能美市寺井地区にある「私（わたくし）カフェ」を運営する庄川良平さんだ。私カフェは、旧北国街道の宿場町として栄え、九谷焼をはじめとした文化を継承する寺井地区の町家だ。仕事をリタイアした彼は、二〇一二年より、祖父の代から継承した築百年を超える町家を妻・美穂さんと暮らしながら開放。地域の活性化も踏まえながら、九谷焼の若手作家の展覧会や地元ゆかりの役者の演劇公演などを行ってきた。そんな彼が、二〇二〇年四月二五日に以下の投稿（太字は引用者による）をした。

『あえのこと・住み開き』

平成25年（２０１３）より続けてきた5月ゴールデンウイークの「住み開き」。ご案内せねばならない期限が迫ってまいりました。

人と人とがつながる場を意識的に生み出そうとしてきた「私カフェ」ですが、密閉、密集、密接を避けて下さいという政府のお達しには従わないわけにはいきません。

（中略）

本来の「住み開き」はやれませんが、5月3日、4日、5日　11：00〜17：00何もしない、思いやるだけ、**誰も呼ばない、私だけの「住み開き」をします。**

「私カフェ」は典型的な町家なので、縁側からお座敷へ風が通り抜けていきます。奥から古いジャズの演奏が聴こえてきます。

コーヒーは気が向いたらいつでも飲めるようにスタンバイしています。

くどいようですが、お誘いしているわけではありません。

私が勝手に架空のお客様のおもてなしを計画しているだけです。

「あえのこと」とは？

主人が姿の見えない田の神様をお迎えし、一人芝居でおもてなしする奥能登の伝統的な風習です。

（「私カフェ」Facebookページの２０２０年4月25日の投稿より）

＊1　アサダワタル『住み開き　家から始めるコミュニティ』（２０１２年、筑摩書房）、同『住み開き　増補版　もう一つのコミュニティづくり』（２０２０年、筑摩書房）参照。

筆者はこの投稿に心を揺さぶられた。もちろんコロナ禍ならではの苦肉の発想であることは間違いない。しかし、誰も来なくても「ただ私は開くのだ」というメッセージからは、逆説的に極めて高い公共性を感じた。しかも、奥能登に伝わる神事という設定で家を開く――芸能の初源のような――コミュニケーションは、表現活動から住み開きを提唱した立場としても腑に落ちた。その後、庄川さんは周囲から何を言われるかわからない「針の筵に座らされたような心境」で三日間を過ごしたと報告しているが、結果としてそれぞれの来訪が重なることなく、計二六名が来られたそうだ。五月五日の彼の投稿から重要だと感じる箇所を転載する。

今は自粛、自制せねばならないのは百も承知です。しかし、人との接触を絶たねばならない精神的ストレスも大変なものです。特に私たち高齢者はIT機器を駆使したオンラインによる人つながり（原文ママ）など望むべくもなく、こうした人と人とが触れ合う生身のお付き合いに頼りながら生きる幸せを噛みしめるしかありません。もし、この状況がこれ以上続くようであれば、心を平静にコントロールするためのコミュニケーションはどんな方法がよいのか、自衛策を講じる必要があります。

（「私カフェ」Facebookページの2020年5月5日の投稿より）

コロナ禍がもたらした「不要不急」という言葉が、人間が人間として生きる意味を最小限にまで圧縮してしまったなかで、合理的だとは言えない（とされる）理由でそれでも人が行動する（せざるをえない）ことの価値を考えさせられる。究極的にこの日、人が一人も来なかったとしても、庄川さんはこの場で他者を歓待するという心構えを味わい、自らの生きる糧としただろう。自らの意志で開くようでいて、むしろ開かざるをえないという境地になるとき、その切実さには創造性が宿っている。わたしはここに「コミュニティづくり」という響きが纏《まと》う能動的なアクションとは異なる「自由」を知覚する。庄川さんも日頃は寺井地区の地域づくりに奔走されている。つまり「目的」がないわけでなく、また目的を持つこと自体を一切否定しない。しかし、何もできなくなった無力さを味わう場は、コロナ禍以前に通常開放していた私カフェよりも劣っているかと言えば、決してそうではないだろう。その行動と言葉は、明らかに他者に開かれ、その場に訪れた人たちを始め、訪れていない人たちにも大切な「問い」をもたらしたと感じる。

名付けようのない場を飼っておく

二〇二三年から、勤務校（近畿大学／大阪府東大阪市）の近くに新しい場を育て始めている。その名を〈とか〉と言う。西日本最大規模の学生街にひっそり佇んでいた築九十余年のクリーニング屋を個人的に購入し、アートプロデュースやコミュニティデザインを学ぶ所属学科生たちのプロジェクトスペースとして運営中だ。これが当初の目的だったが、そもそも筆者には「教員」という属性をできるだけ手放しつつも「教育」をするにはどうすればいいか、という問いが先にあった。教員に成り済ましつつ、時に解除し、学生一人ひとり（「学生」に成り済ましているという意識を持つ学生もいるかもしれないが）とどんな協働ができるか。属性を棚上げすることは時として責任の所在が曖昧になるなど危うさも伴うが、そこに留意しつつできるだけ水平に対話をする場を、（物理的に）大学内ではない地に拵《こしら》えることを考えた。大学公認のサテライトスペースでもなく、あくまでわたしが自前（自腹）で用意し、そこを授業における課外スペースとして活用し、大学には課外授業申請をその都度通しながら実施しているのが実情だ。

ちなみに〈とか〉の名前の由来は、音楽とか、本とか、あと映画とか、それとあとゲームとか……の「とか」である。優柔不断で「これ」と決めきらず（きれず）に、広がるものは受容し、常に変化を楽しむ場でありたいと思って名付けた。二〇二三年一一月からは、筆者の蔵書を中心に古本屋、音楽に造詣が深い友人がセレクトした中古レコード店としても不定期運営してきた。学生にとっては授業で活用する学外プロジェクトスペース、しかし学科生の数は近大生総数に比べれば微々たるものなので大多数の学生や地元住民からすれば通学路に突如現れた「お店（古本屋兼レコード屋）」ということになる。しかしそれにしては時折、学科生が店頭で焼き芋屋をプロデュースしたり、ポテトチップス屋を開いたり、また映画関係のトークイベントを開いたりで、ますます何屋かわからない。さらに店頭には「クリーニング」と書かれた黄色いオーニングがそのまま残っているので、表立ってはクリーニング屋に見える始末。ここに来た多くの人たちが「結局、ここは何屋なの？」

と混乱する様子が見られる。筆者はできるだけ「○○とか、△△とか、◇◇とかをやってるところ」とお茶を濁す。学生からはなぜクリーニングのオーニングを撤去しないのかと度々聞かれるが、いまのところ降ろすつもりはない。名付けようのない場を飼っておくことに意味を感じているからだ。この四月（執筆時は二〇二四年三月末）から、筆者を含めて六名のメンバーで週三日の協働運営を始める予定だ。事前にSNSで「店番をしてみないか」と呼びかけたわけだが、その告知は[*2]ダラダラと長く、結局何を（筆者がミッションとして）求めているのか、要領をえない内容であった。しかし、初めから明確な目的を持って事を始め、そのミッションにこの指止まれで仲間を集うのとは違うやり方もあるのではないか。

ルーズプレイス、頼りないコミュニティ論に向けて

各地で仕事としてコミュニティづくりに多数関わってきた経験をもって、これから〈とか〉を育ててゆくことは、自身が志向する関心や欲望の外に解き放たれたい気持ちが根底にあるからだと思う。それは、繰り返すが目的から「自由になる」ということだ。冒頭に「分断」について書いた。ならば「分有」について考えよう。価値観・行動を共有することを前提にしなくても、そこに集う各々の意図や目的がじっくりゆっくり溶かされてゆくプ

＊2　筆者の Facebook における2024年2月21日の投稿より。

ミュニティ論が、この分断を前提とした社会で思わぬ糧《かて》になることを希求する。

（あさだ・わたる／文化活動家、近畿大学文芸学部専任講師）

ロセスを味わえれば。このときに、私たちは仲間を裏切る覚悟を持てるかが大事だ。傷つけるのではない。期待に反しても尚、「さぁどこに行こう!?」と思えるという意味で。わたしは、その「裏切り方」にこそ公共性——他者に開かれ他者と分かち合う——が宿ると考える。いや、正確には信じている。コミュニティ・デザインの専門家として拙稿を書いている立場としては「信じている」は無責任かもしれない。しかし、他者と共に誰も予想できないところに行ってみたいと思うのだ。この能動的に「コミュニティづくり」をしようとする態度とはまた違った、場の変遷や人とのつながり方の生成変化自体を楽しみ、計画が目的の中に完全に住まうことなく度々外へと漏れ出してしまう場のあり方を、「ルーズプレイス」[*3]と呼んでみよう。この頼りないコ

＊3　MOTION GALLERY 編『へそ——社会彫刻家基金による「社会」を彫刻する人のガイドブック』（2022年、MOTION GALLERY）への寄稿文「ルーズプレイスが必要なのだ」（pp.188-193）参照。ここでは主に障害福祉サービスにおける「ルーズプレイス」の可能性に触れている。

本と音楽の店、ときどきゼミ〈とか〉外観
（2024 年 4 月 著者撮影）

column 06

学校跡地を活用した「いくのパーク」の挑戦

宋悟

ＮＰＯ法人ＩＫＵＮＯ・多文化ふらっと（以下「多文化ふらっと」）は二〇一九年六月に発足し、大阪市生野区において市民主導の多文化共生のまちづくりを目指すプラットホームのようなＮＰＯだ。長年生野区で地域活動を担ってきた実践者と、この地で研究のきっかけやかかわりを持ち続けてきた研究者などが集まっている。「生野区西部地域学校再編整備計画」に基づき、二〇二一年三月に閉校になった同区にある大阪市立御幸森小学校跡地の活用事業にかかわり、公募型プロポーザルを経て、跡地活用の民間事業者として選定された。

ＮＰＯと企業の共同事業体による多文化共生のまちづくりへ

生野区は区民の五人に一人以上に当たる二万八三二三人（二一・五パーセント）が外国籍住民であり、その比率は全国自治体の中で最も高い（二〇二四年三月末現在）。朝鮮植民地支配の結果、大阪への渡航を余儀なくされた在日コリアンの集住地域であることに加えて、近年は約八〇か国の外国ルーツを持つ人々が暮らす多国籍・多文化のまちに変貌しつつある。子どもの貧困化も進んでおり、就学援助率は全国平均の二倍以上。空き家も五軒に一軒以上あり、未来の日本の都市部の社会課題が集約する「課題先進エリア」ともいえる。

一方で、年間二百万人以上の来街者で賑《にぎ》わう大阪で有数の集客力を誇る商店街である大阪コリアタウンもあり、NPOや地縁団体も含めて市民セクターの潜在力はとても高い。何事もそうであるように成長するのも衰退するのも、ある時点で「飛躍」があるものだ。はたして一〇年後に生野のまちは、生き生きと成長している姿を見せるのか、とろとろと力なく衰微している姿を見せるのか。そうした中、二〇二二年四月から大阪コリアタウンに隣接する小学校跡地を活用してNPOと企業が共同事業体を構成し、二〇年間の長期にわたり、自分たちで稼ぎながら、多文化共生のまちづくりに挑戦する新たな取り組みがスタートした。この事業スキームは、大阪では初めてであり、全国的に見ても珍しい事例だろう。

多文化共生のまちづくり拠点である「いくのコーライブズパーク」（以下「いくのパーク」）は、「大阪市生野区における多文化共生のまちづくり拠点の構築を通じて、誰もが暮らしやすい全国No・1のグローバルタウンを創る」ことをビジョンに掲げた。パートナーである株式会社RETOWNの松本篤代表の言葉に腹落ちする。「RETOWNはリスクテイカーだ。まちづくりを評論する有識者は数多くいるが、自らリスクを取って汗をかく事業者は少ない。現実を受け入れつつ変化を楽しみながら、ともに地域に貢献していきたい」。

「いくのパーク」では、災害・避難所機能、地域コミュニティ機能、多文化・多世代、新しい学び機能の三分野において、九事業の三三活動が構想・企画されている。バスケットボールスクール、イタリアンレストラン、NGO事務所、野菜の水耕栽培所、K－POPダンススクール、美術研究所、人気ユーチューバーたちの撮影所、一時預かり・休日保育を行う保育施設など約三〇の事業所が入居する多彩な複合施設でもある。運動場は芝生化し、文字通り「公園」として地域住民に開かれている。財源は改修の初期投資・維持管理費をはじめ、すべて共同事業体の原則自主財源だ。逆に大阪市に賃貸料を支払うことになっている。財源は各種テナント料や校舎屋上にあったプールを活用したバーベキュー場などの収益事業や委託事業などで賄《まかな》う。共同事業体のNPO事務所や企業本社は、二〇二二年夏に「いくのパーク」に移転した。課題も山積みだが、「変化を楽しみながら、地域に貢献したい」と決意を新たにしている。

多文化共生のまちづくり拠点を構築する理由

私たちが学校跡地に多文化共生のまちづくり拠点を構築する理由は、多文化共生に関わる抽象的な「理念」のためではない。個人と環境の相互作用が生み出す矛盾は常に具体的だ。私たちが学習支援をしている子どもたちの中にも、いろいろな事情を抱えながら人一倍頑張っている子どもたちも多い。難民申請中の仮放免で、いつ強制送還されるかもしれない不安の中で、地元の公立学校に通っていた中学生。ネパールで小中学校を卒業後に親の呼び寄せにより急きょ来日し、日本の学校に在籍することなく日本の高校受験を目指す、いわゆる「ダイレクト受験生」。教育、福祉、医療などの生活課題を抱えて立ち尽くす、日本語が不自由な外国ルーツのひとり親。一人ひとりの基本的人権の問題が、日々の地域・生活の中に横たわっている。国籍や民族などの出自の違いや家庭環境の格差が、人生の選択肢を狭《せば》めることにつながってはならない。

「多文化ふらっと」では、主に外国ルーツの小学生から高校生までの一〇〇人以上の子どもたちが参加する学習支援活動や、週一回二〇人が参加している子ども食堂を運営している。また「いくPAの農園〜ぐるぐる〜」という市民農園や、「いくPAの図書室〜ふくろうの森〜」も管理運営している。「いくのパーク」全体の施設の管理運営にかかわりながら、とくに居場所と学習支援の二つの役割を担っている。これまでも進学や生活課題にかかわる相談も可能な限りかかわってきたが、子どもたちが安心・安全な環境で学ぶ環境整備のためには家庭・保護者の福祉・生活課題への支援が不可欠であることを痛感してきた。二〇二四年度から多言語による生活相談窓口を立ち上げることにし、その体制準備を進めている。また「進学・就労」支援のための事業も展開していく。

私たちは、生野区における多文化共生の地域内循環の社会的仕組みを構築したいと考えている。「教育・子育て」「福祉・保健」「進学・就労」の分野における相談支援事業、社会参加支援事業、まちづくり事業を通じて、地域の保幼小中高校・大学・企業・NPO・行政が重層的に連携協力する市民主導の多文化共生の仕組みづくりを目指したい。こうした重層的な仕組みづくりは夢物語ではない。すでに生野区においては、こうした地域のアクターたちが個々多様な形で連携協力しながら動き始めており、「希望の種」を育《はぐく》みつつある。

ある中小企業では、従業員の約半数がベトナム人であり、会社内で日本語教室の運営や在留資格の更新などの行政手続き業務もサポートしている。空き家が多い生野区の中にあって、食を通じたまちづくりを企業理念に掲げる株式会社RETOWNは、多国籍料理の店舗の起業を増やし、多文化共生と夜の街の活性化に貢献したいとしている。筋原章博・生野区長は、学校や地域社会において多国籍化・多文化化が急速に進む中で、「既存の行政の支援と手法だけでは、もう対応できない。こうしたセクターを越えたネットワークの力が必要なのは明らか。多文化共生社会は、人口減の日本社会が直面する課題そのものだ。これを乗り越えないと日本の未来はないし、それを先導するのが生野区の役割だ」（セミナー「大阪いくの発！　多文化共生の希望の種リレートーク　2024」）と明言している。

地域における「共生のとりで」を目指して

マジョリティ側の日本社会にとっても、民族的マイノリティの存在は得難い存在なのだ。これからの時代は、予測不可能な目標をさまざまな職種やセクターの横断的で共創的な取り組みを通じて、試行錯誤を経ながら解決に向かう時代とも言える。未来に必要とされる新しい価値や社会的仕組みは、同質性の中からではなく、多様性の中から生み出される。外国ルーツの人々の存在は、支援を受けるだけの受動的な存在ではなく、地域社会の構成員として日本社会の活性化と発展につなげる能動的なアクターである。一方で、多様性とはバラバラであるということだから、そこには「自由の相互承認」のための摩擦や葛藤が必然的に生まれる。新しい価値や社会的仕組みを創造していくためには、「混沌さ」と「危うさ」を抱きしめながら、前に進む勇気が必要なのだ。

　私たちは、地域にこだわりローカリズムの井戸をどんどん掘り進めていきたいと考えている。そのことが、「均質化」を本質とするグローバル化と国家の「宿痾《しゅくあ》」を規制していくことにもつながると思うからだ。近代以降の経済成長モデル自体が「悲鳴」を上げているように見える。ローカリズムの中に、「分断・格差」「紛争」「気候変動」などの時代が直面する最先端の問題の解決に向けた社会的連帯のヒントが隠されているかもしれない。

　土日に図書室にくる子どもたちから「お腹がすいた」という声を頻繁に聞くようになったスタッフは、月一回の「おにぎりプロジェクト」を提案し、ボランティアを募った。すると、子ども食堂や学習支援教室に子どもを送っているお母さんから「普段お世話になっている。月一回のおにぎりぐらいなら私にも握れる」と何人かが参加してくれた。普段の生活で精いっぱいの保護者からの申し出が、事務局で報告されたときに、スタッフ全員から軽い歓声と拍手が巻き起った。「支援する側」と「支援される側」が固定化されずに、それぞれができる範囲でぐるぐる回っていく関係。ある主体と別の主体が取り結ぶ、その主体的な関係が、それぞれをまた自立・自走させる力に変換されていく。その役割は、ときには重なり、兼ねられ、置き換えられる。大きな歯車か小さな歯車かは関係がない。全体がうまく回るためには、大きな歯車も小さな歯車も両方必要なのだ。私たちは、こうした小さな日々の現場の実践を丁寧に編み込んでいくことで、過度な「自己責任」の風潮や「排外主義」の大波に抗する、地域における「共生のとりで」を構築したいと思っている。誰にでも開かれている「共生」の場であり、誰もがそのままでいられ、同化や排除から個人の人権を護る自由な「とりで」。この理想に向けて一歩でも近づきたい。多様な人を育てていくことが、実はまち自体を育てていることにつながっているのだ。私たちは寛容で多様性があふれる地域社会、「誰一人取り残さない」多文化共生のまちづくりに挑戦する。

（そん・お／NPO法人IKUNO・多文化ふらっと理事・事務局長）

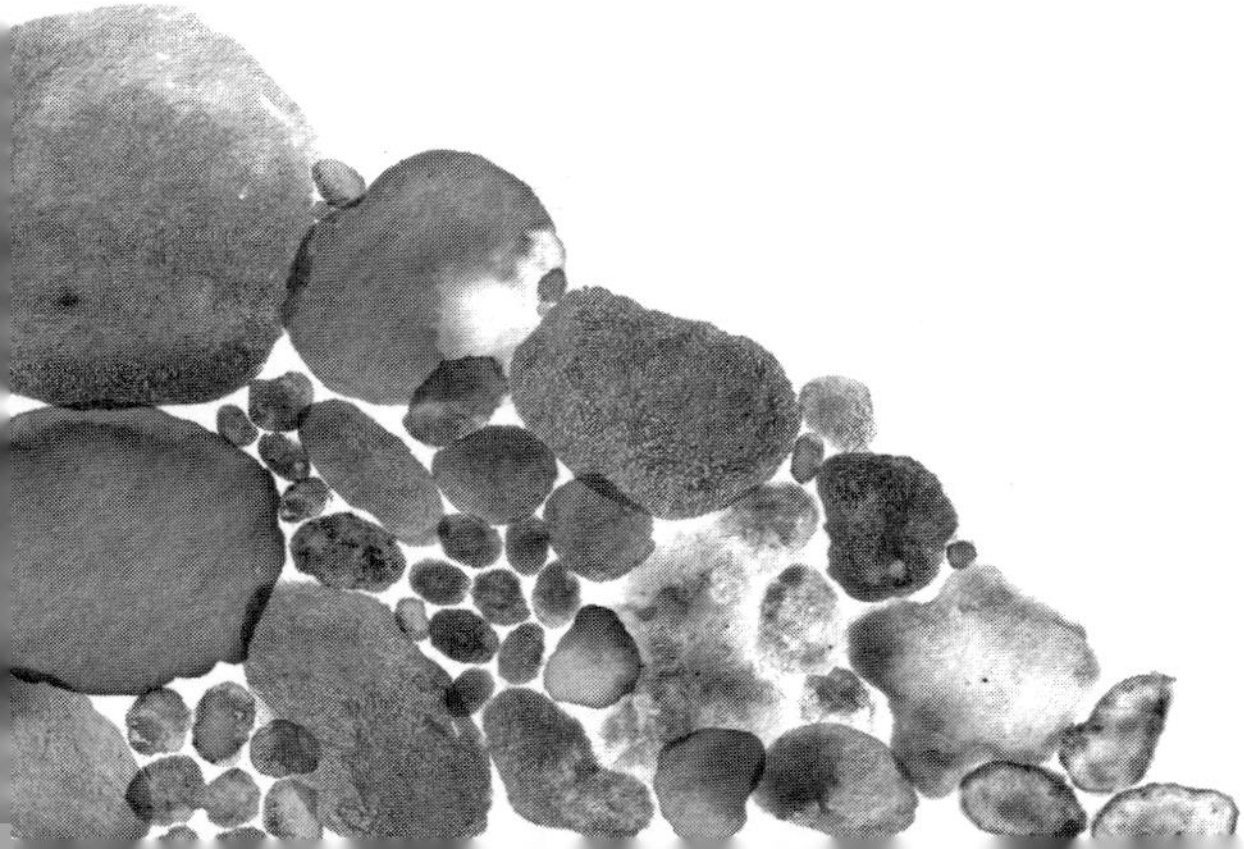

終章

座談——実践的研究へ

髙田光雄×渥美公秀×山口洋典＋弘本由香里

難問をどう捉えるか？

弘本　本書の終章として、実践的研究に長く携わってこられたお三方と進行役の私による座談形式で、コミュニティ・デザインの難問をどのように捉え、どのように向き合っていけばよいのか、生の言葉を交えながら、エッセンスをお届けできればと思います。

まずは、難問を捉えるスタンスについて、それぞれの実践的研究の軌跡や節目と重ね合わせつつ、要点をお話しいただければと思います。

髙田　私が専門とする住宅地計画の領域に、コミュニティという概念が飛び込んできたのは、戦後の住宅団地をつくるときのことです。地方からの流入人口を受け止める団地の設計をどうしたらいいか。「コミュニティを考えなければいけない」ということがテーマでした。当時はそれが「コミュニティ・デザイン」だったのです。

一方、それまでに社会学者もいろいろな議論をしていましたが、農村の時代から、都市化が進んで、もっぱら都市の住宅が主流になっていくというストーリーの中でコミュニティというものが考えられていることに、私は大きな違和感を覚えていました。

そもそも、都市型のコミュニティというのは歴史的に存在していた。私が生まれ育った京都では、応仁の乱以降、商工業者が台頭し、戦災から自力で復興してきた歴史があります。共倒れを回避しつつ、隣近所の仲の悪い人とも一緒に復興しなければいけない。そういう状況があったわけです。戦災のみならず、何度も大火災に見舞われ、結局、災害復興の繰り返しだったと思うのですね。

また、都市にはいろいろな人が入ってくる、近世から近代にかけて、京都では持ち家層が二割で借家層が八割という構成が長く続いた。二割の持ち家層がコミュニティのマネジメントに関わり、八割の人は流動していて、それが都市の活気をつくっていた。経済活動が最も盛んな大阪では、借家率は九割とさらに高かった。

だから、「定住から移住へ」といった言い方をすることには、ものすごく違和感があるわけです。定住と移住の両方があって、それをどう混ぜ合わせるか、どう組み合わせるか、動く人と止まっている人がどう関わるか、その動きを見ることが重要で、コミュニティというのは、本来そういう議論をすべきだと、私は思ってきました。

弘本　二〇二四年は元日の能登半島地震に始まりましたが、阪神・淡路大震災から二九年が経ちました。コミュニティ・デザインの難問を語る際に、それらのことも大きな切り口の一つになるものと思います。

渥美先生は、この週末、能登に行かれて、ちょうど帰ってこられたところですよね。先生は、阪神・淡路大震災に始まって、以降、中越、中越沖、東日本、等々、その後ずっと被災地支援で日本の各地を回ってこられました。

渥美　被災地を回ってきた経験からコミュニティについて考えるとき、われわれは失われたものからコミュニティを考える。人を見るときに「病気を診て健康を知る」ということがありますが、それみたいなところがあります。

京都の歴史などと比べると非常に短期的な経験ではありますが、例えば災害で日常が失われたときに、被災者の人たちは「何気ない時間を取り戻したい」と言われるんですよね。何気ない時間というのが何なのか。すると、それがコミュニティだったのだろうというふうに、逆に思えてくるわけです。

そうすると、それを「デザインする」というのは、ときに暴力的なことで、何の資格があって人様のコミュニティをデザインするのか。デザインということ自体が、そもそも合うのかな、という感じがします。

ではどうするのか。文化や歴史をどう考えるのか。といった話になっていくんだろうと思っています。

山口　私は静岡出身ですが、たまたま関西の大学に進学し、関西に居ついたわけですが、その原点にあるのが阪神・淡路大震災です。そこから、ボランティアやＮＰＯをはじめ、自分の動きに対して言葉が後から付いてきた、という感覚がありま す。地域や社会に関わることが意味づけされ続けてきた、そんな世代と言えるかもしれません。

そんなボランティア元年から三〇年、ずっと「コミュニティの難問」を解いている気がしています。コミュニティは都市か農村か二元論的に区別されることもありますが、自分は、京都や大阪という都市に暮らしつつ、仕事や活動を通して、時に田舎というか農村というか、共同体としての一体感が重視される地区や集落に土着的に関わってきた。特にこの数年は、渥美先生と共に、とことんミクロなコミュニティの計画とその実践に取り組んでいます。

現場の方々に「これはどうでしょう?」と問い続けて、それに対する「いや、違う」という声を拾い続けて、「じゃあ、これは?」と、問答を重ねる。そんな感じです。

私が工学から心理学に専門を変えたのも、「生活に根ざす問いに正解はない」ということを、震災ボランティアで体感したからです。

私はいわゆる未被災ですが、大学進学までは、東海地震が起きると言われ続けていた静岡県磐田市で暮らしてきましたから、地震に対して構え続けてきた者として、そして被災していない者の責任というか、「放っとかれへん」という思いのもとで最適解を探し続ける、そういうことが身に付いてきたように思います。

弘本　渥美先生は、先ほどコミュニティというのは何気ない日常で、デザインできないものではないかとおっしゃったのですけれども、救援や復興の過程の中で、コミュニティというのは常に議論の的になっていきますよね。

渥美　学者のさがとして、理論的に考えたくなりますが、ここはむしろポリティカルです。ポリティカルかつ理論的にマイノリティに注目するということを実践的にやらないといけないと思っています。

われわれが被災地に行って、よそ者としてそこに入ったとしたら、「これで、ほんまにええん?」というような話とか、「この人、どうするん?」というような話をしていく。というところにこそ、意味があるのかもしれませんね。私の場合は、そんなところで「実践的」という言葉を使っているのかもしれません。
災害によって亡くなる方の高齢者や障がい者のパーセンテージは、多分、三〇年前と変わっていません。結局、一番助けが必要な人を救えていない、ということに気づいたのです。「こんなことをやっていてもあかんな」ということで、関わり方が変わったというか、変えていったと言った方がいいかもしれませんね。

それから、「共生」とか「共創」といった言葉もたくさん出るようになってきて。いっぱいしゃべれる人が共生しているなら、それはそれで構わないのですが、今の状況の中で、声を小さくさせられている人とか、共生させられたら困る人とか、共生なんかしたくない人も、たくさんいると思うのです。だから、共生の手練手管《てれんてくだ》を考えるというのではないな、ということにもどこかで気づいて、関わり方を変えてきました。

髙田　私は、建築を背負っている立場です。阪神・淡路大震災のときは、建築が人を殺しているわけですよ。「建築学は何を今までやってきたんだ」と、極度の自己嫌悪に陥りました。その一方で、「お前は何の役に立つねん？」と、追求されているのだとも感じました。

だから、渥美先生のように各地に足を運び、困難な局面に自らを置こうとするような行動様式を、ずっとすごいなと思っていました。阪神・淡路大震災のときは、ある意味ではもう仕方がないというか、やれることをやるしかないというところがあったかと思いますが、その後は明らかに渥美先生の意志でいろいろな行動をとってきておられて。しかもそれがどんどん純粋化していく。驚くばかりです。

渥美　一人で勝手に動いていたのではなくて、山口さんも居てくれたし、いろいろな人が来てくれて一緒に動いているのですよね。

山口　髙田先生が震災後も建築学を背負っていかれたのと対照的に、私は土木工学から心理学に専門を変えました。ある意味で逃げたようなものですが、渥美先生のもとで学び直しをして、被災の現場には特別な誰かが問題解決をしに行くわけじゃないということを痛感し、それを前提に考え行動できるようになりました。

震災ボランティアで共に泣く、あるいは泣くことさえできずにただ絶句する、そうした共通体験をもとにした実践の知恵を、阪神・淡路大震災から十年を迎える中で大学院生として整理していた頃、二〇〇四年に新潟県中越地震が起きました。

光が当たれば影が、メジャーに対してはマイナーが、それぞれ存在するように、被災された地域の姿がメディアなどで均質に伝わるということはありません。

ですので、復興への支援策を検討する際には、平均や標準や極点など、視点や観点をずらし続けることで、置き去りにされる人が出ないようにする。そのようなことの大切さを、神戸と中越での体験を経て学びました。

こうして、あれを見ろと言ったら、見た瞬間に見ていないところが出てくる、というのも、コミュニティ・デザインの難問ではないでしょうか。

全容を掴むのが難しい中、問いを立てた自らの立場を合理化せず、しかも誰かを置き去りにしたくない。それは、自分が被災したときにコミュニティから置き去りにされたくないという恐れからくるものかもしれません。

難問に〝実践的研究〟はどう向き合っていくのか？

弘本　本書のコンセプトについて議論していると

き、監修の新川先生が、難問という言葉に対して即座に「難問には三つぐらいの特徴がありますよね」と言われました。

一つ目は「対象者が持っている複雑さ」、二つ目は「さまざまな価値観の対立」、三つ目は「一定でなく常に変化している」こと。これらに対して「われわれは、コミュニティ・デザインで、どう向き合っていくのか。というところが、この本の重要な論点になるのでしょうね」とおっしゃいました。

これはまさに、この間ずっと先生方が取り組まれてきた実践的研究の核心を突く言葉だとも思われます。

阪神・淡路大震災から来年（二〇二五年）で三〇年になりますが、その間に、例えば災害ボランティアの捉え方や被災地との関わり方にしても、随分変わってきていますよね。私にしても、先生方と三〇年近くお付き合いをさせていただいているからこそ、気づかされることがたくさんあります。


渥美　防災のことに引きつけていえば、三つの世代があるという話をしています。

第一世代は、専門家が教えてくれる防災知識をコミュニティのメンバーが学ぶ。しかし、それだけでは不十分だというのは誰もが思うところで、第二世代では、NPOが仕掛けをつくって、いろいろな人に入ってもらって、気づいたら防災になっているというようなことをしてきた。でも、それはしっかりと人口があって、そこにNPOがあって、手続きが取れてという、非常に都市的な感じがするところでしか成り立たない話ですよね。

しかし、もはやそんなことができない地域も多いわけです。それで、第三世代では、むしろわれわれが余計なことをするよりも、もともと地域では、祭りもやっているし、そういうところで、ちょっと一緒にやらせてもらえば、十分防災ができているではないか、そんなことに気づいて『誰もが〈助かる〉社会』という編著を出したんです。

助ける・助けられる関係というのは、助ける側（の意志や責任）と助けられる側（の意志や責任）が固定的で、助けたり助けられたりを流動的に繰返しているうちにふと助かるとか、偶然助かるといった視点がとりにくい。その視点を入れずに、「さあ、防災教育だ」とか「防災のデザインだ」とかと言っていたのは、いったい何だったのだろうと思います。

それよりは地元で、今は衰えているかもしれないけれども、やっておられるいろいろなことに、防災という脚色をもう少し加えてみる。そういうお手伝いをした方が、誰もが一緒に助かる社会になるのではないかなと思っています。あくまでも理想論ではありますし、かなり手を入れないといけないのですが。

実践というときに、大学などでも「社会実装する」ということがよく言われます。しかし、実装するというのは、こちらが正しいものを持っていてそれを備え付けることだと僕には思えるので、それは間違いではないかなと思っています。むしろ「こんなん作ってみてんけど」と持っていったら、「しょうもな」と言われる。それが現場というものかもしれない。

「しょうもないんや」と思ったら、「どうしたらええん？」と聞いて、現場からいろいろ教えてもらう。そういう姿勢を、そういう循環を持たないと、われわれの「知」というのは伸びていかないのかなと思っています。

「実践的」というのは、勉強をしていた私たちが机の前を離れて現場に行くという意味ではなくて、もっと市井の人から、普段あまり話をしてくれない人からこそ、意見を聞くということ。そういうのを「実践的」と言わないといけないかな、というふうに思っているのです。簡単なことではないですけど。

そんなときに、ボランティアというのはなかなかいい切り口なんです。お手伝いに行っているわけですから、あまり嫌がられることはないので、そこからスタートできたりする。

効率性とか有効性とか対価を求めるとか、日ごろわれわれが当然と思っていることと違う選択肢を示せますので、そういうところから「実践性」というのは生まれて来るのかなと思っています。これがまた体系立ってくると変な話になるかなと思っていて、この後の第四世代はどうするのかなと思いながら、まだ考えられてはいないんですけど。

髙田　私の場合は逆なのですよ。渥美先生のご専門の心理学は、純粋な科学、サイエンスで、建築学というのは科学を応用した技術なんですよね。

私の場合、住宅の研究ですが、住宅というのは、最も私的で、かつ最も社会的な建築なのですね。だから、私的な問題、社会的な問題、その間にもいっぱい問題が絡み合っていて、すっきりと効率的にものを解決することができない。これを何とかしたいということで、公共経済学やシステム論の知見を援用して「ハウジング・システム論」というのを立論して、さらに、これを現実の住宅供給に適用する実践的研究を行ってきました。

当初は、実務であって学術研究にはならないと随分批判もされましたが、方法論として、科学と技術をどうつなぐか、目的を達成するために、こんなつなぎ方もあるけれども、こうつないでもいいし、いろいろなつなぎ方があるのではないか、ということに「実践的研究」の方法論として取り組み続けてきた。

それこそ心理学の世界では早くからアクション・リサーチなどといった概念が生まれていたの

に、建築学ではそれを十分学んでこなかった。私の研究はアクション・リサーチなんだと説明して、だんだん認めてくれる人が出てきたわけです。

山口　髙田先生がおっしゃられたように、私はアクションによって説明責任より応答責任を果たしているつもりです。そして、説明の際にはサイエンスの世界からいったん言語を借りながらも、現場の物語として「生きた問いに響く言葉」を常に探る、そういう姿勢を私なりに貫いてきました。

ただし、言葉というものには現場でそれを役立てる人が必要ですから、現場に寄り添う上ではforではなくwith、現場の「ため」ではなく現場と「共に」、答えを出すよりは壮大な問いを、問い続けていいます。

その際には、自ずと過去の自分にも向き合うことになります。地域も変わるし自分も変わる。だからこそ、過去に浸《ひた》り過ぎずに、現在を見つめて、未来を見据えることが、現場に向き合うということなのではないでしょうか。

髙田　建築というのは、古代ギリシャ語に立ち戻っていくとアルキテクトニケー・テクネー、要するに万物の根本原理を司《つかさど》る匠の技ということなのです。要はいろいろなものを総合化するという意味です。

いろいろなものの中には、相互に対立していそうなものがいっぱいある。建築の設計においても、もともと収まらないように見えるもの、例えばコミュニティとプライバシーとがあって、いろいろな人が集まりやすい中庭をつくるとしても、セキュリティが問題になる。開けばいいというものでもなく、閉じればいいというものでもなく、開きつつ閉じる、閉じつつ開くとか、そういう問題が常にあるわけです。

社会的なニーズと個人的なニーズをどのように

重ねるかということが、建築の計画ではしばしば問われる。他にも、何らかの対立項を総合化する必要が生まれることが少なくないのですが、総合化がうまくいかない場合には、建築紛争とかマンション紛争といったものが発生する。私はそういう紛争は嫌いなのですが、なぜか引きずり込まれるんですね。

阪神・淡路大震災では、特定の現場に入らず複数の現場を回ったのですが、大半の復興まちづくり協議会は、利害関係の対立で修羅場になっていました。しかし、ほんのわずかですが、明らかに対立したものを総合化して、次の一手に置き換えて、ちゃんと復興計画を立てることができた協議会もありました。

その後に経験した、京都のマンションの紛争も本当に戦争でした。ただ、そこでも、価値の対立から、単なる価値の調整だけではなく、価値の共有が認められる事例に遭遇しました。

そうこうしているうちに、それがだんだん建築学の本質かなと思えるようになりました。要するに、一見対立しているように見えるものを、対立だと思わないで何とかする。それが建築の技術であり、実践的研究だということが、実感として分かってきたのですね。

山口　先ほど、自分は「生きた問いに響く言葉」を常に探るようにしてきたと言いましたが、そのためにはそれらを合い言葉にしていく仲間づくりが重要です。

ところが、マニュアルやルールの徹底でコミュニティの秩序を保とうとする傾向が強く、それがコミュニティを硬直化させてしまっている印象があります。そのため、最近は授業などで学生に、いわゆるバックキャストでの思考は必ずしも必要ないと言うことがあります。「目指す理想像を明確に」というメッセージが、いわゆるＰＤＣＡサイクルによる縮小再生産をもたらしてしまい、むしろ現状を積み上げていくフォアキャストの方が、手段の目的化を避けられると見立てているためです。

弘本さん、髙田先生、渥美先生たちと共に大阪の上町台地界隈の実践に携わったお仲間で本書にもコラムをご寄稿いただいている宋悟さんの「行く路は来た道に聞け」という言葉を借りるならば、過去を丁寧に掘り起こすことで、何を大事にしてきたか、あるいは大事にしてこなかったかの、センスメイキングが重要である。そのような局面が増えている気がしています。

デザインできないもの、日常世界、感性・文化をいかに育むか？

弘本　分野は違えど、共通してらっしゃることの一つに、デザインできないものに対するまなざしの向け方というものがあるように感じています。それは、日常世界、感性・文化といったものに当たるのではないかと思うのですが。関心を向けていらっしゃることをお聞かせいただけますか？

渥美　やはり、原発被災地の福島のことは、考えさせられることが多いです。コミュニティとは何だったのか。人がいなくなったから、新しい人を呼んできて、それでコミュニティが成り立つのではないか、という強引な施策であったり、出ていった人たちを「もう帰られへんのやったら、しゃーないな」と簡単に切り捨ててしまったりするのは、どうかと思います。

今回の能登地震の被災地もそうですが、価値観の共存というものを実現するには、やはり闘うべきところは闘わなければいけないのではないかと思っています。

髙田　京都の生活文化には、年中行事も、冠婚葬祭も、あいさつの仕方も、掃除の仕方も、すべて、異なる価値観の共存という原理があるのだという ことに、ある時期に気がつきました。闘うというのは、逆に、共存の文化があるから闘えるのですよ。生活文化がベースにあるから、それに対して外から来た圧力に対して闘うことができるのだと思うんですよね。

京都もまさに内戦や大火など繰り返し災害が起こって、何度も立ち直ってきたわけですが、普段から緊張感のある共同的な生活のトレーニングをしてきたからこそ、復興ができたのだと思います。

ある特定の価値観の中で一丸となって何かをやっていた、そういう戦闘的な部隊だったら、復興はできなかったのではないかと私は思います。いろいろな価値観の人がいて、それを総合化する、マネジメントする文化があったから、何とかなってきたのだと思います。とはいえ、最近はちょっと危ういですけどね。

では、歴史的な蓄積がないところだったら異なる価値観の共存は不可能なのかというと、それはまた別の方法で学習やシステムづくりを行うことで実現可能かなと思います。

変革というものも、スクラップ・アンド・ビルドではなく、継承の一つのパターンだと思わないといけない。私が京町家の保存運動に関わっているのは、観光客が楽しむための景観づくりとは意味が違っていて、生活を壊してしまうような観光政策というのは、本末転倒だと思っているからなんです。

山口　地域活性化のために、地域への愛着が高まるようにすればするほど、逆にそれが難しくなっていないかが気がかりです。

愛着は英語で attachment、ちなみに絆は bond

です。日本語の語感では、地域への愛着を高めることは地域への接着を促すことになり、つまり誰かが誰かを地域につなぎ止める動きは重荷や足かせとなり、地域からの脱出という反作用をもたらしていないかということです。

また、復興の現場では「絆《きずな》」という言葉がよく使われます。総務省では復興支援員や地域おこし協力隊などを地域力創造の担い手と位置づけているものの、地域への固定化や固着化を強いる制度が地域力の維持、継承、発展をより困難にしていないか、気がかりです。

髙田　同じ家に一生居るという感覚は、元々都市の歴史にはなくて、動きながら都市に住むことが普通です。例えば京都では、戦前までは八割の人が、五、六年で動いていたのです。要するに、京都のどこにでもいつでも行けるということが重要で、ずっと同じ家に居るわけではないのです。でも、京都に住んでいるという意識はものすごくあって、商売がうまくいくと都心に行って、環境が変わるとちょっとまた下がって、というようなことを繰り返しやってきたわけです。

渥美　奈良県十津川村などでは、基本は住んでいていいけど、ちょっと体調が悪くなったら病院が近いまちの中に住んでね、ということで、村営住宅を貸しているんですよね。それで病気が治ったら、また山奥に帰るのです。それでいいと思うのですが、住民票とかいろいろな制度が、一ヶ所で暮らすことを強いていますよね。

山口　今回、令和六年能登半島地震の支援に携わるにあたり、現地に婿入りした友人から、能登の人たちの地域への思いの背景に、浄土真宗の信仰が厚いことと、烏帽子《えぼし》親と呼ばれる疑似血縁関係があるのではないか、ということを教わりました。

親代わりの人がいて、いつも目をかけてくれてきたから、その人がいる限りはそこを離れるわけにはいかない。そのように考える背景を知り、地域の方々の思いが理解できた気がしています。

弘本　その生活文化というのは、先ほど高田先生がおっしゃった、闘う糧のようなものになっていくのでしょうか。

山口　もちろん闘いの糧になるけれども、一方で新しい合理的な選択肢に抗《あらが》いきれないところもあると思われます。

　長らく地域に根差してきた生活文化が幾重にも絡まっていて、その絡み方が呪縛となって、言わば緊縛状態で血が止まってしまうほどの息苦しさがあるなら、その絡んだ糸を切る、あるいは少しほぐして結び直すこともありうるでしょう。

　その際、地域の文化に対する判断は、個の単位ではなく集団での意思決定が大事だと、中越での関わりから学ばせていただきました。

高田　山口先生とか渥美先生のフィールドというのは、都市部と比べてそもそもよそ者が入って行きにくい。私が京都とか大阪で感じるのは、やはり他者を受け入れる文化があることです。私は「タイトでオープンなコモンズ」とも言っていますが、そういうことが成り立ちやすいのは、やはり都市です。よそ者を受け入れる文化がそもそもないところで、はじき出されないで寄り添って入っていくという、それはものすごいことだなと思いますけどね。

弘本　そういう意味では、入っていく側も、その地域の文化の文脈を読み取る能力みたいなものがないといけないということですよね。

　しかし、これだけ都会であれ田舎であれ、個を起点とした生活が強まっていっている中で、生活単位の原子化とも言われますが、だからこそ関係性というものが強く求められるようになっている面があるのだとも感じています。

そのような中で、異なる価値観の共存をいかに可能にしていくか。他者の日常世界が見えにくくなっている中で、身近な日常世界の解像度を高めるようなアプローチが必要なのではないかとも思うのですが。

日常世界を支える感性や文化をどう育《はぐく》むのか、今までのお話の中にもいろいろヒントを頂いてはいるのですけれども、言い残されたことを含めて、最後にひとことずつ頂ければと思います。

山口　私はカメラ好きなので、写真の比喩を使うのであれば、「パンフォーカスでありなおかつ決して解像度が高くない一枚の風景写真から読み解く力を磨く」というたとえを挙げさせてください。

ここでも、個人の力より共同で読み解いていくこと、その際には誤解も楽しめる余裕が必要になるでしょう。「あなたはそこに目をつけましたか！私はここに興味を……」と物の見方を重ねていくことで、日常世界を支える感性や文化が育まれるのではないでしょうか。

高田　私がシナリオ・アプローチというのはまさにそういうことで、価値観が違う人が集まって何か決めるときに、出来上がり図をまず描くなどというのは絶対できないことなのですよね。

例えば、複数のシナリオを考えて、「私はこれだけど、他の人はこっちだと言ってる」「あんたはそうかもしれないけれども、こっちもちょっと一緒に考えてみましょう」ということをやること自体が、結局レジリエンスを高めることになるわけです。

しかも、それを一気に決めない。漸次的決定と言っているのは、十年後のことなど分からないわけだから、選択肢をいかに多く残すかを考えれば、決めないことが大事。だから、出来上がり図を描かないことと、今決めなくてもいいことは決めないということをルールにすると、そこでいきなりけんかが始まるということにはならないと思うのですね。

結果としていろいろな将来像が出てくるのです。ただ、最初の複数のシナリオについては、ある意味かなり解像度を高めておかないといけません。

渥美　選択肢を残すというのは大賛成ですし、ゆっくりとスピードダウンしてやるというのもありますけど、一方で、多数決も重要です。

全員一致の熟議で決めてしまうと、間違っていた場合に戻れないのですが、多数決である程度いい加減に決めると、間違っていたときに「ほら見たことか」と言って、負けた人たちがもう一回息を吹き返せる。あまり慎重にならない程度に、スピードダウンしたらいいのではないかと思います。

それから、この本をお読みいただく方はぜひ、まず自分が関心があると思わない章を読んでいただきたいと思います。そうすると広がるじゃないですか。ここを読もうと思って丸をした、その隣の章を読むとか。もう少し違うことで言えば、今出てきている文学作品などでも、面白いものがいろいろあるではないですか。手に入れようと思ったらいろいろあるのだから、読んで議論することが大事かなと思います。

さらにいえば、言葉が嫌な人、もうしんどいなという人は、何か体を動かすようなものでもいい。祭りというものもよくできていると思いますが、万博やオリンピックよりももうちょっとローカルなものがあった方がいいと思います。結論にはなりませんけれども、僕らはすぐに言葉に頼るけれども、そうではないものがあってもいいですよね。

弘本 言葉で表す世界と言葉で表せない世界と、両方を耕していくことが必要ですね。ありがとうございました。

＊二〇二四年一月二三日　於 都市魅力研究室

あとがき

コミュニティ・デザインへの着眼

本書において、コミュニティ・デザインの定義や位置づけは必ずしも一致していない。何を目指してこの概念を用いているのかも、また一致していない。本書の「まえがき」でも記したとおり、本書の執筆者の多くは長年にわたって同志社大学大学院での講義を共同担当しつつ、その準備のために研究会も重ねてきた。それでも収斂《しゅうれん》されなかった。しかし、コミュニティ・デザインという概念に、何かしらの可能性／方向性を見出してきたことは一致している。

コミュニティ・デザインは、まちづくりと並び立つ形で二〇世紀終盤から普及していったものである。まちづくりは、行政用語である都市計画／都市開発への対抗概念として生み出されて浸透していった。まちづくり概念を提唱した田村明は、その著書『都市プランナー田村明の闘い』（学芸出版社、二〇〇六年）の冒頭で、都市計画は「官僚的でハードの、それも部分的なものに限定されていた」と指摘した上で、「専門用語であるよりは市民用語」としてのまちづくりを導入したと述べている。また、『まちづくりと景観』(岩波新書、二〇〇五年)では、「まちづくり」が都市計画/都市開発と異なる点として、「⑴市民主体・⑵総合性――ハードとソフト・⑶画一性から個性へ・⑷量から質へ・⑸生活の小単位尊重・⑹理念から実践へ」を挙げている。

コミュニティ・デザインへの着眼/導入もまた、従来のまちづくりの理論や実践を批判的に発展させていくものだったと言えるのではないだろうか。コミュニティ・デザインが世の中で幅広く知られ普及した契機は、山崎亮の著書『コミュニティ・デザイン』(学芸出版社、二〇一一年)によるという見方に異が唱えられることは少ないだろう。同書の副題「人がつながるしくみをつくる」が端的に表すように、コミュニティ・デザインにおいては、コミュニティ・デザイナーが主役ではなく、人間関係がデザインされるコミュニティのメンバー(コミュニティ・デザイニー)に関心が向けられている。よりよい地域へと導く構想が描かれ、実現するためには、担い手の主役となる住民らの人間関係がよりよいものとなる必要があるからである。こうした観点はまちづくりの中でも示されていた。しかし、まちづくりに対してコミュニティ・デザインが新鮮な印象をもたらしたのは、地域の問題解決を重視したことにある。

折しも同書が刊行されたのは、人口減少が現実のものとなり、いわゆる「消滅可能性自治体」をめぐる議論や、東京一極集中による極点社会化、さらには東日本大震災を経て減災をはじめとした地域のレジリエンス向上が社会課題として指摘されていた頃である。これらの課題は特定の地域に限られるものではない。むしろ構造的な問題群となって地域の暮らしや仕事に複雑に絡み合うものとなっていた。従来とは異なる形での地域の問題を解決していくことへの関心が、否応《いやおう》にも高まっていたのである。

つまり、コミュニティ・デザインにおいて「人がつながる」ことは、目的ではなく手段である。つながった人々どうしで地域内の価値や発展に対する共通認識がもたらされることによって、問題を解決する市民活動が促進される点に、コミュニティ・デザインの意義が見出されたのであろう。

一人ひとりのフォロワーシップの発揮へ

まちづくりでは住民のリーダーシップが期待されてきた。コミュニティ・デザインではコミュニティ・デザイナーによる住民らの主体性を喚起する仕組みづくりが期待されてきた。そうした流れを捉えた上で、本書では地域の住民らのフォロワーシップに重点を置いている。リーダーシップの実践が目標の達成や集団の維持だとすれば、フォロワーシップの実践はリーダーの特性を補完することにある。例えば、住民のリーダーが地域活性化の仕掛け人となって、自らがやりたいことやできることを率先して行っていく姿は、容易に想像ができるだろう。そうしたリーダーシップが力強く積極的に発揮された際、特定の個人に地域の未来が左右される状況に陥る可能性がある。率先した行動によって地域内でリーダーが孤立することも考えられる。そのような状況を回避するため、地域に根ざす新たな仕組みを構想／設計していったのが、コミュニティ・デザインの実践であった。

本書では、こうした実践の先を見通す「新論」として、コミュニティ・デザイナーにも依存しない形を考えていった。地域内外の人々の地域への思いに応えて、日々の暮らしや仕事の中で自分にできることを少しずつ重ね合わせていく。そうした行為に踏み出していくような、一人ひとりの市民としての自覚や責任を問い直すものとして本書はまとめあげられている。

旧論／新論の二分法を超えて

もっとも、「新論」だからといって、これまでの実践や理論を否定するものではない。むしろ、これまでの蓄積をつぶさに見直すことを通じて、継承すべきものを明らかとしたり、過去との対話を通じて「新たにする」事柄を見出していったりすることを目指している。だからこそ本書では、歴史的・文化的な観点から地域コミュニティに向き合っているいくつかの実践を事例に取り上げており、また執筆者も新旧世代が混交する一冊となっている。新論という言葉を冠した本書が、吟味のための対話を進める一助となり、読者の方々の手によって、新論の続きが編まれていくことを期待したい。特に本書では、ジェンダーや地域経済の視点など、重要にもかかわらず十分に検討／言及できていないところがある。これらは今後の課題として共有したい。

新論を編んでいく際、私たちは、問題解決の切迫性から具体的な手法や技術に関心を寄せやすい。しかし、実践者の姿勢に関心を寄せることの方が重要だろう。コミュニティ・デザインの現場は常に現在進行形だからである。コミュニティ・デザインの実践は、特定の手法を導入すれば螺旋階段を登っていくかのように、成功への道を辿っていくものではない。むしろ、周囲からは試行錯誤を繰り返していると思われるかもしれない中で、深い洞察と慎重な取捨選択が行われている。そのプロセスにどう向き合うのかが、現場では問われている。例えば、令和六年能登半島地震では、発災から時間が経過すればするほど復興の道筋が見えないという事態に直面させられたり、発災当初には「ボランティア自粛論」によって誰かの何かを寄り添い支えることが否定されて「行かなくてもできる支援」ではなく「行かないことが支援」という言説が登場したりするなど、これまでのまちづくりやコミュニティ・デザインの論理では説明が困難な状態が広がり、試行錯誤のただ中に置かれている。そうした困難な現場でともに悩む姿勢を、私たちは大切にしていきたい。

最果ての地から道なき道を拓《ひら》く

最後に、二〇二一年三月に同志社大学大学院総合政策科学研究科を定年退職され、本書を監修いただいた、新川達郎先生に御礼申しあげたい。分野にも主張にも広がりがあり、まとまりを成すことが難しい筆者らが、ばらばらにならずに、ゆるやかにつながり続けられているのは、新川先生の懐深さなくしては考えられない。侃侃諤諤《かんかんがくがく》の議論があっても、新川先生が最後の総括でこれから向き合うべき方向性を指し示されて、私たちは包み込まれていった。

編集協力として多大なるご尽力をいただいた大阪ガスネットワーク株式会社 エネルギー・文化研究所にも御礼申しあげる。同研究所の方々のご理解と多面的な協力のもと、私たちは同志社大学大学院での講義と、それに関連する研究会活動に取り組むことができ、今回の出版にあたっても力強くお支えいただいた。特に、弘本由香里さんの献身的な働きへの感謝の念は尽きない。

また、執筆者の背景には数多くの関係者の方々がおられる。各論考は、そうした方々との対話や協働、支援や励ましによって支えられていることを覚えたい。一人ひとりのお名前は挙げられないが、執筆者を代表してここに謝意を表する。

本書の刊行に向けて伴走いただいた、さいはて社の大隅直人さんにも感謝申しあげる。それは、出版をめぐる状況が厳しい中でお引き受けいただいたからだけではない。コミュニティ・デザインという言葉を冠した本をなぜ今出版するのか。このメンバーが筆を執ることにどういう意味があるのか。これらの問いを正面から投げかけ、その答えとして相応しい構成を組み立てていくにあたって、誠実な対話を重ねていただいたからである。本書が持つ意味を共に紐解くだけでなく、紡ぎ出していただいた。それらを一冊の本へとまとめ上げることができたのは、デザイナーの早川宏美さんの参加があってこそである。実践の現場に足を運ばれ、はかなく小さな声の尊さ、言葉にならない想いの深さ、見えないつながり、まちの包容力やダイナミズムを柔らかな感性で受け止めてくださった。そうした時を重ねて、素晴らしいイメージの結晶を生み出され、本書に命を与えていただいた。組版と図版作成を担当いただいたTSスタジオの田中聡さんには、タイトなスケジュールの中で、正確かつ丁寧な仕事をしていただいた。この素晴らしいチームに深く感謝申しあげる。

同志社のキャンパスから程近い烏丸今出川にある居酒屋で講師陣と受講生らと混ざってコミュニティ・デザインの談義を重ねた際、大隅さんから「さいはて社」という社名にしたのは「最果ての地から道なき道を拓いていくことに意味がある」からと伺った。本書が、地域社会の歴史や文化が次世代へと継承され、よりよい未来を拓くための知恵をもたらす一冊となるべく、多くの方々の手に届くことを願ってやまない。

山口洋典・川中大輔

第９章

アパデュライ，アルジュン　2004 『さまよえる近代――グローバル化の文化研究』門田健一 訳，平凡社.

――――　2020 『不確実性の人類学――デリバティブ金融時代の言語の失敗』中川　理・中空　萌 訳，以文社.

イーグルトン，テリー　2006 『文化とは何か』大崎洋一 訳，松柏社.

デューイ，ジョン　2014 『公衆とその諸問題――現代政治の基礎』阿部　齊 訳，筑摩書房.

平野啓一郎　2012 『私とは何か――「個人」から「分人」へ』講談社現代新書.

前田昌弘・川中大輔・弘本由香里　2023 「対話で深めるコミュニティ・デザインと「文化」――実践哲学としての「コミュニティ・デザイン論研究」を目指して　その8」大阪ガスネットワーク CEL エネルギー・文化研究所.

村田純一　2023 『技術の哲学――古代ギリシャから現代まで』講談社学術文庫.

矢原隆行　2016 『リフレクティング――会話についての会話という方法』ナカニシヤ出版.

ラトゥール，ブルーノ　2008 『虚構の「近代」――科学人類学は警告する』川村久美子 訳，新評論.

――――　2019 『社会的なものを組み直す――アクターネットワーク理論入門』伊藤嘉高 訳，法政大学出版局.

第８章

秋野有紀　2022 「民主社会とこれからの経済の土壌としての文化」花井優太・鷲尾和彦 編『カルチュラル・コンピテンシー（『tattva 別冊』)』ブートレグ，110-113 頁.

今枝法之　2009 「U・ベックの「個人化」論について」『松山大学論集』第 21 巻第 3 号，319-323 頁.

内田由紀子　2021 「「こころの文化」――コロナ禍の幸福と芸術の役割を考える」『CEL』vol.127，20 頁.

友枝敏雄　2017 「社会関係資本から 21 世紀のコミュニティと社会へ」『学術の動向』第 22 巻第 9 号，8-12 頁.

中野重好　2003 「地域社会における共同性――公共性と共同性の交点を求めて（２）」『地域社会学会年報』第 15 集，78-80 頁.

町村敬志・山田真茂留　2017 「コミュニティを問い直す――社会関係資本の光と影」『学術の動向』第 22 巻第 9 号，7 頁.

松村正治　2020 「歴史との対話――『パブリック・ヒストリー入門』ほか」松村正治（中ケ谷戸オフィス＋野兎舎）ウェブサイト　書評・映画評，2020-10-01.

三好恵真子　2024 「次世代へと受け継がれてゆくこと――「ポスト体験時代」の記憶の継承に向けて」三好恵真子・吉成哲平 編『記憶の継承を祈念するグローバル・ダイアログ』ix 頁.

吉成哲平　2024 「「私性」から「公性」へと拓かれてゆく「写真実践」――写真家 東松照明が直面し埋めようとした沖縄の現実との距離」三好恵真子・吉成哲平 編『記憶の継承を祈念するグローバル・ダイアログ』23 頁.

Beck,U. 1986 *Risikogesellschaft*, Suhrkamp.（＝ウルリッヒ・ベック 1998『危険社会』東　廉・伊藤美登里 訳 , 法政大学出版局).

Putnam,R.D. 2000 *Bowling Alone: The Collapse and Revival of American Community*, Simon & Schuster.（＝ロバート・D・パットナム　2006『孤独なボウリング――米国コミュニティの崩壊と再生』柴内康文訳 , 柏書房).

羽仁五郎　1968　『都市の論理——歴史的条件　現代の闘争』勁草書房.

日向　進　1998　『近世京都の町・町家・町家大工』思文閣出版.

平尾昌宏　2024　『人間関係ってどういう関係？』ちくまプリマー新書.

広井良典　2009a　『グローバル定常型社会——地球社会の理論のために』岩波書店.

———　2009b　『コミュニティを問い直す——つながり・都市・日本社会の未来』ちくま新書.

———　2019　『人口減少社会のデザイン』東洋経済.

三俣　学・室田　武・森元早苗 編　2008　『コモンズ研究のフロンティア——山野海川の共的世界』東京大学出版会 .

山崎　亮　2011　『コミュニティデザイン——人がつながるしくみをつくる』学芸出版社.

———　2012　『コミュニティデザインの時代——自分たちで「まち」をつくる』中公新書.

山田浩之・赤崎盛久 編　2019　『京都から考える都市文化政策とまちづくり——伝統と革新の共存』ミネルヴァ書房.

山本　登　1985　『市民組織とコミュニティ』明石書店.

吉原直樹　1989　『戦後改革と地域住民組織——占領下の都市町内会』ミネルヴァ書房.

———　2000　『アジアの地域住民組織——町内会・街坊会・RT/RW』お茶の水書房.

Amartya Sen 1970 *Collective Choice and Social Welfare*, Holden-Day.（＝アマルティア・セン　2000　『集合的選択と社会的厚生』志田基与師 監訳，勁草書房).

André Schaminée 2018 *Designing With: in Public Organization*, BIS Publishers.(＝アンドレ・シャミネー　2019　『行政とデザイン』白川部君江 訳，BNN).

Arrow , Kenneth J. 1970 *Social Choice and Individual Values*, Yale University Press.（＝ケネス・J・アロー　1977　『社会的選択と個人的評価』長名寛明 訳，日本経済新聞社).

Jeroen van der Veer ed. 2005 *Shell Global Scenarios to 2025: The Future Business Environmenttrends,Trade-offs And Choices*, Peterson Inst for Intl Economics.

Ostrom, Elinor 1990 *Governing the Commons: The Evolution of Institutions for Collective Action*. Cambridge University Press.

菊池美代志・江上　渉　1998　『コミュニティの組織と施設』多賀出版.

京都新聞社 編　1995　『京の町家考』京都新聞社.

倉沢　進　1973　『都市社会学』東京大学出版会.

倉沢　進・秋元律郎 編　1990　『町内会と地域集団』ミネルヴァ書房.

倉田和四生　1985　『都市コミュニティ論』法律文化社.

坂井豊貴　2015　『多数決を疑う――社会的選択理論とは何か』岩波書店.

桜井　厚　2002　『インタビューの社会学――ライフストーリーの聞き方』せりか書房.

新建築学体系編集委員会 編　1985　『新建築学体系 20　住宅地計画』彰国社.

鈴村興太郎　2009　『厚生経済学の基礎――合理的選択と社会的評価』岩波書店.

園田恭一　1978　『現代コミュニティ論』東京大学出版会.

高橋勇悦　1993　『都市社会論の展開』学文社.

高橋勇悦・菊池美代志 編　1994　『今日の都市社会学』学文社.

巽　和夫＋町家型集合住宅研究会 編　1999　『町家型集合住宅――成熟社会の都心居住へ』学芸出版社.

田村　明　1994　『現代都市読本』東洋経済新報社.

髙田光雄ほか　2012a　『堀川団地再生プログラムの研究開発報告書』京都府住宅供給公社・京都大学大学院工学研究科.

――――　2012b　『堀川団地‘やわらかい’まちづくり再生ビジョン』京都大学大学院工学研究科建築学専攻居住空間学講座.

――――　2012c　『堀川団地の記憶と未来』京都府住宅供給公社・京都大学大学院工学研究科.

高橋康夫　2001　『京町家・千年のあゆみ――都にいきづく住まいの原型』学芸出版社.

高橋康夫・中川　理 編　2003　『京・まちづくり史』昭和堂.

地子徳幸　2023　『ソーシャルデザイナーの仕事術』幻冬舎.

西村行功　2003　『シナリオ・シンキング』ダイヤモンド社.

日本建築学会 編　2007　『都市建築のかたち　日本建築学会叢書 3　都市建築の発展と制御シリーズⅢ』日本建築学会.

ぐ幸せな社会』学芸出版社.

白井信雄・大和田順子・奥山　睦 編　2022 『SDGs を活かす地域づくり――あるべき姿とコーディネーターの役割』晃洋書房.

武内和彦　2016 「日本における世界農業遺産（GIAHS）の意義」『農村計画学会誌』第 35 巻第 3 号，353-356 頁.

松本　明・仲埜公平　2022 「SDGs 未来都市におけるコーディネーター」白井信雄・大和田順子・奥山　睦 編『SDGs を活かす地域づくり――あるべき姿とコーディネーターの役割』晃洋書房.

和歌山県　2023 『令和五年　和歌山県の国保の状況』.

第 7 章

青山吉隆 編　2002 『職住共存の都心再生――創造的規制・誘導を目指す京都の試み』学芸出版社.

飯沼光夫　1982 『シナリオ・ライティング入門』日本能率協会.

磯村英一　1983 『コミュニティの理論と政策』東海大学出版会.

井上　真 編　2008 『コモンズ論の挑戦――新たな資源管理を求めて』新曜社.

岩崎信彦ほか　1989 『町内会の研究』お茶の水書房（2013　増補版）.

上田　篤 編　1976 『京町家――コミュニティ研究』鹿島出版会.

上町台地コミュニティ・デザイン研究会 編　2009 『地域を活かすつながりのデザイン――大阪・上町台地の現場から』創元社.

大山信義　2001 『コミュニティ社会学の転換』多賀出版.

奥田道大　1983 『都市コミュニティの理論』東京大学出版会.

――――　1993 『都市型社会のコミュニティ』勁草書房.

筧　祐介　2013 『ソーシャルデザイン実践ガイド』英治出版.

――――　2015 『人口減少×デザイン』英治出版.

筧　祐介 監修／ issue+design project 著　2011 『地域を変えるデザイン』英治出版.

神谷国弘・中道　實 編　1997 『都市的共同性の社会学――コミュニティ形成の主体要件』ナカニシヤ出版.

前田昌弘　2016 『津波被災と再定住――コミュニティのレジリエンスを支える』京都大学学術出版会.

宮本　匠　2015 「災害復興における〝めざす〟かかわりと〝すごす〟かかわり」『質的心理学研究』第 14 巻第 1 号，6-18 頁.

山口洋典　2017 「支援で問われる受援力――学園による支援」『大学時報』第 372 号，62-69 頁.

――――　2018 「学びのコミュニティ：プロブレム・ベースド・ラーニング」大阪ガス CEL「社会の構造的問題へ多分野の知でアプローチする」2017 年度「コミュニティ・デザイン論研究」レクチャー・ドキュメント，8-15 頁.

――――　2019 「PBL の風と土（9）：サービス・ラーニングは中道を歩むもの」『対人援助学マガジン』37 号，207-212 頁.

――――　2021 「PBL の風と土（17）：地に吹く風と土に寄せる波が境を越える」『対人援助学マガジン』45 号，243-248 頁.

――――　2022 「まちづくりの学を求めて」寺谷篤志 編『ギブ＆ギブ，おせっかいのすすめ　＝ Let's Give it a Try ＝　鳥取県智頭町　地域からの挑戦』今井出版，245-259 頁.

山口洋典・河井　亨　2016 「サービス・ラーニングによる集団的な教育実践における学習評価と実践評価のあり方」『京都大学高等教育研究』第 22 号，43-54 頁.

山口洋典・渥美公秀・関　嘉寛　2019 「メタファーを通した災害復興支援における越境的対話の促進――新潟県小千谷市塩谷集落・復興 10 年のアクションリサーチから」『質的心理学研究』第 18 号，124-142 頁.

山崎　亮　2016 『縮充する日本――「参加」が創り出す人口減少社会の希望』PHP 研究所.

吉本哲郎　2008 『地元学をはじめよう』岩波書店.

Aoun, J. E. 2017 *Robot-Proof: Age of Artificial Intelligence*. MIT press.（＝ジョセフ・E・アウン　2020 『ROBOT-PROOF――AI 時代の大学教育』杉森公一・西山宣昭・中野正俊・河内真美・井上咲希・渡辺達雄 訳，森北出版）.

Jacobs, J. 1984 *Cities and the Wealth of Nations: Principles of Economic Life*. Random House.（＝ジェイン・ジェイコブス　2012 『発展する地域　衰退する地域――地域が自立するための経済学』中村達也 訳，筑摩書房）.

第 6 章

大和田順子　2011 『アグリ・コミュニティビジネス――農山村力×交流力でつむ

——滋賀県多賀町保月集落の事例から」『日本都市計画学会関西支部研究発表会講演概要集』第 12 号，125-128 頁.

増田寛也　2014 『地方消滅——東京一極集中が招く人口急減』中公新書.

諸富　徹　2018 『人口減少時代の都市——成熟型のまちづくりへ』中公新書.

柳　宗悦　1984 『民藝四十年』岩波文庫.

山下祐介　2012 『限界集落の真実——過疎の村は消えるか？』ちくま新書.

————　2014 『地方消滅の罠——「増田レポート」と人口減少社会の正体』ちくま新書.

第 5 章

饗庭　伸　2015 『都市をたたむ——人口減少時代をデザインする都市計画』花伝社.

渥美公秀　2008 「復興デザイン研究会が目指すこと」『復興』創刊号，18-19 頁.

————　2010 「災害復興過程の被災地間伝承——小千谷市塩谷集落から刈羽村への手紙」『大阪大学大学院人間科学研究科紀要』第 36 号，1-18 頁.

————　2020 「尊厳ある縮退によるコミュニティの再生と創生——概念の整理と展望」『災害と共生』第 4 巻第 1 号，1-9 頁.

太田康嗣　2004 「活動人口と MEA」日本総研.
https://web.archive.org/web/20040803232220/http://www.jri.co.jp/consul/column/data/246-ota.html

小田切徳美　2014『農山村は消滅しない』岩波書店 .

塩谷分校　2019 『塩谷文庫 10 周年記念文集』塩谷分校.

杉万俊夫　2013 『グループ・ダイナミックス入門』世界思想社.

鈴木　勇・菅磨志保・渥美公秀　2003 「日本における災害ボランティアの動向——阪神・淡路大震災を契機として」『実験社会心理学研究』第 42 巻第 2 号，166-186 頁.

諏訪清二　2015『防災教育の不思議な力——子ども・学校・地域を変える』岩波書店.

関　嘉寛　2006 「災害復興期における公共性と市民活動——「中越復興市民会議」の分析に向けて」『大阪大学大学院人間科学研究科紀要』第 32 号, 211-229 頁.

大野　晃　2005「限界集落――その実態が問いかけるもの」『農業と経済』第 71 巻第 3 号，5 頁.

小田切徳美　2014『農山村は消滅しない』岩波新書.

――――　2023「「国土の多極集住論」の検討」『世界』第 967 号，163-173 頁.

金木　健　2003「消滅集落の分布について――戦後日本における消滅集落発生過程に関する研究　その 1」『日本建築学会計画系論文集』第 68 巻第 566 号，25-32 頁.

金木　健・桜井康宏　2006「消滅集落の属性と消滅理由について――戦後日本における消滅集落発生過程に関する研究　その 2」『日本建築学会計画系論文集』第 71 巻第 602 号，65-72 頁.

金山智子 編　2023『1500 年続く山の集落から学ぶ――人新世におけるコミュニティ・レジリエンス』さいはて社.

柏木哲夫　2001『ターミナルケアとホスピス（大阪大学新世紀セミナー）』大阪大学出版会.

加藤泰史　2017「尊厳概念のダイナミズム――哲学・応用倫理学論集』法政大学出版会.

河合雅司　2017『未来の年表――人口減少日本でこれから起きること』講談社現代新書.

小松美彦　1996『死は共鳴する――脳死・臓器移植の深みへ』勁草書房.

――――　2012『生権力の歴史――脳死・尊厳死・人間の尊厳をめぐって』青土社.

――――　2013『生を肯定する――いのちの弁別にあらがうために』青土社.

田中輝美　2021『関係人口の社会学――人口減少時代の地域再生』大阪大学出版会.

徳野貞雄・柏尾珠紀　2014『T 型集落点検とライフヒストリーでみえる家族・集落・女性の底力――限界集落論を超えて』農山漁村文化協会.

中見真理　2013『柳宗悦――「複合の美」の思想』岩波新書.

林　直樹　2024『撤退と再興の農村計画―複数の未来を見据えた前向きな縮小』学芸出版社.

林　直樹・齊藤　晋・江原　朗　2010『撤退の農村計画――過疎地域から始まる戦略的再編』学芸出版社.

藤尾　潔・土井　勉・安東直紀・小山真紀　2014「集落の消滅過程に関する考察

朝日新聞出版.

Kittay, Eva Feder 2020 *Love's Labor: Essays on Women, Equality and Dependency*. 2nd ed., Routledge.（＝エヴァ・フェダー・キテイ　2010 『愛の労働あるいは依存とケアの正義論』岡野八代・牟田和恵 監訳，白澤社）.

Udagawa, Yoshie 2023 “We Don't Become Adults, but Are Told to Be Adults: The Emergence of Adultification in Japan.” *International Journal for Crime, Justice and Social Democracy* 12(2): 111-123.

Wilensky, Harold L. 1975 *The Welfare State and Equality : Structural and Ideological Roots of Public Expenditures*. University of California Press.（＝ハロルド・L・ウィレンスキー　1984 『福祉国家と平等――公共支出の構造的・イデオロギー的起源』下平好博訳，木鐸社）.

第 4 章

渥美公秀　2014 『災害ボランティア――新しい社会へのグループ・ダイナミックス』弘文堂.

――――　2020 「尊厳ある縮退によるコミュニティの再生と創生――概念の整理と展望」『災害と共生』第 41 巻第 1 号，1-9 頁.

渥美公秀・石塚裕子　2023 「尊厳ある縮退に関する理論的準備と展望」『未来共創』第 10 号，163-191 頁.

安藤泰至　2019 『安楽死・尊厳死を語る前に知っておきたいこと』岩波書店.

――――　2020 「「死の自己決定」に潜む危うさ」『すばる』2020 年 4 月号, 集英社, 172-181 頁.

石塚裕子　2020 「地域内過疎地から考える「尊厳ある縮退」――兵庫県上郡町赤松地区を事例に」『災害と共生』第 4 巻第 1 号，33-48 頁.

――――　2021 「尊厳ある縮退に寄り添う「ケア」というアクションリサーチの必要性――上郡町赤松地区でのヒアリング経験に基づいて」第67回日本グループ・ダイナミックス学会ワークショップ.

石塚裕子・今井貴代子　2022 「小さな声――弱さが担うまちづくり」堂目卓生・山崎吾郎 編『やっかいな問題はみんなで解く』世界思想社，215-236 頁.

植田今日子　2016 『存続の岐路に立つむら――ダム・災害・限界集落の先に』昭和堂.

NHK スペシャル取材班　2017 『縮小ニッポンの衝撃』講談社.

ポパー，カール 著／ジェレミー・シアマー＆ピアズ・ノリス・ターナー 編　2014『カール・ポパー　社会と政治――「開かれた社会」以後』神野慧一郎・中才敏郎・戸田剛文 監訳，ミネルヴァ書房.

山脇啓三・上野貴彦　2021 『自治体職員のためのインターカルチュラル・シティ入門』欧州評議会.

ヤング，アイリス・M　2020 『正義と差異の政治』飯田文雄・苅田真司・田村哲樹 監訳，法政大学出版会.

横山登志子　2020 「語られていない構造とは何か――ソーシャルワークと『ジェンダー・センシティブ』」横山登志子・須藤八千代・大嶋栄子 編『ジェンダーからソーシャルワークを問う』ヘウレーカ，21-52 頁.

Berghman, Jos 1995 "Social Exclusion in Europe: Policy Context and Analytical Framework," in Graham Room (ed.) *Beyond the Threshold*, Polity Press, pp.10-28.

Boyte, Harry C. and Strom, Marie-Louise 2017 Nonviolent Civic Life Worksheet. https://www.academia.edu/31059916/Nonviolent_Civic_Life_Worksheet

Brysk, Alison and Shafir, Gershon 2004 "Introduction: Globalization and the Citizenship Gap." in Brysk, Alison and Shafir, Gershon (eds) *People Out of Place: Globalization, Human Rights and the Citizenship Gap*, Routledge, pp.3-9.

Gilchrist, Alison and Taylor, Marilyn 2016 *The Short Guide to Community Development* (2nd edition), Polity Press.

Levinson, Meira 2012 *No Citizen Left Behind*, Harvard University Press.

Taylor, Marilyn 2011 *Public Policy in the Community* (2nd edition), Palgrave Macmillan.

Westheimer, Joel and Kahne, Joseph 2003 "What kind of citizen ?: Political choices and education goals," *Encounters on Education* 4: 47-64.

第 3 章

地域包括ケア研究会　2009 『地域包括ケア研究会報告書――今後の検討のための論点整理』.
https://www.mhlw.go.jp/houdou/2009/05/dl/h0522-1.pdf

長谷川万由美・前田春奈　2020 「「子どもの貧困」問題への教員の意識に関する研究」『宇都宮大学教育学部研究紀要』第 1 部 70 号，3-18 頁.

宮本太郎　2021 『貧困・介護・育児の政治――ベーシックアセットの福祉国家へ』

治学——越境，アイデンティティ，そして希望』木鐸社，142-162 頁.

近藤　敦　2022 「移民統合政策指数（MIPEX 2020）等にみる日本の課題と展望」『移民政策研究』第 14 号，9-12 頁.

武川正吾　2007 『連帯と承認——グローバル化と個人化のなかの福祉国家』東京大学出版会.

田中　宏　2014「新来外国人に対して在日コリアンの経験がもつ意味」『移民政策研究』第 6 号，8-23 頁.

多文化共生のための市民性教育研究会 編　2020『多文化共生のためのシティズンシップ教育実践ハンドブック』明石書店.

田村太郎　2004 「共生」岡本栄一監修『ボランティア・NPO 用語事典』中央法規出版，24-25 頁.

鄭 栄 鎭　2020 「在日朝鮮人コミュニティとその社会運動についての考察——大阪府八尾市の事例から」『白山人類学』第 23 号，169-192 頁.

————　2023 「『多文化共生』を『外国人』のものとするために」鄭栄鎭 編『草の根から「多文化共生」を創る——当事者が語る運動と教育』明石書店, 7-30 頁.

西阪　仰　2013 「二つで一つ——複合活動としての足湯活動」西阪　仰・早野薫・須永将史ほか『共感の技法——福島県における足湯ボランティアの会話分析』勁草書房，13-28 頁.

バーガー, ピーター・L　2017 『社会学への招待』水野節夫・村山研一訳, 筑摩書房.

ハタノ，リリアン・テルミ　2011 「『共生』の裏に見えるもう一つの『強制』」馬渕　仁 編『「多文化共生」は可能か——教育における挑戦』勁草書房，127-148 頁.

バック，レス　2014 『耳を傾ける技術』有元健訳，せりか書房.

花崎皋平　2002 『〈共生〉への触発——脱植民地・多文化・倫理をめぐって』みすず書房.

福士正博　2011 「社会的質と社会的経済の接合点」大沢真理 編『社会的経済が拓く未来——危機の時代「包摂する社会」を求めて』ミネルヴァ書房, 45-69 頁.

ブシャール，ジェラール　2017 『間文化主義——多文化共生の新しい可能性』丹羽卓 監訳，彩流社.

ボイト，ハリー・C　2020 『民主主義を創り出す——パブリック・アチーブメントの教育』小玉重夫 監修／堀本麻由子・平木隆之・古田雄一・藤枝　聡 監訳，東海大学出版部.

中川　剛　1980『町内会――日本人の自治感覚』中公新書.

日高昭夫　2018『基礎的自治体と町内会自治会――「行政協力制度」の歴史・現状・行方』春風社.

広井良典　2009『コミュニティを問いなおす――つながり・都市・日本社会の未来』ちくま新書.

森　芳三　1998『昭和初期の経済更生運動と農村計画』東北大学出版会.

山下祐介・横山智樹 編　2024『被災者発の復興論――3・11 以後の当事者排除を超えて』岩波書店.

横道清孝　2009「日本における最近のコミュニティ政策」『アップ・ツー・デートな自治関係の動きに関する資料　No.5』自治体国際化協会，1-15 頁.

吉原直樹　2019『コミュニティと都市の未来――新しい共生の作法』ちくま新書.

労働政策研究・研修機構　2016『労働政策研究報告書』No.183.

第 2 章

上田正昭　2015『「とも生み」の思想――人権の世紀をめざして』明石書店.

上野千鶴子・花崎皋平　2002「マイノリティの思想としてのフェミニズム」花崎皋平『〈共生〉への触発――脱植民地・多文化・倫理をめぐって』みすず書房，209-280 頁.

大黒屋貴稔　2016「戦後日本の社会学にみる学知の更新――『社会学評論』における「共生」言説の量的・質的変遷」岡本智周・丹治恭子 編『共生の社会学――ナショナリズム，ケア，世代，社会意識』太郎二郎エディタス，242-262 頁.

岡本智周　2016「本書のねらい――共生の論理の社会学的探究」岡本智周・丹治恭子 編『共生の社会学――ナショナリズム，ケア，世代，社会意識』太郎二郎エディタス，9-14 頁.

「開発教育」64 号編集委員会　2017「多文化共生社会の未来と開発教育」『開発教育』64 号，2-3 頁.

梶田孝道・丹野清人・樋口直人　2005『顔の見えない定住化――ブラジル人と国家・市場・移民ネットワーク』名古屋大学出版会.

岸田由美　2011「多様性と共に生きる社会と人の育成――カナダの経験から」馬渕　仁 編『「多文化共生」は可能か――教育における挑戦』勁草書房，106-123 頁.

栗原　彬　2017「『新しい人』の政治の方へ」日本政治学会 編『排除と包摂の政

参考文献

第１章

渥美公秀・石塚裕子 編　2021 『誰もが〈助かる〉社会――まちづくりに織り込む防災・減災』新曜社.

新しい公共円卓会議　2010 『新しい公共宣言』.

阿部　彩　2007「日本における社会的排除の実態とその要因」『季刊社会保障研究』第 43 巻第 1 号，27-40 頁.

岩田正美　2008 『社会的排除――参加の欠如・不確かな帰属』有斐閣.

ヴェイユ，シモーヌ　2005 『自由と社会的抑圧』冨原眞弓訳，岩波文庫.

環 境 省　2023 『環境白書・循環型社会白書・生物多様性白書（令和 5 年版）』日経印刷.

厚生労働省　2021 「「地域共生社会の実現に向けた地域福祉の推進について」の改正について」（令和 3 年 3 月 31 日）.

――――　2023 『令和 5 年版厚生労働白書～つながり・支え合いのある地域共生社会』日経印刷.

公立大学連携地区防災教室ワークブック編集委員会・大阪市立大学都市防災教育研究センター 編　2018 『コミュニティ防災の基本と実践』大阪公立大学共同出版会.

櫻井常矢 編　2024 『地域コミュニティ支援が拓く協働型社会――地方から発信する中間支援の新展開』学芸出版社.

総 務 省　2020 『地域における多文化共生推進プラン（改訂）』.

――――　2022 『地域コミュニティに関する研究会報告書』.

総務省消防庁　2023 『自主防災組織の手引　令和 5 年 3 月改訂』.

橘木俊詔 編　2015 『共生社会を生きる』晃洋書房.

寺谷篤志 編　2022 『ギブ＆ギブ，おせっかいのすすめ＝ Let's Give it a Try ＝鳥取県智頭町　地域からの挑戦』今井出版.

内 閣 府　2024 『孤独・孤立対策』.
https://www.cao.go.jp/kodoku_koritsu/index.html（2024 年 4 月 6 日閲覧）

山口 洋典
（やまぐち・ひろのり）
立命館大学共通教育推進機構教授

大和田 順子
（おおわだ・じゅんこ）
OCC 教育テック総合研究所上級研究員
地域力創造アドバイザー（総務省）

花戸 貴司
（はなと・たかし）
東近江市永源寺診療所所長

松原 永季
（まつばら・えいき）
有限会社スタヂオ・カタリスト代表取締役

髙田 光雄
（たかだ・みつお）
京都美術工芸大学副学長・大学院研究科長・教授
京都大学名誉教授

前田 昌弘
（まえだ・まさひろ）
京都大学大学院人間・環境学研究科准教授

アサダ ワタル
（あさだ・わたる）
文化活動家，近畿大学文芸学部専任講師

宋 悟
（そん・お）
NPO 法人 IKUNO・多文化ふらっと理事・事務局長

執筆者紹介

新川 達郎
（にいかわ・たつろう）
総合地球環境学研究所客員教授
同志社大学名誉教授

川中 大輔
（かわなか・だいすけ）
龍谷大学社会学部准教授
シチズンシップ共育企画代表

弘本 由香里
（ひろもと・ゆかり）
大阪ガスネットワーク株式会社
エネルギー・文化研究所特任研究員

筒井 淳也
（つつい・じゅんや）
立命館大学産業社会学部教授

原 めぐみ
（はら・めぐみ）
和歌山工業高等専門学校准教授
Minami こども教室実行委員長

北川 美里
（きたがわ・みさと）
一般社団法人京都わかくさネット事務局長

渥美 公秀
（あつみ・ともひで）
大阪大学大学院人間科学研究科教授

コミュニティ・デザイン新論

2024年9月9日　第1刷発行

新川 達郎 監修
川中 大輔・山口 洋典・弘本 由香里 編

編集協力
大阪ガスネットワーク株式会社 エネルギー・文化研究所

発行者　大隅 直人

発行所　さいはて社

〒525-0067 滋賀県草津市新浜町8-13
TEL 050-3561-7453　FAX 050-3588-7453
MAIL info@saihatesha.com　WEB https://saihatesha.com

組版者　田中 聡

装幀者　早川 宏美

印刷所　共同印刷工業
製本所　新生製本

Printed in Japan
ISBN 978-4-9912486-5-8